학생부
종합전형
고교백서

학생부종합전형 고교백서 (최신 개정판)

지은이 김상근·정동완·정성윤·하종형
펴낸이 임상진
펴낸곳 (주)넥서스

초판 1쇄 발행 2016년 6월 30일
초판 5쇄 발행 2017년 1월 15일

2판 1쇄 발행 2017년 7월 15일
2판 4쇄 발행 2019년 4월 10일

출판신고 1992년 4월 3일 제311-2002-2호
10880 경기도 파주시 지목로 5
Tel (02)330-5500 Fax (02)330-5555

ISBN 979-11-5752-973-5 43370

본 책은 〈학생부종합전형 고교백서〉의 최신 개정판입니다.
www.nexusbook.com

꿈과 끼로 대학 가는 방법! 학종 고교백서 최신 개정판

학생부
종합전형
고교백서

학생부 + 자소서 + 면접

김상근·정동완·정성윤·하종형 지음

넥서스

우리 저자들 모두는 학교에서 매일 학생들을 만나고
부모님들의 고충을 듣는 교사입니다.
학생들과 상담을 하다보면 우리로부터 어떤 대책이라도 들으려고
귀를 쫑긋 세우고 있지만 그들이 지나간 시간에 대해
얼마나 아쉬워하고 후회하는지 자주 느낍니다.
동료 교사들도 마찬가지입니다. 아이들에게 도움을 주고 싶지만
담임으로서, 담당 교사로서 도대체 어떻게 하면 실질적인 도움이 될지
늘 고민하고 계신 것 같습니다.

그리고 부모님들.
대입이라는 집안에서 가장 큰 일을 앞두고 무엇이라도 하시겠다는
절박하고도 초조한 심정으로 고3 생활을 함께하십니다.
매일 이런 모습을 보면서 우리는 현장에서 학생들에게, 교사들에게,
부모님들에게 진짜 도움을 줄 수 있어야겠다는 마음을 먹고
본서를 기획했습니다.
자료가 많아도 어떻게 봐야 할지, 어떻게 이용해야 할지 모르는
여러분에게 역전의 기회가 있다는 걸 알리고 싶었습니다.

저희가 전하고자 하는 메시지는 간단합니다.
하고 싶은 것 마음껏 하고
내가 원하는 대학 간다!

저희의 노력이 여러분의 진학에 큰 도움이 되길 바랍니다.

1
학교생활 기록부

2 자기소개서

학종을 위한 학종에 의한 학종의 시대

학생부종합전형 급격히 확대 ➜ 수시 》》》》》 수능

최근에 발표된 2018 전형을 보면 대학별로 학생부종합전형(학종)의 비중이 급격히 늘어나게 됩니다.

과거 '수능'으로 대표되는 대학 입시는 시험 당일 컨디션과 온전히 학생의 문제풀이 능력만으로 대학의 합격이 결정되었습니다. 하지만, 수능의 약화로 인해 상대적으로 학교생활기록부(학생부)의 비중이 급격히 늘게 되었고, 결국 대학입시는 수시가 70%를 넘어 80%에 육박하는 시점까지 이르렀습니다.

영어절대평가 도입 ➜ 학생부 영어 교과 세부특기사항 집중

2018 수능부터 영어는 등급이 매겨지던 평가 방법이 점수에 따른 등급이 설정되는 절대평가로 전환되어 성적표에는 표준점수와 백분위가 사라지고 등급만 표시됩니다.

기존의 상대평가		절대평가	
등급	누적비율	등급	원점수
1	~4%	1	100~90
2	~11%	2	89~80
3	~23%	3	79~70
4	~40%	4	69~60
5	~60%	5	59~50
6	~77%	6	49~40
7	~89%	7	39~30
8	~96%	8	29~20
9	~100%	9	19~0

서울 시내 주요 대학 정시에 지원하는 학생들의 수준을 고려할 때, 지원하는 학생 대부분이 1등급을 받을 것이므로, 정시에서의 영어 반영은 비중이 많이 떨어집니다.

수시에서도 마찬가지라 서울 주요 대학의 영어 최저 등급은 2등급 고정이거나, 2017전형과 동일한 최저 등급을 설정하고 있습니다. 즉, 2017전형의 최저가 3개 영역 등급 합이 6이었고, 2018전형도 동일하다면, 영어에서의 등급 상승이 기정사실화된 상황에서 수시 최저는 영어를 뺀 2개 영역 합 4~5가 될 것으로 보입니다.

서울 시내 주요 대학 수시 최저		
대학	전형	2018 수능 최저학력 기준
서울대	지역균형	3개 영역 2등급
고려대	일반전형	(인) 4개 영역 등급 합 6 (자) 4개 영역 등급 합 7

연세대	학생부종합	(인) 2개 영역 등급 합 4, 영어2등급 (자) 2개 영역 등급 합 4, 영어2등급 과1,2 모두 반영
서강대	학생부종합	(인) 3개 영역 2등급(사탐1) (자) 3개 영역 2등급(과탐1)
이화여대	논술	(인) 3개 영역 등급 합 6 (자) 2개 영역 등급 합 4

이로 인해 영어에 대한 대학의 평가는 수능에서 학생부로 급격히 이동하게 될 겁니다. 수능이 아닌 학생부에서의 영어의 비중이 상대적으로 높아질 것으로 보입니다. 대학들은 학생의 기본적인 영어 능력을 학생부를 통해서 평가하게 되므로 영어 교과의 내신 성적뿐만 아니라 교내 영어활동의 비중이 중요해졌습니다.

그래서 영어 교과의 세부특기사항에 들어갈 내용을 고민해야 합니다. 단순히 '영어 회화 능력이 우수하다' 등의 막연한 내용보다는 수업시간에 얼마나 적극적으로 참여하여 어떠한 성과를 보였고, 또한 그 활동을 통해서 능력을 발휘했느냐가 세부 능력에 기록되어 있어야 합니다. 이는 단순히 수업을 열심히 듣는다는 수동적 태도를 버려야 함을 의미하며, 영어 교과 성적만 우수해서는 학종의 시대에서 좋은 평가를 받기 힘들다는 것을 시사합니다.

수능에 있어 그 비중은 줄었다고 하지만, 정시에서는 90점 1등급이 필수이므로 고2 때까지는 90점 이상을 안정적으로 맞도록 준비해야 합니다.

영어 절대평가시대의 영어

- ✔ 영어교과등급 2등급 이내
- ✔ 교내 영어활동의 적극적 참여
- ✔ 수업시간 적극적 참여로 교과세부 능력사항 기재
- ✔ 교내 영어활동을 교과로 끌어들이기 → 다양한 교과세부 능력사항 기록
- ✔ 수능은 고2때까지 꾸준히 90점 이상 유지

교과와 비교과 균형 관리 ➡ 교과와 관련 있는 비교과 활동

예전에는 학종 자체가 교과 성적보다는 학생의 잠재력과 관련 학과에 대한 열정 위주로 평가하는 전형이어서 교과 성적보다는 비교과에 비중을 두었습니다. 하지만, 학종이 나온 지 10여 년이 지난 지금 학종은 입시의 핵이 되었고, 학생들도 상향평준화가 되었습니다. 여기에 합격생의 교과 성적도 올라가는 추세입니다.

특히 전공과 관련 있는 교과의 경우 최소한 내신등급 2등급 이내로 들도록 해야 합니다. 단, 모든 교내활동의 기본은 교과 중심으로 준비해야 합니다. 내신이 뒷받침되지 않는 비교과는 대학에서 눈여겨보지 않는다는 사실 꼭 기억하기 바랍니다.
경험 다양성이라는 측면에서 다양한 비교과 활동은 칭찬받아 마땅합니다. 하지만 그러한 활동들이 진학과 연결되지 않으면 결국 전공적합성 면에서 낮은 평가를 받게 됩니다.

교과와 비교과를 연결할 수 있는 가장 좋은 방법은 바로 수업시간에 다룬 내용입니다. 수업시간에 궁금증이 생긴 내용, 교과서의 단원명, 수업에서 다룬 중요한 부분 등이 다 비교과 활동의 소재가 됩니다. 이렇게 비교과 활동으로 연결된 내용은 다시 교과활동을 흘러 들어와서 성적 향상이나 관련 전공에 대한 심화학습으로 이어지는 순환구조가 바로 대학이 원하는 교내활동입니다.

예를 들어 윤리시간에 배운 공리주의에 대한 의문점이 생겨서 마이크 샌델의 〈정의란 무엇인가〉를 읽는 독서활동으로 시작하여, 이것이 시사토론 동아리로 연결되고, 교내 탐구보고서 대회에 '무상급식과 학교교육환경의 반비례관계'라는 보고서를 낸다고 합시다. 여기에다 교내활동으로 인한 교과 성적 상승까지 낳는다면, 교과와 비교과 활동의 순환이라는 바람직한 구조를 보여주게 되어 학생이 정치외교나 철학과 등에 지원하게 된다면 좋은 평가를 받게 될 확률이 높습니다.

대체로 1학년 때 다양한 활동과 경험을, 2학년 때는 전공과 관련된 심화 활동으로 비교과 활동을 짜야 합니다. 이는 독서에도 적용됩니다. 1학년 때는 다독, 2학년 때에는 전공 관련 서적 중심의 독서활동을 합니다. 3학년 때는 비교과 활동의 비중을 줄이고, 1학기 내신관리와 수능 준비에 매진해야 합니다.

거스를 수 없는 대세, 학종 ➡ 학생, 교사, 부모님의 각자 할 일은?
소수의 우수한 학생만이 지원할 수 있는 전형이 아닌 이제 누구나 자신의 진로에 맞게 준비하여 지원할 수 있는 대세라면 이제 학생부 관리는 학생이나 교사만의 몫이 아닙니다.

쏟아지는 정보와 카더라 통신 속에서 혼란스러워하며 적절한 타이밍과 방법을 몰라 우왕좌왕하고 있지는 않나요? 이 책에서 상세하게 알려 드리는 내용을 토대로 학생들은 각자 자기 학년에 맞게 준비해야 할 것들을 잘 챙겨 나중에 고생하지 않도록 해야 합니다. 또, 교사들은 우리 학생들의 수업과 활동에 좀 더 차별화할 수 있는 점은 무엇인지 적극적으로 찾아 주셔야 합니다. 끝으로, 부모님은 학생의 진로를 고려하여 미리 관련 활동이나 지식을 쌓을 수 있도록 도와주셔야 합니다. 대입에서 제대로 통하는 학생부를 위한 장기 프로젝트가 잘 마무리되길 기대합니다.

학종
고백

학생부의 모든것

학생부가
도대체 뭔가요?

Q1.

학생부가 뭐죠?

학생부(학교생활기록부)는 학교에서 수행한 교과활동과 그와 관련된 비교과활동에 대한 제반사항을 기록한 문서로, 한 학생의 학업능력을 포함한 다양한 교육활동 이력을 고등학교 3학년까지 사실에 입각하여 담임교사와 관련 교사들이 기록합니다.

상급 학교 입시는 물론 취업까지 개인의 학습능력과 성품, 자질, 가치관, 발전가능성, 잠재능력 등을 평가하는 중요한 자료로 활용됩니다.

Q2.

누가 기록하나요?

담임교사나 해당 교과교사 이외에 제3자가(학생 포함) 입력하는 것은 불가합니다.

다만 학생의 입장에서 교사에게 어느 정도의 '쓸거리'를 제공한다는 차원에서 서로에게 도움을 줄 수 있으나 일방적으로 어떤 내용을 넣어 달라는 요구는 옳지 않습니다. 학생이 작성한 것 그대로 기입하는 것이 오히려 독이 될 수도 있죠. 아무리 우수한 학생이라도 자신이 한 활동과 느낀 점을 글로 구성하는 것이 쉽지 않은데다 구체적인 내용이 부족하고 학생의 말투 그대로 가져오는 경우 등 웃지 못할 해프닝이 벌어집니다.

학부모가 조급한 마음에 교사가 잘 파악하지 못한 부분에 대해 학생을 통해 추가 정보를 제공해 주려는 의도는 충분히 이해합니다. 그러나 교사나 학교에서 판단한 내용과 다르다면 입력하지 않을 수도 있다는 점을 고려하셔야 합니다.

Q3.
학생부를 어떻게 관리하죠?

내신 성적 외에 학교에서 이뤄지는 여러 활동이나 참여했던 프로그램을 통해 그 학생이 가지고 있는 잠재력과 가능성을 기록으로 남기는 것인데, 그 기록에는 단순한 수치가 아니라 자세한 설명과 해설이 포함됩니다.

선생님들이 입력하는 곳에 학생이 지원하는 학과와 방향이 맞도록 학생의 인성이나 교우관계, 학업적 소양을 드러나게 내용을 채우고 관리하는 것입니다.

Q4.
학생부의 양이 많으면 좋나요?

많은 책들이 학생부의 양이 합격과 직결되지 않는다고 합니다. 물론 맞는 말입니다. 하지만 어느 정도의 분량이 나오지 않으면 합격과는 거리가 멀어집니다.

상위권 학생의 경우 16~18페이지 정도가 됩니다. 이 정도도 꽤나 많은 양이지만 상대적으로 1학년 초에는 관리가 잘 안 되는 경우가 많으므로 최상위권 지원자라면 18~20페이지 정도를 목표로 내용을 채우는 게 좋습니다.

중위권 대학이나 지방 국립대를 목표로 준비하는 학생이라면 15~17페이지 정도면 요구하는 양을 충족시킬 수 있습니다.

그러나 그냥 양을 채우는 것은 의미가 없고 말 그대로 '유효한' 콘텐츠를 넣어야 합니다.

Q5.
학생부를
열람하려면 어떻게
해야 하나요?

학생부는 직접 학교에 찾아가서 생활기록부 일부를 열람하거나 사본을 받을 수 있고, 성적 증명서 같은 서류는 학교 행정실에서 발급도 가능합니다.

최근에는 홈에듀 민원서비스(www.neis.go.kr)를 통해서 학교를 직접 방문하는 번거로움 없이 가정에서도 열람이 가능합니다. 하지만 홈에듀 민원서비스에서 모든 정보를 열람할 수 있는 것은 아니며 기본적인 인적사항이나 학생의 성적에 대해서만 열람이 가능합니다. 부모님들이 알고 싶은 것들의 상당 부분은 열람이 제한되어 있습니다.

제한된 열람 내역
- 창의적 체험 활동 중 4가지 영역(자율, 동아리, 봉사, 진로활동)의 특기사항
- 과목별 세부능력 및 특기사항
- 행동특성 및 종합의견(행발)

이 내용들은 해당 학년 중에는 확인이 불가하고 학생들이 다음 학년도로 넘어가는 2월 정도에 확인이 가능합니다.

Q6.
학생부는 언제나
수정이 가능한가요?

안 됩니다. 사실 학년이 끝난 후 학생의 입시 전략 등의 변동 때문에 추가로 학생부 수정을 원하는 학부모님들이 계십니다. 잘못된 부분을 빼거나 의도치 않은 특수 기호 등의 수정 정도는 가능하지만 없었던 부분을 추가하거나 특정 표현을 임의대로 바꾸는 것은 어렵습니다.

Q7.
활동이 부족하면 억지로 채울까요?

네, 그렇게라도 해야 하겠죠. 사실 활동이 부족한 학생들은 학생부에 '쓸거리'가 없습니다. 대부분 1학년 초부터 학생부에 대한 관심이 멀었던 경우라 내용을 메우기가 여간 쉽지 않습니다.

그 경우 독서활동과 교내 행사를 이용해야 합니다. 독서활동을 통해 적어도 학생의 지적 탐구력이나 관심 정도를 충분히 어필할 수 있습니다. 또 교내 행사에서 자신이 느낀 점들을 어느 정도 체계적으로 구성해서 기록해야 합니다. 이런 경우에는 어느 정도 자소서의 매력에 따라 판가름이 나겠지요. 그러니 1학년 초부터 미리 꾸준한 관리가 필요합니다.

Q8.
외부 수상이나 표창은 기록이 가능한가요?

외부 수상이나 표창은 심지어 국가나 교육단체 혹은 교육청에서 수여한 것이라도 기록은 불가합니다. 대통령 표창이라도 불가하지요.

학생들 입장에서 보면 군이 불필요한 부분이나 하기 싫은 부분까지 해야 하는 부담감을 덜어준다는 의미로 이해하시면 좋을 것 같습니다.

Q9.
봉사활동은 많이 해야 하지 않나요? 얼마나 준비해야 할까요?

고등학생의 경우 봉사활동은 대부분 학교에서 정해진 스케줄대로만 해도 웬만큼 실적을 갖게 됩니다. 하지만 이렇게 학교 봉사활동만 하면 모든 학생들이 동일한 기록을 가지게 되어 학생 개인의 특별함을 보여 줄 수가 없는 문제점이 있습니다.

그래서 외부 봉사활동도 권합니다. 꼭 전공분야와 관련된 부분만 할 필요는 없죠. 예를 들어 물리학과로 진학하고자 하는 학생이 반드시 소방서와 같은 과학 및 기술과 관련된 쪽으로 고집할 필요는 없습니다. 물론 비슷하면 더 좋기야 하겠지요.

어쨌든 봉사활동에서 챙겨야 할 점은 활동 과정 속에서나 끝난 후 자신이 느낀 보람이나 깨달음이며 그것으로 인해 자신이 성장했음을 부각시켜야 합니다.

대학에서는 학업 능력뿐만 아니라 인성의 됨됨이를 확인하고자 합니다. 어떤 드라마의 대사처럼 차가운 머리만큼이나 가슴이 눈물로 찰 수 있는 사람을 찾고 있다면 너무 감상적인가요?

Q10.
교외활동이 많은데 전부 학생부 기재가 안 되나요?

모든 교외활동이 기록 금지는 아닙니다.

창의적 체험활동의 봉사활동 중 교외 봉사활동은 시간과 내용이 기재 가능하며, [특기사항]에도 기재 가능합니다.

같은 급(예를 들어 다른 고등학교에서 한 활동)의 학교에서 이루어지는 활동 또한 창의적 체험활동에 기재 가능한 활동입니다. 예를 들어 다른 학교에서 벌어지는 발표대회나 보고서 발표 활동의 경우, 관련 공문이 있다면 창의적 체험활동의 특기사항에 기재가 가능합니다. 다만, 수상을 했을 때는 수상 내용은 기재 금지 사항입니다.

Q11.
교외활동을 많이 했는데 학생부 기재가 안 된대요.

과도한 교외활동을 억제하고자 교육부는 교외활동의 학생부 기재를 제한하고 있습니다. 아시다시피 교외에는 정말로 좋은 활동들이 많습니다. 그걸 바로 교내활동으로 가지고 오는 겁니다. 교외활동과 관련된 활동을 교내활동으로 만들어서 그 내용을 기재하면 됩니다. 우회하는 방법인데요. 예를 들어 K-MOOC나 TED 같은 좋은 활동이 많지만, 이를 학생부에는 기재할 수 없습니다. 하지만, 이를 이용한 교내동아리나 보고서 활동 등으로 연결시킨다면 그것은 교내활동이 되므로, 학생부에 기재할 수 있게 됩니다.

또 학생부와 달리 자소서에는 교외활동을 기재할 수 있으므로, 자기소개서에서 언급해도 됩니다.

단, 수학, 과학, 영어, 제2외국어의 명칭이 들어가는 교외 대회의 경우 이와 관련된 교내활동은 학생부와 자소서에서 모두 기재 금지 사항입니다.

학교생활기록부

1

학교 생활 기록부

너만 쓰는 학생부종합?
나도 쓰는 학생부종합!

Tip & Memo

• 많은 학생들이 '수시로 갈 수 없는'학교를 '정시로 갈 수 있다'는 생각에 수시에 지원을 아예 하지 않는 경우도 많습니다.

입시 지도를 하다 보면 아직은 교과 내신 위주로 상담을 하는 학생이 압도적으로 많으며 학생부를 준비하는 학생들은 소수입니다. 사실, 학교에서는 기본적으로 내신이 1등급이나 2등급 초반 이내의 학생들 위주로 지원을 하며 특별히 '관리'하고 있다는 걸 부인할 수 없지요. 게다가 많은 학생들이 '수시로 갈 수 없는' 학교를 '정시로 갈 수 있다'는 것에 집중해서 수시에 지원을 아예 하지 않는 경우도 많습니다.

주요 대학의 학생부종합 합격자 내신 등급표입니다. 합격자들의 최저 등급과 불합격자 학생들의 평균 등급을 주목하세요.

2015 수시 합격 현황		합격자 내신등급		불합격자 내신등급	
		평균	최저	평균	최저
인문	연세대	1.41	4.50	1.86	5.94
	중앙대	2.03	4.69	2.60	7.17
	성신여대	2.60	4.83	3.62	7.68
	단국대	2.71	5.31	3.98	7.68
자연	연세대	1.45	2.52	2.02	6.13
	중앙대	2.18	4.08	2.49	5.53
	성신여대	2.62	3.14	3.57	5.32
	단국대	2.70	3.64	4.17	8.01

놀랍게도 합격자의 경우 우리가 평소에 생각지도 못 한 등급의 학생들이 있습니다. 이 학생들의 경우 학생부 관리와 성실한 자소서를 바탕으로 본인의 꿈을 이뤘을 것입니다.

반대로 불합격 학생들의 경우 부분적으로 수능최저등급을 맞추지 못한 경우도 있으나 나름 학교에서 잘 나간다는 1등급 후반, 2등급 중후반도 있습니다.

준비한 자에게만 주어지는 기회?

서울 주요 대학들이 2018학년도 대입부터 논술과정을 아예 폐지하고 이들 인원을 학생부종합전형으로 돌리려 하고 있습니다. 이렇게 하면 그만큼 내신 컷은 낮아질 수밖에 없습니다.

또한 입학사정관제 시절에는 서울대 합격자가 거의 없다가 학생부전형 실시 이후 서울대 합격자가 생긴 학교가 많이 늘었다고 합니다. 이렇게 정시 모집 인원은 점점 줄어드는 상황에서 학교생활기록부 관리와 이를 이용한 입시 전략은 필수입니다.

학생부란?

학교에서 수행한 교과 활동과 그와 관련된 비교과 활동에 대한 제반 사항을 담고 있는 문서로 한 학생의 학업능력을 포함한 다양한 교육활동 이력을 초등학교 단계부터 고등학교 3학년까지 사실에 입각하여 담임교사와 관련 교사들이 기록한다. 상급학교 입시에서 취업까지 개인의 학습능력과 성품, 자질, 가치관, 발전가능성, 잠재능력 등을 평가하는 중요한 자료로 활용된다.

항목	세부 내용
인적사항	성명, 주소, 가족관계, 특기사항 등
학적사항	출신학교, 전출입, 편입, 복학, 재입학 등과 관련된 내용
출결상황	재학기간 중 출결상황을 질병/무단/기타로 구분한 횟수 및 특기사항
수상경력	교내 수상만 기록 수상명, 등급, 참가대상을 기록
자격증 및 인증 취득상황	재학기간 중 기술 관련된 공인자격증의 취득 현황
진로희망사항	학생의 진로희망
창의적 체험활동상황	자율, 동아리, 봉사, 진로활동의 시간과 특기사항
교과학습발달상황	학기별 이수 교과의 성적, 세부능력 및 특기사항
독서활동상황	도서명 – 저자만 기재 (2017년부터 적용)
행동특성 및 종합의견	객관적 사실에 기초하여 학생을 총체적으로 이해할 수 있도록 작성한 진술한 담임교사의 종합적 의견

학생부의 구성
기초자료

평가 항목	
인적사항, 학적사항	농어촌 전형, 한부모 전형
출결상황	성실성 및 자기 관리 능력, 학업 의지 파악
수상경력, 자격증 및 인증 취득사항	전공 적합성
진로희망사항	자기이해, 발전 가능성

인적사항

학 생	성명: 김○○ 성별: 여 주민등록번호: ******-******* 주소: 경기도 ○○○ ○○○
가족 부 가족 모	성명: 김○○ 생년월일: 1900년 00월 00일 성명: 최○○ 생년월일: 1900년 00월 00일
특기사항	

먼저 학생의 생활과 인적사항에 대한 간략적인 정보를 보여 줍니다. 다른 특기사항이 존재한다면 기입할 수 있지만 일반적으로 잘 기재하지 않습니다.

학적사항

2016년 02월 14일 00중학교 제3학년 졸업
2016년 03월 02일 000고등학교 제1학년 입학
2017년 08월 21일 000고등학교 2학년 전입

특기사항	

학적사항의 경우 학생들의 졸업상황과 입학 및 전입 전출과 같은 내용 등을 보여 줍니다. 기타 특이사항이 있는 경우 특기사항란에 간단히 메모 형식으로 기재가 가능합니다.

출결상황

지금까지가 기초 정보였다면 상대적으로 중요한 것이 출결상황입니다. 1학년부터 3학년까지의 출결 사항을 한눈에 볼 수 있습니다.

학년	수업일수	결석일수			지각			조퇴			결과			특기사항
		질병	무단	기타	질병	무단	기타	질병	무단	기타	질병	무단	기타	
1	192	·	·	·	·	·	·	·	·	·	·	·	·	개근
2	192	·	·	·	·	·	·	·	·	·	·	·	·	개근
3	192	·	·	·	·	·	·	·	·	·	·	·	·	개근

대학 및 학과에 따라 출결 부분을 높게 평가하는 경우가 많습니다. 특히 사범대나 교대를 목표로 하는 학생이라면 자신의 출결 내용과 기입 내용이 같은지 꼭 확인해야 합니다.
일반적인 질병 결석이나 조퇴 등은 학생부종합에서 그리 중요하게 여기지 않습니다. 무조건 100% 완벽한 출석을 고집할 필요는 없지만 무단결석이나 무단조퇴 등은 절대 있어서는 안 됩니다. 학생의 성실성 파악에 많이 불리합니다.

- 특히 사범대나 교대를 목표로 하는 학생이라면 자신의 출결 내용과 기입 내용이 같은지 꼭 확인해야 합니다.

- 무단결석이나 무단조퇴 등은 절대 있어서는 안 됩니다.

수상경력

출결상황과 마찬가지로 3개년 동안 획득한 수상의 내용들을 입력하는 공간입니다.

구 분	수상명	등급	수상연월일	수여기관	참가대상 (참가인원)
교내상	교내영어 경시대회	우수(1위)	2016.03.19	○○○고등학교장	1학년(370명)
	표창장 (봉사부문)		2016.07.25	○○○고등학교장	2학년(272명)

다만, 최근에는 학교 내에서 진행하는 각종 경시대회의 결과만을 입력할 수 있습니다. 이외 지역 단체나 대외 경시 등의 결과들은 기입할 수 없습니다.

자격증 및 인증 취득상황

대부분의 학생들의 입력란에 비워져 있는 부분이죠. 하지만 고등학교 재학 중 취득한 다양한 자격증들을 입력할 수 있습니다.

구 분	명칭 또는 종류	번호 또는 내용	취득연월일	발급기관
자격증	제과기능사	14830000000R	2016.10.08	한국기술자격검정원
	일식조리기사	14820000000S	2016.08.21	한국산업인력공단

국가기술자격증(정보처리기사나 각종 기능사 자격증), 국가자격증 및 각종 지도사와 관리사를 포함하는 국가공인 민간자격증 등 다양하며 주로 기술 관련(실업계 학생들) 자격증들을 입력하게 되어 있습니다.

그리고 한국사 자격증이나 한자, 외국어 등급을 표시하는 자격증

Tip & Memo

• 학교 내에서 진행하는 각종 경시대회의 결과만을 입력할 수 있습니다.

• 현재는 한국사 자격증이나 한자, 외국어 등급을 표시하는 자격증들은 생활기록부에는 기록이 금지되어 있습니다.

들은 생활기록부에는 기록이 금지되어 있습니다.

진로희망사항

학생부종합전형에서 입학사정관에게 자신의 관심 분야에 대해 가장 먼저 보여 주는 부분입니다만, 2017 학생부기재방법 변경에 따라 학생의 진로희망 공간만 남고 기존의 특기 또는 흥미 사항과 학부모의 진로희망란은 삭제되었습니다.

학년	진로 희 망(학생)
1	기자
2	프로파일러/법조인
3	심리학자

진로희망란에는 평소에 학생 본인이 관심을 두고 진학하고자 하는 학과를 써야 합니다. 위의 예시를 보면 이 학생이 앞으로 지원하고자 하는 학과나 평소에 관심을 둔 분야가 어느 쪽인지 대략적으로 한눈에 알 수 있습니다.

진로희망의 경우 1학년 때보다 2학년이, 2학년 때보다 3학년의 진로사항이 좀 더 명확하고 구체적이어야 합니다.

관심과 흥미 단계를 넘어 자신의 꿈에 대해 더 면밀히 알아보고 준비하여, 그에 따라 자신의 목표가 더 구체화되는 모습을 사정관에게 좀 더 어필할 수 있으니까요.

✏️ point

특별 전형 고려 시 확인 사항
- 인적사항, 학적사항 확인
- 농어촌 전형 조건(가족과 6년 거주 등) 확인
- 한부모 전형 자격 확인

학생부의 구성

창의적 체험활동
핵심은 자/동/봉/진

평가 항목	
동아리활동	관심과 열정, 창의성, 리더십
봉사활동	진정성, 일관성, 지속성, 태도와 변화, 공동체 의식

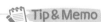

• 학생의 내-외부 활동을 '합법적'으로 보여 줄 수 있는 요소를 잘 활용해야합니다.

창의적 체험활동

이전까지는 학생이 어떤 꿈을 가지고 있느냐에 대한 줄거리만을 제시했다면 창의적 체험활동 즉, '창체'에서는 학생의 그 꿈에 대해 제대로 인식하기 위해 어떤 노력을 했는지, 어떤 과정을 통해 구체화되었는지, 왜 그 꿈을 가지고 더 나아가려 하는지에 대한 구체적인 기술을 나타내는 부분입니다.

따라서 학생의 내-외부 활동을 '합법적'으로 보여 줄 수 있는 요소를 잘 활용해야 합니다. 자율활동, 평소 본인이 활동한 각종 동아리활동(교내 공식 동아리, 자율동아리 및 외부 학교와 연계된 동아리 등), 봉사활동(교내 및 교외 단체 봉사활동, 개인별 지역사회 봉사활동 등), 각종 진학 박람회 등 다양한 진로 노력들을 잘 정리해야 합니다.

자율활동

주로 학급이나 학교 내에서 부여받은 직책(반장, 부반장 혹은 학생회 회장, 부회장이나 간부)에 대한 내용이나 교내 자치 법정, 학생회 간부수련회와 같은 교내 행사들을 기록합니다.

학년	창의적 체험활동		
	영역	시간	특기사항
2	자율 활동	81	• 총학생회 간부 수련회(2016.03.22~2016.03.23)에 참가하여 주요 프로그램인 리더십, 관계 형성, 놀이 문화 활동 등 모든 활동에 참여하였고, 남을 배려하는 인상적인 활동으로 칭찬을 받음. 특히, 반장으로서 학급 자치활동 등 관계 형성 프로그램에 남다른 의욕을 보이며 의사 전달 방식, 회의 진행 방법 연수에 특별한 관심을 가지고 활동함. • 지리산 등반 현장체험학습(천왕봉 산행. 2016.07.11)에서 체력이 좋아 안전 요원으로 발탁이 되어 100명이나 되는 남녀 학생들 가운데서 뒤처지는 학생들의 배낭을 대신 메고 정상까지 오를 수 있도록 격려를 하는 등 배려심과 인내심이 뛰어남. • 독서활동(2016.03.05~2017.02.06/19시간)을 통하여 본인이 갈망하던 PD의 삶과 역할에 대한 지적 호기심을 채우는 데 열의를 보였으며 특히 언론의 기능과 사명에 대한 토론을 할 때는 더욱 열정적 자세로 임함 • 통일 안보 교육(2016.04.16)을 통해 분단의 원인과 과정, 통일 정책과 통일의 과제 등에 대해서 알게 되었음. 또한 주제별 발표 시간에 올바른 언론의 역할과 책임에 대해 발표함. 북한의 통제된 언론을 통해 언론의 가치와 중요성에 대해 더욱 깨닫는 계기가 됨. • 독도 교육(2016.04.30~2016.08.29 10시간)을 통해 독도와 한일 역사 인식 차이에 대해 알게 되는 계기가 됨. 독도와 역사에 관심을 갖고 독도 관련 자료를 찾아보기도 하고 독도에 무관심한 급우들과 함께 독도에 대한 토론을 주도하기도 함.

물론 직책과 관련된 활동뿐만 아니라 입학식, 졸업식, 체육대회, 교내 축제, 학예회, 수학여행, 현장학습 등 교내에서 주최하는 다양한 행사들에 대한 흔적 또한 남길 수 있습니다.

대부분의 학교에서 학생부의 '양을 채우기' 위해 단순히 3월 2일 입학 때부터 졸업식까지의 내용을 단순 기입하는 경우가 많습니

• 단순히 '업적'을 나열하기보다 특기사항에 여러 가지 활동 준비나 진행 과정에서 발견되는 협동심, 개인의 행동 특성, 느낀 점 등을 평가하고 2~3개 정도의 중요한 활동들을 선정하여 구체적으로 작성하는 것이 효과적입니다.

• 학교에서 공식적으로 운영되는 C.A. 활동에서 맡은 직책에 대한 기록이나 중심적으로 활동했던 내용들을 강조할 수 있는 부분입니다.

다. 하지만 좀 더 매력적인 학생부로 만들기 위해서는 단순히 '업적'을 나열하기보다 특기사항에 여러 가지 활동 준비나 진행 과정에서 발견되는 협동심, 개인의 행동 특성, 느낀 점 등을 평가하고 2~3개 정도의 중요한 활동들을 선정하여 구체적으로 작성하는 것이 효과적입니다.

동아리활동

기본적으로 학생들의 관심사에 대한 기록을 남기는 곳으로 학교에서 공식적으로 운영되는 C.A. 활동에서 맡은 직책에 대한 기록이나 중심적으로 활동했던 내용들을 강조할 수 있는 부분입니다.

학년	창의적 체험활동		
	영역	시간	특기사항
2	동아리 활동	38	• (○○○○-도서신문부) 차장으로서 편집 회의를 진행하며 기사 작성 배열을 조정하는 역할을 맡아 성실히 수행하였으며 후배들을 위해 신문 제작 과정을 세세히 지도하며 도와줌. 특히 부원들의 단합을 위해 뛰어난 리더십을 보임. • 학교 신문 제작에 참여하여 본교 30주년 기념 행사(5월), 학교 축제 ○○○○○(11월)를 취재함. 학교 신문 ○○○○ 20호 제작(2016. 12. 22) 때 1면(30주년), 3면(축제), 4면(동아리) 기사를 작성함. 000 서평지 월간 ○○ 제작2팀에서 제17호(4월, 반핵), 제20호(7월, 학교의 의미), 제23호(11월, 반전)를 발행함. • 학교 축제 ○○○(2016. 11.26) 때 북카페 운영을 기획하고 지원하는 역할을 맡음. 동아리활동에 소극적인 남학생들과 함께 장보기를 하였음. 판매할 물품에 적절한 가격을 매기는 데 주도적 역할을 하였음. • (0000-자율동아리) 00고 페이스북 공식 페이지 관리를 목적으로 0000를 만들었음. 학교 행사와 일정 및 사진 게시를 기획 선정하여 탑재하고 관리하는 역할을 함. 정보화 시대에 걸맞게 SNS를 기반으로 학교와 학생들과 소통하는 데 기여하였음.

이런 공식 동아리뿐만 아니라 자율동아리활동 또한 기록할 수가 있습니다. 자율동아리는 말 그대로 학교 공식 동아리 이외에 맘 맞

는 학생들끼리 동아리를 구성하여 운영되는 것을 말하며 최근에는
학생부종합전형을 위해 필수적으로 진행해야 하는 부분입니다.

봉사활동

다른 창의적 체험활동 파트와 달리 활동한 모든 기록이 학생부에
그대로 표기됩니다. 자율활동, 동아리활동, 진로활동이 단순 특기
사항만 기록할 수 있게 구성되어 있는 반면 봉사활동은 특기사항
뿐 아니라 1학년 때부터 3학년 때까지 교내외 모든 봉사활동을 그
대로 표시하게 되어 있습니다. 크게 교내 봉사활동과 교외 봉사활
동으로 구성되어 있으며 어떤 활동을 어느 정도의 시간으로 진행
했는지 등 정보를 구체적으로 제공하게 되어 있습니다.

Tip & Memo

• 자율동아리는 학생부종합전형
을 준비하기 위해 필수적으로
진행되어야 할 부분이라 할 수
있지요.

• 다른 창체 파트와 달리 활동한
모든 기록이 학생부에 그대로 표
기됩니다.

학년	창의적 체험활동		
	영역	시간	특기사항
2	봉사활동	38	• 학생회 주관 사랑 나눔 바자회 봉사활동 (2016.12.17~2016.12.19/6시간) 바자회를 주도적으로 운영하며 선생님들이 기증한 참고서와 각종 물품들을 판매하고 이를 우리지역의 장애인 사회 복지관 '사랑의 집'에 기부함. 특히 기발하게도 경매를 제안하여 판매량을 늘렸으며 이로 인해 기부금이 여느 해 보다 많이 증가하는 데 기여함. • ○○시 다문화 도서관 봉사활동 (2016.05.16~2016.11.29 /14시간) ○○시 다문화 도서관에서 청소 및 비품 정리와 도서 업무를 보조하며 다문화 어린이들 돌보기 등을 함. 따뜻한 마음씨로 특히 어린 아이들과 잘 어울렸으며 봉사활동을 통해 다문화 이주민들을 만나게 되면서 그들의 삶을 진솔하게 보여 줄 수 있는 다큐멘터리를 꼭 제작하고자 하는 열망을 가짐. • 학교 도서실 '○○○'도서 도우미 (2016.03.10~2016.12.22/ 18시간) 점심시간과 저녁 시간에 항상 도서관에 들러 소장 도서를 정리하고 사서 선생님을 도와 드림. 도서 대출 및 대출 반납대 청소와 신간 도서 등록 작업을 보조함. • 교내 구석진 곳 환경 정화 활동 (2016.03.03~2017.02.12/40시간) 학생들이 기피하는 청소 구역인데도 마다하지 않고 자원하여 청소하고 책임감 있게 한 번도 빠지지 않고 참여하여 칭찬을 받음.

진로활동

학교 내에서 이뤄진 진로활동(각종 수시 및 정시 안내 수업, 외부 초청 강연회 등)의 내용을 기입하는 공간입니다. 본인이 새로 깨닫게 된 점이나 강연 후 느낀 점에 대해 상세히 기록하는 것이 중요합니다.

학년	창의적 체험활동		
	영역	시간	특기사항
2	진로 활동	38	• 역사에 대한 관심과 인식이 높고 시사적인 부분에도 질문을 자주 하는 등 여느 학생들과 달리 관심이 매우 많음. TV 다큐멘터리 제작 등에도 상당히 호기심을 갖고 탐색하는 등 평소 본인이 갈망하는 프로듀서의 길을 걷기 위해 노력함. 지역 신문사 기자 교육과 기자단 체험 등 자신의 진로와 연계하여 다양한 활동을 꾸준히 펼침. • 00신문사를 견학(2016.12.31)하여 신문이 만들어지기까지 편집부, 취재부 등에서 기자의 역할을 알게 되었고, 신문 박물관에서 신문의 제작 과정의 변천 등을 배움. • 0000일보 NIE 시범학교 교육사업 학교순회 기자교육(2016. 11.5 18:30~20:30)에 참여하여 지역 언론사 기자와의 질의응답 시간을 통해 지역 신문과 중앙지의 차이에 대해 인식하는 계기가 됨. • 에너지지킴이 기자단 체험 고리원전이나 밀양 송전탑 현장을 통해 언론의 존재와 책무의 필요성을 느낌.

point

• 꿈은 멋지게 변하는 것이다.
• 가능하다면 세부적으로 묘사하자.
• 담당 교사가 개별 학생들을 다 관찰할 수 없으므로 본인의 적극적 어필이 중요하다.

학생부의 구성

교과학습발달상황
나의 과거와 미래

평가 항목

전공 적합성, 학습 태도, 교사와 상호 작용

교과학습발달상황

Tip & Memo

교과	과목	1학기			2학기			비고
		단위수	원점수/ 과목평균 (표준편차)	석차 등급 (수강 자수)	단위수	원점수/ 과목평균 (표준편차)	석차 등급 (수강 자수)	
국어	문학I	5	93/63.6	1(190)				
수학	수학I				6	86/48	3(190)	
영어	영어I	5	97/53	1(190)				
· ·	· ·	· ·	· ·	· ·	· ·	· ·	· ·	· ·

성적의 경우 과목과 단위수, 석차등급으로 구성되어 있습니다.

본인이 희망하는 학과(예를 들어 수학교육과라면 수학이 중요)와 관련된 과목들은 특별히 더 관리가 필요합니다.

등급은 전교생의 혹은 계열(인문계, 자연계) 내 학생 수에 따라 각 등급의 인원이 변화하게 됩니다. 즉, 학생 수가 많으면 많을수록 해당 등급의 인원은 많아집니다만 그만큼 성적을 받기는 더욱 더 힘이 들겠지요.

1등급	2등급	3등급	4등급	5등급	6등급	7등급	8등급	9등급
1~4%	5~11	12~23	24~40	50~60	61~77	78~89	90~96	97~100

예를 들어 전교 학생이 100명이라면 1등급 학생은 총 4명이 되는 방식입니다.

여기에 더 주의해야 할 것은 바로 '단위수'라는 개념인데요, 예를 들어 수학 단위수가 4라면 학생들이 1주일에 받는 수학 수업시간이 4시간이라는 것을 의미하고 이런 단위수가 높을수록 더욱 신경을 써야 합니다. 단위수가 높은 만큼 성적에 더 큰 영향을 미치기 때문이죠.

- 단위수가 높을수록 성적에 더 큰 영향을 미칩니다.

세부능력 및 특기사항

매학기 학교 내신 시험을 잘 마무리 짓는 것만큼 중요한 것이 세부능력 및 특기사항 기록입니다. 이 부분은 수업 중 학생의 성실성을 보여 주고 그의 발전 가능성까지도 담을 수 있습니다. 과목 수에 따라 입력이 가능하므로 실질적으로 학생부에서 학생의 학업적 능력에 대해 가장 많은 내용을 담을 수 있습니다.

- 과목 수에 따라 입력이 가능하므로 실질적으로 학생부에서 학생의 학업적 능력에 대해 가장 많은 내용을 담을 수 있는 부분이기도 합니다.

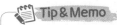

과목별 세부능력 및 특기사항

- **사회문화** : 각종 신문사가 제공하는 기사를 학습 자료로 선택하고 적절히 활용하는 능력이 있음. 학습 전에 신문의 성향을 분석하여 다양한 입장에서 사회 현상을 분석하는 안목을 갖추고 있음
- **일본어Ⅰ** : 일본의 역사, 사회, 문화에 대한 남다른 관심은 일본어 학습 의욕과 연동되어 일본어 모든 능력에 우수한 결과를 보임.
- **한문Ⅰ** : 평소 한자에 대한 관심이 깊어 한자 쓰기 과제를 성실히 수행함. 한자성어를 많이 알고 있어 다른 교과를 학습하는 데 도움이 되어 문장 이해력이 높음. 고전 문장 속에 담긴 내용과 가치에 대하여 자신의 관점에서 평가하고 설명하며 의견을 발표함.
- **사회문화** : 수업 중 특히 문화를 바르게 이해하는 태도와 관점에 관심이 많고, 실제로 문화의 상대성과 다양성을 이해하려는 태도를 갖추려고 노력하는 모습을 보임. 교과서 속 인물 마셜 맥클루언의 이론에 관심을 가지고 "미디어 생태학"이라는 책을 읽어 인물과 이론을 심화 있게 탐구하려는 모습을 보임.

이동 수업이나 기타 사유 등으로 수업 분위기가 좋지 못한 수업에서 특히 대답을 일부러 더 크게 하는 모습을 보임. 이는 수업 실시 중인 교사를 배려하거나 수업에 집중을 하지 못하는 다른 친구들의 반응을 이끌어 내기 위한 행동으로 수업 분위기가 다소 완화되는 경우가 많았고 타 수업 교사들로부터 칭찬과 격려를 받음. 한국사와 동아시아사 과목에 대한 관심도가 높으며 수학 과목처럼 주변 친구들이 부담스러워하거나 어려워하는 과목을 주변 친구들이 도움을 청해 올 때 적극적으로 도와주는 모습을 보임.

교무실에 질문을 가장 많이 하러 오는 학생들 중 한 명이며, 단순히 "Yes, No"수준의 질문이 아니라 특정 사실 이면에 놓인 배경이나, 사고방식에 대해서도 비판적으로 접근하는 태도를 보임. 높은 성적을 유지하는 와중에도 사소한 부분까지 놓치지 않으려는 성실함이 돋보이는 학생임.

특히 진학하고자 하는 학과와 관련된 과목일수록 더 관리가 필요하니 이에 대한 준비는 더욱 중요하죠.

최상위권 대학을 목표로 학생부종합을 준비하는 학생이라면 각 과목별로 성실한 교과 세부 특기사항 입력이 되어 있어야 합니다.

개인별 특기사항

각 과목별 세부 특기사항 하단에는 담임교사가 500자 내외로 "개인별 특기사항"을 입력할 수 있습니다. 동아리나 진로 혹은 기타 부분에서 다 기록하지 못한 내용을 교과와 관련 있는 부분을 중심으로 추가적으로 입력이 가능합니다.

- 동아리나 진로활동에 너무 매진하여 자신의 활동을 입력할 공간이 없다면 개인별 특기사항 란을 활용하면 좋습니다.

독서활동상황
행동특성 및 종합의견

평가 항목

인성, 학교생활, 학업 성취도

Tip & Memo

• 많은 사정관들 또한 지원 학생들의 독서 내용을 바탕으로 학업의 수준과 관심의 정도를 가늠하는 것이 현실입니다.

• 특정 책만을 읽는 것보다 평소 독서 습관을 형성시켜 다양한 책을 읽는 것이 유리합니다.

독서활동상황

바쁜 고등학교 생활 속에서 각종 대외 활동에 참여하거나 대회를 준비해서 수상까지 한다는 것은 현실적으로 무척 힘든 일입니다. 더구나 본인이 희망하는 진로와 관련된 활동 또한 매번 기회가 생기더라도 일일이 참여하는 것도 쉽지 않습니다.

그래서 독서활동상황 기록을 잘 활용해야 합니다. 많은 사정관들은 지원 학생들의 독서 내용을 바탕으로 학업의 수준과 관심의 정도를 가늠하는 것이 현실입니다.

특정 책만을 읽는 것보다 평소 독서 습관을 형성시켜 다양한 책을 읽는 것이 유리하며 단순히 전공 분야 서적뿐만 아니라 소설, 수필 등 다양한 글을 접하며 느낀 점이 크거나, 새롭게 알게 된 부분, 혹은 감동받은 책들을 기록에 남기는 것이 좋습니다.

학년	과목 또는 영역	독서활동상황
1	공통	(1학기) 〈모리와 함께한 화요일(미치 앨봄)〉을 읽고 학교도서관에서 실시한 인문학 특강에 참여한 후 인문학적 사고의 중요성과 실천 방안에 대해 고민한 에세이를 제출함.
		(2학기) 〈응답하라 1997(이우정)〉을 읽고 책의 내용을 어렸을 때의 추억과 연결시켜 내면화함.
	사회	(1학기) 교내외 독서 토론에 주기적으로 참석하는 학생으로 〈무엇이 되기 위해 살지 마라(백지연)〉, 〈청춘의 커리큘럼(이계삼)〉, 〈신도 버린 사람들(나렌드라 자다브)〉, 〈왜 세계의 절반은 굶주리는가(장 지글러)〉를 읽고 기아와 차별에 관한 국제 문제와 이를 해결하기 위한 리더의 자질에 대해 고민한 에세이를 작성함.
		(2학기) 〈시민의 불복종(헨리 데이비드 소로)〉을 읽고 '악법도 법이니 지켜야 하는가?'는 주제로 열린 교차 질의식 토론에 참여하여 악법은 기준이 모호하므로 법치주의적 절차에 의해 제정된 법은 개정 전까지 지켜져야 한다는 의견을 밝힘. 〈카타리나 블룸의 잃어버린 명예(하인리히 뵐)〉를 읽고 '언론이 자기 성향을 가지고 보도하는 것은 옳은가?'는 주제로 열린 교차 질의식 토론에 참여하여 언론이 자기 색깔을 가지고 보도하는 것은 사회의 다양성 유지에 필수적이므로 찬성한다는 의견을 밝힘.
	과학	(2학기) 〈마이 시스터즈 키퍼(조디 피콜트)〉를 읽고 '난치병 치료를 위한 맞춤 아기 출산을 허용해야 하는가?'는 주제로 열린 학급 토론에서 인간의 존엄성을 최고 가치로 두고 우생학으로의 변질 가능성을 비판하며 반대하는 입장을 밝힘.
	예술체육	

독서활동의 분량은 1, 2학기 포함 공통 1,000자와 과목별 독서활동으로 500자까지 입력이 가능합니다만, 학생부에는 단순히 〈시민의 불복종(헨리 데이비드 소로)〉과 같은 형태로 책 제목과 저자만 기입해야 합니다. 지금 이 책을 보고 있는 1, 2학년 학생이라면 지금 바로 독서활동을 챙겨 입력할 수 있도록 해야 합니다.

게다가 학생부종합전형에서 지원자 학생의 폭 넓은 식견과 관심사에 대해 구체적으로 기재할 수 있으므로 단순히 읽은 책에 대한 내용을 1000자에 모두 담기보다는 특정 교과와 연관된 부분은 해당

• 고2, 고3으로 올라갈수록 좀 더 구체적이고 높은 수준의 책을 읽어나가는 것이 좋습니다.

• 특정 교과와 연관된 부분은 해당과목별 독서활동에 기입하여 전문성이 돋보이도록 구성하는 것이 바람직합니다.

과목별 독서활동에 기입하여 좀 전문성이 돋보이도록 구성하는 것이 바람직합니다.

행동특성 및 종합의견

• 올해 한 해의 일들을 마무리하고 2학년 혹은 3학년이 되었을 때 어떤 모습을 하고 있을지를 정리해주는 부분이라 할 수 있지요.

올해 한 해의 일들을 마무리하고 2학년 혹은 3학년이 되었을 때 어떤 모습을 하고 있을지를 정리해 주는 부분입니다.

한 학기 혹은 한 해를 지내면서 학생이 학교교육활동에 참여한 모든 내용을 담고 있는 부분으로 인성, 협동심, 가정 사항뿐만 아니라 학업적 능력과 기본 소양까지 언급하는 파트입니다.

학년	행동특성 및 종합의견
2	(인성) 성격이 쾌활하고 활달한 학급 반장으로서 늘 학급이 생기가 넘칠 정도로 유쾌한 학급으로 이끌며 책임감이 매우 강해 다른 학급에 비해 화합이 잘됨. 또한, 2학년 학년장을 맡아 수학여행과 체육대회 등 2학년 전체 행사를 원활하게 진행할 만큼 진행 솜씨와 세심한 준비 능력이 돋보임. (진로) 진로희망이 뚜렷하며 기자단 체험, 신문사 견학, 기자 교육 등에 적극적으로 참여하고 언론, 방송 관련 도서를 즐겨 읽음. 학교 활동에 적극적이면서도 학업에 충실하여 모의평가에서 전 영역 1등급을 한 번도 놓치지 않을 만큼 탁월함. 또한 역사 인식과 사명감, 창의성이 뛰어나 훌륭한 PD가 될 자질이 있어 보임. (예체능) 축구, 노래(특히 힙합), 댄스에 관심과 재능이 있고 실력도 뛰어나 학교행사가 있을 때마다 적극적으로 무대에 참여함. 수학여행 장기자랑에서 힙합 공연, 축제에선 스포츠댄스로 관객들의 뜨거운 호응을 이끌어 냄 (나눔) 사랑의 열매 행사를 통해 불우한 이웃에게 기부하였으며, 굿 네이버스를 통해 매달 기부를 하고 후원하는 친구에게 편지를 쓰며 진짜 나눔을 실천함. 학교에 실시하는 사랑의 헌혈을 1년 동안 2회 참여하여 생명나눔운동을 실천함. (배려) 내성적인 학생들을 위해 스스로 다가가 함께 점심을 먹고 도서관으로 같이 다니는 등 급우가 학교생활에 잘 적응할 수 있도록 많이 배려해줌. (규칙 준수) 등교 시간을 비롯하여 두발 복장 등의 교칙에서 벌점이 하나도 없을 만큼 규칙을 잘 지킴. 학생자치법정에서 배심원으로 참여하여 법정에서 합리적이고 공정한 판단을 내리는 역할을 함. 이러한 활동을 계기로 스스로 학교생활을 성찰할 수 있는 계기를 마련함과 동시에 교칙 준수 분위기를 조성함. (협력) 학교장배 스포츠클럽축구대회 반 대항 축구 종목에서 반대표로 참가하여 반이 1위라는 성적을 얻는 데 큰 공을 세움. 도서도우미로 1년간 학생들이 쉽고 편리하게 도서 대출을 할 수 있도록 봉사함. 축제 때 카페 운영과 자선바자회에 활동하여 수익금의 일부를 불우 이웃 돕기에 기증함. (자기 주도적 학습) 전 교과 성적이 최상위권을 유지하고 다독상 최우수상을 받을 만큼 독서가 생활화되어 있어 또래에 비해 생각이 깊고 논리적임. 타인에 의한 수동적인 가르침보다 수업 일기를 사용한 자기 주도적 학습에 능한 학생임.

과목별 세부특기사항, 창의적 체험활동 특기사항에서 미처 언급하지 못한 부분을 보충 설명하는 기능으로 사용할 수 있으며 평소 담임교사가 학생에 대해 느꼈던 점들을 1000자 내외의 가벼운 이야기 형태로 풀어낼 수도 있습니다.

그리고 입학사정관에게 좀 더 일관성을 유지하며 학생에 대한 정보를 전달하기 위해서는 되도록 명확한 포인트, 예를 들어 위의 예처럼 '인성', '진로', '예체능', '나눔', '배려', '규칙 준수', '협력', '자기 주도적 학습' 등으로 항목을 세분화시켜 기록하는 것이 더 유리하겠습니다.

• 입학사정관에게 좀 더 일관성을 유지하며 학생에 대한 정보를 전달하기 위해서는 되도록 명확한 포인트로 항목을 세분화시켜 기록하는 것이 더 유리하겠습니다.

학교생활기록부
1.03

고1, 2, 3 학생들을 위한 학생부 팁

다양한 교내 행사 활용
: 고1의 자율활동

Tip & Memo

• 창의적 체험활동에서 주로 경험
하고 느낀 것들이 주로 자소서
의 내용으로 많이 활용됩니다.

고1, 학교생활을 즐겨라!

학교생활에 적응하기 바쁜 이런 고1 학생들에게는 창의적 체험이
어떤 것이고, 어떤 활동이 필요한지에 대한 관심과 정보가 부족합
니다.

창의적 체험활동(창체)은 여러분의 교내외의 활동에 대해 자세히
알려 줄 수 있는 항목이고 각 항목에 따라 어떤 활동을 할 것인가에
더욱 초점을 맞춰야 합니다.

창의적 체험활동에서 주로 경험하고 느낀 것들이 주로 자소서의
내용으로 많이 활용됩니다. 잘 기록된 창의적 체험활동의 내용은
이후 입학사정관이나 면접관에게 훌륭한 증빙 자료가 될 수 있으
니 내실 있는 활동을 해야 합니다.

나름 준비를 한다 하더라도 대부분 학생들의 관심은 동아리활동이

나 진로활동에 집중되어 있고 자율활동에는 다소 관심이 적습니다. 그래서 1000자나 되는 자율활동 세부 특기사항 공간을 제대로 알차게 채우기가 힘든 상황이죠.

그럼 고1 학생들이 당장 할 수 있는 것은 무엇일까요?

그렇습니다. 주변 활동에서 의미를 찾습니다. 즉 학교 활동과 행사에서 자신의 모습을 어필하는 것입니다. 그도 그럴 것이 이런 '자율활동'이 실제로는 자율활동이 아니라 학교에서 일괄적으로 운영되는 교육 과정 활동이기 때문이죠.

• '자율활동'이 실제로는 자율활동이 아니라 학교에서 일괄적으로 운영되는 교육 과정 활동이기 때문에 학교 활동과 행사에서 자신의 모습을 어필합니다.

• 학급 반장(2015.03.03~2016.02.12)으로서 담임과 학생들 간의 가교 역할을 맡아 담임이 필요 없을 만큼 원만하게 학급을 잘 이끌어 나감. 늘 솔선수범하여 학생들이 스스로 따라올 만큼 통솔력이 뛰어남. 학급 분위기가 좋고 단합이 잘 되는 반으로 소문이 자자함.
• 제5기 낙동강학생수련원 수련활동(2015.04.03~2015.04.05)에 참가하여 예절 교육을 비롯한 다양한 과정 활동에 적극적으로 참여하였음.
• "꿈 키움 학교"프로그램으로 진행된 2학년 전체 지리산 등반(2015.05.07)활동에 참여하여 뒤처지는 학생들이 힘을 낼 수 있도록 용기를 북돋우는 모습을 보임. 앞에서 끄는 모습이 아닌 뒤에서 응원하며 이끌고 가는 유연함과 리더십을 보여 줌.

자율활동은 크게 교내 행사, 학생자치회 혹은 학생회 활동, 주로 반장이나 부반장과 같이 각 반에서 부여 받은 직책과 관련된 내용이 그 주를 이루게 됩니다.

다소 부족한 면이 있지만 위의 예처럼 학급의 임원이 되거나 간부 수련회 및 기타 활동에 참석하거나 낙동강 수련활동처럼 학년 전체가 움직이는 모습에서 본인이 어떤 역할을 하고 어떤 점을 새롭게 깨달았는지를 기술해 주면 적당한 자율활동 기록을 만들 수 있습니다.

학생회 간부이든 아니든 함께하라!

학생자치회나 학생회 활동은 주로 학생 선거에서 당선된 친구들처럼 어느 정도 한정된 인원으로 진행되기에 다른 자율활동보다는 차별화됩니다. 그러나 학생회 간부가 아니더라도 걱정하지 마세요. 모든 학생이 전부 학생회 간부 역할을 '맡을' 수는 없지만 함께 '참여'할 수는 있습니다.

예를 들어 학생회에서 실시하는 바자회에 참가할 때 단순히 바자회 물건을 구매하는 것에 그치지 말고 바자회 물건을 옮길 때나 정리할 때 자연스럽게 주최 학생들을 도와줌으로써 바자회 준비하는 과정을 공유할 수 있고, 그 과정에 느낀 점들을 간단히 기록할 수 있을 것입니다. 각종 교내 도우미 역할을 한다거나 몇 해 전부터 큰 인기를 끌고 있는 학생 자치 법정에서도 비록 여러분이 판사, 검사, 변호사 역할을 맡지 못하더라도 그 법정에 패널이나 방청객으로서 적극적으로 참여할 수 있지요.

- 모든 학생이 전부 학생회 간부 역할을 '맡을' 수는 없지만 함께 '참여'할 수는 있습니다.

- 각종 교내 도우미 역할을 한다거나 몇 해 전부터 큰 인기를 끌고 있는 학생 자치 법정에서도 비록 여러분이 판사, 검사, 변호사 역할을 맡지 못하더라도 그 법정에 패널이나 방청객으로서 적극적으로 참여할 수 있지요.

총학생회 간부 수련회(2015.03.22~2015.03.23)에 참가하여 후배들에게 귀감이 될 정도로 모든 프로그램에 적극적으로 참여함. 수련활동 내내 즐겁게 임하고 남다른 친화력으로 간부들과 좋은 관계를 형성함.
학생회 간부가 아님에도 불구하고 연말 불우 이웃 돕기 바자회(2016.12.20~2016.12.22)에 문제집 수거 팀장을 맡아 선후배 학생들이 사용하지 않는 문제집을 기부해 줄 것을 적극 홍보하고 다니며 바자회를 성공적으로 마무리 짓는 데 큰 역할을 하였음. 사소한 문제로 진행이 힘들어졌을 때도 중간자 역할을 도맡아 친구들의 불화를 해결하는 모습을 보임.

일련의 모의재판을 관찰한 후 판결 내용과 학생 자신의 주장과 비교 대조를 해 볼 수도 있고, 스스로의 판단의 내용에 대해서도 진지하게 접근해 볼 수 있는 기회로 활용이 가능합니다.

또한 교내 공식 행사 중 흔히 학교 체육대회를 많이 언급합니다.

> 교내 스포츠제전(2016.05.16)에 반 대표 계주 주자로 참가하였음. 자신에게 주어진 책임감을 느껴 대회 2~3일 전부터 쉬는 시간과 저녁 시간을 활용하여 꾸준히 계주 연습을 하여 결국 팀 계주 승리에 큰 도움을 주었음. 그뿐만 아니라 스포츠제전 종료 이후 서둘러 자리를 뜨는 대부분의 학생들과는 달리 분리수거 및 주변 정리까지 스스로 도맡아 정리하는 등 밝은 마음씨를 지닌 학생임.

예를 들어 학생들과 어떤 방식으로 서로 협력하고, 팀을 구성한 후 어떤 전략을 이용해서 어떤 경기 결과를 이끌어 냈다든지 하는 내용으로 학생 본인의 리더십이나 사회성에 대해 강조할 수 있습니다. 혹은 행사 후 몇몇 친구들과 행사장을 정리했다는 내용으로도 봉사정신을 가지고 남을 위해 기꺼이 희생할 수 있음을 강조하면 됩니다.

이런 과정에서 어떤 점을 느끼고 깨닫게 되었는지에 대해 잘 기록해 두고 정리해 둔다면 단순히 이런저런 행사에 참여했다는 지루하고 뻔한 내용보다는 훨씬 더 큰 장점이 됩니다.

- 행사 후 몇몇 친구들과 행사장을 정리했다는 내용으로도 봉사정신을 가지고 남을 위해 기꺼이 희생할 수 있음을 강조하면 됩니다.

- 어떤 점을 느끼고 깨닫게 되었는지에 대해 잘 기록해 두고 정리해 둔다면 단순히 이런저런 행사에 참여했다는 지루하고 뻔한 내용보다는 훨씬 더 큰 장점이 됩니다.

✏️ point
- 학교생활과 활동에서 글감을 찾아라.
- 끌려가기보다 그 활동에 '푹 빠져라.'
- 1학년 때의 학생부가 가장 중요하다.
- 사소하지만 한 사건의 소재를 가지고 자신의 느낌을 적는다.
- 담임선생님과 상담할 때 본인의 꿈에 대해서 공감대를 쌓자.
- 개인별로 본인의 역할과 느낀 점을 파일에 기록해 둔다.

학교생활기록부
1.03

고 1, 2, 3 학생들을 위한 학생부 팁

리더십과 다양한 교외 활동
: 고2의 자율활동

Tip & Memo

• 고2는 사회성을 놓고 봤을 때 실질적으로 학생회나 동아리에서 본인이 소속된 집단 속에서 구심점이 되는 역할을 하게 마련입니다.

학교의 리더가 되는 기회를 만들어라!

정말 숨 가쁘게 1년을 보내고 나면 2학년이라는 짧고도 긴 시간이 기다리고 있지요. 1학년이 다양하고 폭넓음에 대한 기간이었다면 2학년은 좀 더 전문화되고 한 발자국 더 나아가는 모습을 보여 줘야 할 시기입니다.

고2는 사회성을 놓고 봤을 때 실질적으로 학생회나 동아리에서 본인이 소속된 집단 속에서 구심점이 되는 역할을 하게 마련입니다. 그런 자연스러운 과정을 그대로 기록에 남겨야 하겠지요.

전교 부회장으로(2015.03.03~2016.02.12) 총학생회 간부수련회(2015.03.22~2015.03.23)에 참가하여 행사 시작부터 끝까지 진지하고 적극적인 자세로 일정에 참여함. 간부수련회 주요 프로그램인 리더십, 관계 형성, 놀이 문화 활동 등 모든 활동에서 남을 배려하는 인상적인 활동을 보여 주어 많은 칭찬을 받음.

특히, 학급자치활동 등 관계 형성 프로그램에 남다른 의욕을 보이며 의사 전달 방식, 회의 진행 방법 연수에 특별한 관심을 가지고 참여함. 회의 진행 실습에서는 안건 상정, 안건 토의, 의사 결정 등에 대한 명확한 이해를 바탕으로 남다른 지도력을 보여 줌.

위의 글에서 지원자 학생이 고2때 전교 부회장을 지내며 했던 역할들과 그 역할들 속에서 본인이 보여 주었던 모습들을 잘 보여 주고 있습니다.

본인의 활동 기록을 남길 때 다음 방식으로 준비해 보길 바랍니다.

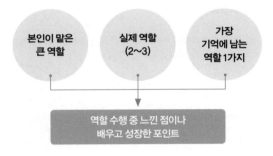

위 순서대로 본인이 느꼈던 경험들을 정리해 보면 내용이 긴밀해지고 강조하고 싶은 몇 가지 점들을 일목요연하게 보여 줄 수 있습니다.

이런 내부의 리더로서의 역할을 보여 주었다면 (※ 물론 1학년 때 참여했던 활동들이나 2학년이 되어서 하게 되는 다른 활동에도 꾸준히 참여하는 모습을 보여 줘야 합니다.) 2학년의 시기에는 좀 더 신경써야 할 것이 있습니다. 바로 다양한 외부 활동입니다.

외부 활동을 통해 늘 준비된 사람임을 보여라!

비록 많은 교재와 전문가들이 교내 활동의 중요성을 강조하지만 어느 정도의 외부 활동도 필요한 것이 사실이고 현실입니다.

Tip & Memo

• 물론 1학년 때 참여했던 활동들이나 2학년이 되어서 하게 되는 다른 활동에도 꾸준히 참여하는 모습을 보여 줘야 합니다.

개인 차이는 있을 수 있지만 온통 교내 활동뿐인 학생부와 교내 활동과 교외 활동이 밸런스를 이루고 있는 학생부는 분명 차이가 나며, 그 교외 활동이 전공과 어느 정도 연관성이 있다면 금상첨화입니다.

• ○○○○○가 주최하는 '2016 000오픈캠퍼스'(2016.08.09)의 입학사정관전형 설명회 및 의학과 전공 체험 프로그램에 참가하였음.

• ○○○○○병원 교육연구부에서 실시한 심폐소생술 및 자동 제세동기 교육(일반인 과정)(2016.08.07)을 수료하였음.

• ○○○○○창의력교육센터에서 주관하고 ○○○○○교육청이 지원하는 '2016 창의 영재 캠프'(2016.07.27, 2016.08.03)를 수료하였음.

• ○○교육포럼이 주최한 '○○교육 500인 원탁대토론'(2016. 2. 19 17:00~21:00, ○○○○○호텔)에 참여 : 교육의 주체인 학부모 교사, 학생 500명이 한 자리에 모여 교육 현안에 대한 자신의 입장을 밝히고, 이 과정에서 소통과 합의에 의한 문제 해결 방식을 체득함.

• 또한, 이해를 달리하는 상호 간의 의사소통 방식과 타운홀 미팅 방식에 대한 현장 체험을 통하여 자신의 의견을 발표하는 의사소통의 중요성에 대해 다시 한 번 깨닫게 되는 시간을 가짐.

위의 학생부는 비록 잘된 기록이라 할 수는 없습니다. 구체적인 면이 결여되어 있지요. 하지만 그럼에도 지원자가 다양한 활동을 했다는 점에는 이견이 없을 것입니다.

위 학생이 지원한 곳은 의대인데 자세히 보면 여러 활동 중에 심폐소생술 및 자동 제세동기 교육을 수료한 사실이 있습니다. 이 지원자는 자기소개서에도 이런 점을 강조해서 썼으며 결국 합격을 했습니다. 일단 다양한 활동을 하고 학생부에는 지원하는 전공과 관련된 기록을 남긴다고 이해하면 됩니다.

✏️ point

- 각종 동아리와 기타 모임을 통해 남을 이끄는 리더십을 강조하라.
- 외부 기관 주최 활동은 그 종류와 상관없이 참가하라.
- 단체 활동에서 자신의 존재감을 드러내자.
- 자신의 단점을 극복해가는 과정을 기록으로 남긴다.
- 선생님과의 소통에 가치를 부여해라.

고 1, 2, 3 학생들을 위한 학생부 팁

끝나지 않은 학생부 관리
: 고3의 자율활동

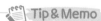
Tip & Memo

• 3학년 1학기에 채울 수 있는 자율활동은 바로 독서활동입니다.

고3, 다양한 경험의 증인이 될 것

학생부종합전형은 고3 1학기까지의 기록을 포함하도록 되어 있습니다. 많은 학생들이 학종에서 요구하는 것은 대부분 1,2학년의 것이라고 알고 있죠. 물론 틀린 말은 아니나 조금 보충할 시간이 아직은 있습니다.

3학년 1학기에 채울 수 있는 자율활동은 바로 독서 활동입니다.

학년	창의적 체험활동		
	영역	시간	특기사항
3	자율활동	43	본인이 희망하는 학과와 관련된 정보나 흥미를 쉽게 채울 수 없는 상황에서 자율활동 시 관련 독서를 통해 부족한 부분을 메워 나감. 도서관에 내려가서 본인이 직접 책을

찾아 읽거나 부족한 경우 사서교사에게 전공과 관련된 신간 도서 목록을 물어보거나 추천받은 도서를 살펴보는 모습을 보임. 제한된 환경에서도 관심을 두고 있는 분야에 대한 정보를 꾸준히 찾는 모습이 돋보임.

물론 유일한 대답이 아니라 대안인 것입니다. 위의 표는 별 다른 활동이 없는 3학년 생활 중 자율활동 시간에 독서활동을 하여 내용을 기록한 경우입니다. 자세한 독서활동에 대한 설명이나 도서명을 함께 기록했다면 더 좋은 특기사항이 될 수 있었을 겁니다.
우리가 필요한 것은 3학년 1학기까지의 활동들이고, 주로 1학기 동안에 기억에 남는 1~2가지 정도의 활동으로 500자를 채우면 더욱 효율적입니다. 구체적인 한두 가지의 사건을 가지고 접근하면 더 설득력이 있습니다.

- 자세한 독서활동에 대한 설명이나 도서명을 함께 기록했다면 더 좋은 특기사항이 될 수 있었을 겁니다.

학년	창의적 체험활동		
	영역	시간	특기사항
3	자율활동	43	스포츠제전에서 반농구팀 대표로 출전하였음. 스포츠제전 농구 예선전을 위해 점심 저녁 시간이 될 때마다 운동장으로 나가 같은 반 팀 구성 친구들과 연습함. 농구 대신 공부가 중요하다는 담임교사의 핀잔에도 굴하지 않고 쉬는 시간 짬짬이 전략을 짜고 연습하는 모습을 보임. 안타깝게도 농구 결선에서 착지 중 발목 인대를 다쳐 결선에서 결국 팀이 패배하여 무척 아쉬워하는 모습을 보였으나 친구들과 함께 팀을 구성하고 전략을 구성하며 일련의 준비하는 과정에서 나름대로의 보람과 재미를 느꼈다 하고 이 정도로 뭔가 본인이 집중하고 목표로 하는 일에 대해서는 치밀한 준비와 애착을 보이는 학생임.

point

- 2학년 때 했던 활동과 유사한 것도 소중하다.
- 1~2가지의 활동으로 자세히 기록하자.
- 독서활동은 언제 어디서나 환영, 독서활동도 효과적으로 할 수 있는 방안을 찾자.

고 1, 2, 3 학생들을 위한 학생부 팁

틀에 박힌 똑같은 동아리?
: 고1의 동아리활동

Tip & Memo

• 학생들이 참여한 많은 동아리활동을 단 500자에 모두 담을 수 없기에 주로 자소서나 행동종합 발달사항에 추가적으로 입력해 주는 경우가 많습니다.

동아리활동은 입학 후 아무래도 많은 학생들이 가장 쉽게 참여할 수 있는 활동입니다. 누구든 1개 이상의 동아리에 의무적으로 참여하게끔 되어 있기 때문입니다.

동아리활동은 특기사항 500자로 제한되어 있고 학생들이 참여한 많은 동아리활동을 모두 담을 수 없기에 주로 자소서나 행동종합 발달사항에 추가적으로 입력해 주는 경우가 많습니다.

여러분도 입력된 공간이 모자란 경우 관련된 다른 교과목의 교과 독서활동이나 개인별 세부 특기사항에 입력할 수 있다는 것 정도는 알고 있어야겠지요?

판에 박힌 학교 공식 동아리 집중 현상?

최근 들어서 강조되고 있는 자율동아리와는 달리 학교 공식동아리

흔히 CA라고 말하는 동아리활동은 중요한 요소가 될 수 있습니다. 최상위권 학교가 아니라 중위권 및 지방 국립대 정도를 목표로 한다면 학교 동아리만이라도 성실히 활동하고 그 기록을 내실 있게 남기는 것만으로도 큰 도움이 될 수 있습니다.

공식 동아리라고 하지만 언제든 학생들이 적절한 인원을 모아 선생님께 동아리 담당교사 자리를 부탁하면 언제든 만들 수 있기도 하기 때문에 무조건적으로 '정해진' 것만 해야 한다는 생각은 바꿔야 합니다.

(Lime(영어 토론)) 동아리의 1학년 발표 팀장을 맡아 친구들이 어려움을 겪는 과정이나 활동에서 주축이 되어 동기들과 서로 도와 이끌어 나가는 능력이 뛰어남. (토론 주제 조율, 토론 진행 방식, 하계 MT 진행 방법)
그뿐만 아니라 영어 토론 사전 조사 활동을 통하여 새로운 지식을 얻는 것에 열의를 보이며 토론을 통하여 자신과 반대되는 의견을 가진 사람들의 입장과 생각을 수용하는 자세를 가지게 됨.(한국수능시험에 대한 비판, 은퇴 연령 연장에 따른 영향)
꾸준하게 동아리가 매끄럽게 운영될 수 있도록 주제 선정과 선정 이후 필요한 배경 지식을 준비해 오는 등 알찬 토론이 이뤄지는 데 큰 도움을 줌.

위의 학생부 예시를 한 번 보세요. 별 생각 없이 들어간 동아리에서도 자기 나름대로의 역할과 활동을 통해 성실히 500자를 채웠음을 알 수 있습니다. 이 모든 것이 가능하게끔 만드는 중요한 요소는 무엇일까요?

동아리는 즐겨야 한다!

교과와 상관없는 밴드, 댄스, 축구, 농구, 사진부와 같은 동아리활동이라 할지라도 어떻게 활동하는가에 따라 훌륭한 재원이 될 수 있습니다. 학생이 희망하는 전공과 전혀 거리가 먼 동아리활동에서도 그 전공과의 교집합을 찾아 부족한 부분들을 채우세요.

입학사정관들이 학생부에서 보고 싶어 하는 것은 크게 학업적 능

력, 전공 적합성, 인성, 교우 관계에서 드러나는 사회성 등입니다.

(Piston) 농구 동아리의 차장을 맡아 부원들의 기초 체력과 개인 기능인 각종 패스, 드리블, 피벗, 슛, 집단 기능인 컷인플레이, 스크린플레이의 향상을 위해 앞장서서 연습하는 모습을 보일 뿐만 아니라 다른 농구팀과의 경기를 통해서 개인 기능과 집단 기능을 원만하게 구사하여 경기에 참여할 수 있음. 각종 대회에 출전하여 경기력을 통해서 표출되는 정신력이 아주 좋음.

그래서 위와 같이 직접적으로 학업과 관련 없는 활동이라 할지라도 동아리에서 맡은 보직이나 중심적인 역할을 통해 앞서 말한 인성 혹은 교우 관계와 같은 정보를 만들 수 있습니다. 만약 부족하다 느껴지면 자율동아리를 통해 더 많은 활동을 할 수 있기에 단지 '학생부'만을 위해 특정 동아리를 선택할 필요는 없습니다.

point

• 주어진 동아리에 재미를 가지고 활동하라.
• 동아리에서의 역할과 동아리활동을 잘 해내기 위한 노력을 기록하라.
• 동아리활동이나 행사에서 본인이 비중 있게 참여한 파트나 활동들은 미리미리 사전에 메모해 두는 습관을 기르자.
• 기록하고 저장해 두자.

내가 만드는 동아리
: 고2의 자율동아리활동

학교생활기록부
1.03

나와 친구들이 함께 만든 자율동아리

"이건 꼭 사야 해!"라는 급 지름신을 부르는 문구는 적어도 2학년 이 된 시점에는 "이건 꼭 질러야 해!"로 바뀌어야 합니다. 많은 학 생들이 단순히 학교 공식 동아리에만 의존하고 있다면 그 생각은 1학년 때로 끝내야 합니다.

많은 서울대 수시 합격생들의 인터뷰나 기사를 보면 결국 요점은 고교 동아리활동은 학생들 스스로 설계하고 구성하라는 것입니다. 그리고 그 속에서 자신의 임무나 역할 등을 분명히 하여 적극적으 로 참여하는 것이 중요하겠죠. 매년 정규 동아리를 포함하여 자신 의 관심사와 전공 적합성을 직 · 간접적으로 드러낼 수 있는 2~3 개 정도면 그리 나쁘지 않습니다.

틀에 박힌 여타 활동 내용보다 학생 본인 스스로 자율적으로 구성

• 많은 서울대 수시 합격생들의 인터뷰나 기사를 보면 결국 요 점은 고교 동아리활동은 학생들 스스로 설계하고 구성하라는 것 입니다.

하고 실시한 동아리활동을 통해서 본인이 더욱더 성장해 나가는 이야기를 입학사정관에게 전달할 수 있습니다.

솔직히 자율동아리라는 것이 많은 학교에서 학생부종합을 준비하기 위해 '의도적'으로 구성되고 진행되는 경우도 있습니다. 하지만 그럼에도 이런 자율동아리가 갖는 매력 포인트는 바로 '관심'입니다.

관심에의 호소

동아리 구성의 목적을 별개로 하더라도 이 과정에서 강조할 수 있는 부분은 바로 지원하고자 하는 학과와의 전공 적합성이라 할 수 있습니다. 즉 팀원들끼리 주제를 정하고 활동 방향이나 범위를 구성하면서 그 한계점이나 좀 더 부족한 부분을 인지하고 이는 추가적인 심화 활동으로 이어갈 수 있습니다.

지적 탐구	전공에 대한 관심	동아리 구성	성실한 활동	기록 남기기

(…중략…) 보통 생활기록부 안에 작성할 내용거리를 위해 활동하다 중간에 그만두는 학생들과는 달리 2학년 때부터 만든 영어 원서 칼럼 자율동아리활동을 꾸준히 해 왔고, 자신의 진로나 희망 학과와 전혀 상관없는 칼럼을 주제로 하여 활동하는 경우에도 타인의 발제를 통해 그 친구가 어떤 생각을 가지고 있는지 제3자의 시각으로 새롭게 살펴볼 수 있는 기회로 이용할 줄 아는 학생임.

특히, 9 habits of mentally strong people (…중략…) 그리고 What is the 'right to be forgotten'?(BBC News)에서는 자신들의 기록을 남기고자 하는 일반적인 사람들의 심리와는 정반대로 웹상에서 자신들의 모든 흔적들을 지우고 싶어 하는 이유나 심리를 이해하는 과정을 통해 사람들이 가지고 있는 어떤 이중적인 심리에 대해서도 공부하고자 하는 동기가 생겼다고 함.

위의 예는 서울대학교 심리학과에 지원한 한 학생의 동아리활동

특기사항 기록 내용입니다. 이 학생이 주도로 만든 영어 원서 칼럼 동아리에서는 Newsweek, Economist, Times와 같은 해외 유명 언론 칼럼뿐만 아니라 국내의 Korea Herald와 같은 신문의 기사도 함께 공부하고 각 주제에 대해 영어나 우리말로 토론을 하는 활동을 했다고 합니다.

하지만 한 부원인 특정 학생이 사회적인 이슈에 대해 항상 한쪽의 고정된 방향으로만 생각하고 자신의 주장을 펼치는 바람에 항상 다른 부원들과 다툼이 많았고 논쟁도 다소 거칠었다고 합니다.

이후 학생은 그 부원의 고정된 생각이나 주장에 대한 심리적 이유가 궁금했다고 합니다. 그래서 여러 차례 동아리활동을 마치고 그 부원의 일상적인 모습을 관찰하고 평소에 나눈 대화를 통해 그 학생의 심리적 요인들을 찾아내고 스스로 결론을 도출해 보았던 경험을 자소서에 담았습니다. 물론 이 학생은 그해 심리학과에 합격했습니다.

이렇듯 자율동아리는 단순한 학업 능력 향상을 위한 동아리뿐 아니라 동아리활동으로부터 파생되는 많은 부분들과 연관이 있습니다. 이런 부분들을 좀 더 본인이 희망하는 학과에 필요한 요인들로 구성한다면 지원자 학생의 전공 적합성이 높다는 것을 어필할 수 있겠습니다. 다만 학생부에서는 자율동아리 활동들을 간략하게 '활동 주제, 활동 횟수 및 일자' 등으로 간략하게 표기해야 합니다. 그렇다고 활동이 위축될 필요 없이 해당 활동은 추후 자소서에서 활용될 수도 있고 학생부 다른 영역에 살짝 녹여(자율동아리라는 용어를 제외하고) 기록될 수 있기에 적극 참여하고 활동하는 것이 중요합니다.

📝 Tip & Memo

• 자율동아리를 통해 지원 학생의 전공 적합성이 높다는 것을 어필할 수 있습니다.

소행성이 아니다 소⋯소⋯ 소논문이다!

최근 들어서는 다소 부담스럽긴 하지만 소논문자율연구동아리도 나름 핫한 아이템으로 떠오르고 있습니다. 평소 궁금했던 내용이나 수업 중 의구심을 품게 된 주제들 혹은 독서를 통해 이해를 못했던 부분이나 실험 결과들에 대해 다시 한 번 본인만의 연구 과정을 통해 결론을 도출해 보는 수준 높은 활동입니다.

거창하게 몇 십 페이지의 분량은 아니더라도 10장 이내의 분량으로 실험의 목적, 가설 설정, 실험 준비, 실험 실시, 결과 분석과 결론을 도출하는 과정을 통해 높은 수준의 탐구 방식을 체험하고, 그 능력을 우회적으로 강조할 수 있습니다.

자연계 학생이라면 평소 수업시간에 알게 된 fact(사실)에 대한 의구심을 갖게 된 것을 스스로의 방식으로 평가해 보는 방법이 있고, 인문계 학생의 경우 '당연히 그렇다'라고 사회적으로 혹은 통념적으로 치부해 버리고 넘어가 버리는 주제에 대해 비판적으로 접근해 보면 도움이 됩니다.

• 소논문은 자연계 학생은 수업 중에 배운 사실을 스스로 평가해 보고, 인문계 학생은 비판적으로 접근하면 좋습니다.

point

- 가능하다면 매 학년이 시작되기 전 혹은 시작 직후에 동아리를 구상하여 활동하는 것이 좋다.
- 자율동아리활동은 학생의 전공 적합성을 잘 나타낼 수 있다.
- 동아리활동 중 본인이 강조하고 싶은 두 항목 정도는 반드시 활동에 포함시키는 것이 좋다.
- 굳이 만들 것이 없다면 교과 관련 자율동아리나 자신이 부족한 교과나 관심 있어 하는 교과스터디 동아리도 좋다.
- 소논문은 거창하지 않아도 되며, 기본 논문 형식에 맞춰 주제를 전개해 나가면 된다.

고 1, 2, 3 학생들을 위한 학생부 팁

선택과 집중
: 고3의 동아리활동

대부분의 고3 교실이라면 동아리 활동을 제대로 실시하는 학교는 많지 않고, 이때는 학생들이 공부할 시간을 절대적으로 확보하는 일이 중요하겠지요. 그러나 3학년이라 해도 학생부 관리에 게을리 해서는 안 되는 상황이라는 걸 잊지 마세요.

후배야 나 좀 도와줘!

아예 손을 놓을 순 없고 그렇다고 너도 나도 바빠 제대로 하지도 않는 봉사활동을 혼자 할 수도 없는 노릇입니다. 이럴 때는 후배들을 찾아 가십시오. 1년간 혹은 2년간 몸담았던 동아리 후배들을 찾아 도움을 줄 수 있는 방법을 찾으면 그것이 바로 본인을 위한 길입니다.

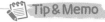

Tip & Memo

• 고3의 동아리 활동은 후배들을 적극적으로 활용하세요.

학년	창의적 체험활동		
	영역	시간	특기사항
3	동아리 활동	22	(민다나오)(22시간)동아리 차장 직책을 맡아 성실히 수행함. 교사, 후배들과 예의 바르고 밝은 표정으로 인사를 나누며 바쁜 학업에도 불구하고 동아리에 애착을 갖고 두루 살피며 후배들에게 따뜻한 관심을 보임. 후배들이 어려워 하는 부분에 대해 적극 상담해주며 조언을 아끼지 않음.

위의 예를 보면 지원자 학생이 3학년에도 동아리 활동에 참여한 것을 알 수 있습니다. 대부분 입학사정관들도 실제 학교의 메커니즘에 대해 어느 정도 감안하지만 기록이 있는 것과 생략된 것은 엄연히 차이가 있습니다.

위의 내용에 본인이 도움을 준 구체적인 부분까지 더해진다면 더 매력적인 학생부가 될 것입니다.

이제 자율동아리는 끝?

3학년이 되어 가장 먼저 버리는 활동이 단연 자율동아리입니다. 특히 학생부를 위해 활동을 한 경우, 3학년의 활동 비중이 다소 줄어든다고 판단하여 중도 포기해버리는 학생들이 많습니다. 하지만 잘못된 생각입니다.

1,2학년 때 했던 모든 자율동아리를 유지하고 참여할 순 없지만 아예 안 하면 안 됩니다. 기존의 자율동아리 중 한두 개를 선택하고 집중해야 합니다. 매력적인 자율동아리가 없다면 3학년 때 간단하게라도 만들어 운영해보길 권합니다.

• 입학사정관들도 실제 학교의 메커니즘에 대해 어느 정도 감안하지만 기록이 있는 것과 생략된 것은 엄연히 차이가 있습니다.

• 3학년도 기존의 자율동아리 중 한두 개를 선택하고 집중해야 합니다.

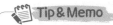

학년	창의적 체험활동		
	영역	시간	특기사항
3	동아리 활동	22	(자율동아리)(수학꼭지)호기심과 탐구심이 다양한 주제의 수리 논술 문제를 다루는 자율동아리 활동에 적극적으로 참여함. 특히 '최단거리 찾기'에 대해 많은 관심을 보임. 부원들과 사이도 원만하여 문제의 해결 방법을 찾고자 하는 토론에도 활발히 참여함.

3학년의 활동들이 당락의 결정적인 역할은 아니더라도 자기소개서나 면접에서 강조할 수 있는 부분의 소재나 증빙자료가 됩니다.

point

- 자율동아리는 끝까지 하자.
- 자율동아리활동은 남기고 싶은 한두 개에 집중하라.
- 마지막까지 기존 동아리에 참여한 본인의 활동을 남기자.

학교생활기록부
1.03

고 1, 2, 3 학생들을 위한 학생부 팁

꾸준한 봉사만이 살 길
: 3년간의 봉사활동

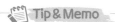

봉사활동란은 앞서 소개되었듯이 기본적으로 3년 동안의 활동 내역이 고스란히 학생부에 기록이 됩니다.

학년	봉사활동실적				
	일자 또는 기간	장소 또는 주관 기관명	활동내용	시간	누계시간
1	2016.03.16	(학교)○○○고 등학교	교실 환경 청소	2	2
	2016.03.16	(학교)○○○고 등학교	학교 주변 청소	2	4
	2016.04.02	(학교)○○○고 등학교	산책로 주변 청소	2	6

실제 대다수의 봉사활동 내용은 학교 내 봉사활동이 차지하고 있

으며 학교 운동장 청소, 교실 주변 정리, 학교 인근 공원 청소 등으로 그 종류가 매우 한정적이며 이런 부분에 대해서는 실질적으로 입학사정관도 거의 신경 쓰지 않습니다. 그리고 뭔가 그 활동에 대한 나름대로의 의미 부여를 하더라도 특기사항을 쓸 공간은 겨우 500자밖에 되지 않습니다.

그래서 효율적인 봉사활동을 하고 더 나아가 학생부나 자소서에 기록할 만한 활동으로 구성해야 합니다.

다시 말해 실질적으로 뭔가 '도움'이 되는 봉사활동이 필요합니다. 지역마다, 학교마다 차이가 있기 때문에 명칭은 일일이 언급하기 힘들지만 공통적으로 누구나 강조하는 부분이 하나 있습니다. 바로 지속성입니다.

꾸준한 활동만이 인정받는다!

1, 2학년 때 외부 봉사활동이 없다가 돌연 고3때 아주 열심히 활동한 기록이 있습니다. 물론 진심으로 봉사활동을 했었을 수도 있지만 대부분은 결국 입시를 위한 급한 '조치'로 보일 가능성이 높습니다.

학년	창의적 체험활동		
	영역	시간	특기사항
3	봉사활동		바쁘게 이어지는 고등학교 3학년 생활 중에도, 어릴 적부터 지속적으로 활동해 온 가족 봉사단(00시 건강 가정지원 센터 소속)의 일원으로 선사 시대 유적지(2014.03.16)와 철새 도래지인 0000저수지 환경 정화(2014.07.15) 활동을 통해 내 고장을 사랑하는 마음을 새롭게 하고, 봉사의 진정한 의미를 새삼 느끼면서 작은 일의 실천을 통해 얻을 수 있는 보람과 기쁨을 되찾는 기회를 가짐.

위의 예시를 살펴보면 별것 아닌 활동을 담임선생님이 괜히 과장해서 예쁘디예쁜 문구들을 하나하나 넣어 정성스럽게 써주신 듯한

• 기록할 만한 실질적으로 뭔가 '도움'이 되는 봉사활동이 필요합니다.

• 3학년 때만 집중적으로 한 활동은 대부분은 결국 입시를 위한 급한 '조치'로 보일 가능성이 높습니다.

느낌을 지울 수 없습니다.

하지만 이 대목에서 입학사정관은 어떤 것만 볼까요? 판단에 필요한 중요한 키워드만 얻고 넘어갈 것입니다. 바로 '바쁘게 이어지는 고등학교 3학년 생활 중에도, 어릴 적부터 지속적으로 활동해 온 가족 봉사단'이라는 항목이겠지요.

그 밖에 교내 학생 간부로서, 혹은 체육부장으로서 이런저런 활동 준비 속에서 본인의 봉사 내역에 대해 강조할 수도 있지만 현실적으로 모든 학생이 간부가 될 수는 없는 노릇입니다. 간부가 아니더라도 상위권 대학의 학생부종합전형에 지원할 학생이라면 외부 봉사활동 하나쯤은 어찌 보면 필수라 해야겠지요.

미리 준비해서 1학년 때부터 늦더라도 2학년 1학기부터는 실행으로 옮기는 것이 중요하고 그 활동에서 느낀 점을 잘 기록하세요.

아래 예시에서 구체적으로 맡은 일을 언급하고 느낀 점을 좀 더 풍부하게 적으면 평가자들에게도 어떻게 보일지 알 수 있습니다.

> 제10회 0000마라톤(2016.11.17)의 원활한 진행을 위한 자원봉사활동에 참여하여 마라토너들의 끈기와 열정을 보고 느껴 봄으로써 자신의 생활 태도를 되돌아보는 계기가 되었음.

> 제13회 0000마라톤(2016.11.17)의 원활한 진행을 위한 자원봉사활동에 참여하여 <u>마라톤 도로 주변 정리와 마라토너들의 음수대를 관리하는 일을 맡았음</u>. 경기 도중 힘든 표정으로 물을 마시며 다시 앞으로 나아가는 마라토너들의 끈기와 열정을 보고 느껴 봄으로써 자신의 생활과 학업에도 그런 마라토너들과 같은 노력과 뜨거움을 가져야겠다는 마음 자세를 가지게 됨.

또 이왕이면 본인이 희망하는 학과와 관련된 활동이 한두 가지 정도 추가된다면 금상첨화입니다. 자연계 학생의 경우 지역 병원이나 요양원, 보건소 봉사(의치한), 주변 생태 환경 봉사(생명과학),

노인 요양 시설이나 복지관(간호)에서의 활동이 좋겠지요.

인문계 학생이라면 동료 학생 학습 지도, 공부방 봉사활동(사범대, 교대), 구청이나 동사무소와 같은 행정 기관 봉사활동(경영, 경제), 아동 보호 기관이나 복지관, 우체국 봉사(행정, 사회복지) 등이 바람직합니다.

어떤 봉사활동이든 여러분의 진정성과 지속성을 보여 줄 수 있는 활동이 가장 중요합니다. 그뿐만 아니라 학교에서 진행하는 단체 봉사활동에서도 본인이 맡은 임무와 경험 등을 잘 기록해 둘 필요가 있지요.

 Tip & Memo

• 어떤 봉사활동이든 여러분의 진정성과 지속성을 보여 줄 수 있는 활동이 가장 중요합니다.

✎ point
- 전공과 무관한 봉사활동도 좋다. 중요한 것은 지속성이다.
- 본인이 지속적으로 봉사한 활동에 대한 증빙 자료와 그에 대한 학생부 기록은 필수
- 자잘한 봉사활동이 100시간 넘는 건 별 의미 없다.
- 교외 봉사활동의 종류도 찾아보면 수없이 많다.

고 1, 2, 3 학생들을 위한 학생부 팁

학교생활기록부
1.03

나를 알아가는 시간
: 고1의 진로활동

Tip & Memo

• 진로활동에서는 여러분의 '꿈'
이 무엇인지를 묻습니다.

• 진로활동의 특기사항 입력란은
1000자이며 자율활동과 더불
어 '창체' 입력란에서 비교적 큰
비중을 차지하고 있습니다.

자신에 대한 폭 넓은 이해가 필요한 시기

창의적 체험활동란의 마지막 부분인 진로활동입니다. 기본적으로
학생이 특정한 학과 혹은 진로, 직업을 알기 위해 어떤 노력을 했는
지에 대해 기록을 남기는 부분이라 할 수 있습니다.

이전의 자율, 동아리, 봉사활동에서 이런저런 학업 역량과 인성, 리
더십 등을 말했다면 진로활동에서는 여러분의 '꿈'이 무엇인지를
묻습니다.

진로활동의 특기사항 입력란은 1000자이며 자율활동과 더불어
'창체' 입력란에서 비교적 큰 비중을 차지하고 있습니다.

그럼에도 대다수 학생들의 학생부에는 학교 내에서 실시한 활동에
대해서도 자세히 기재되어 있지 않은 경우가 많습니다.

그도 그럴 것이 외부 강사를 직접 학교 강당으로 초대해서 강연을

듣는다 할지라도 잠시 1~2시간 정도로, 개인이 아닌 전체를 대상으로 하기에 구체적으로 내가 어떤 것을 느꼈으며 나에게 맞는 입시나 진로에 대한 정보를 얻기가 쉽지 않기 때문입니다. 그래서 아마도 다음의 학생부 정도로밖에 정리가 안 되는 경우가 대부분일 겁니다.

> ○○강사 초청 특강(2016.10.20)을 통해 희망 진로 준비를 위한 대학 진학의 중요성을 깨우치게 되었고, 수시 모집과 자신의 성향에 맞는 입시 준비를 하게 됨.

물론 이런 정보라도 학생부에 기록이 되어 있다면 미약하게나마 분명 도움이 되겠죠. 그러나 살을 더 붙이더라도 결국 일반적인 얘기의 반복밖에 되지 못할 것입니다. 그러나 이런 정도도 학생이 관심을 갖지 않으면 빈칸으로 남을 확률이 클 것입니다.

그렇다면 고등학교 1학년 때에는 주변 환경에 적응하는 시간이 많기 때문에 기본적으로 학교에서 실시하는 진로활동부터 성실히 임해야 합니다.

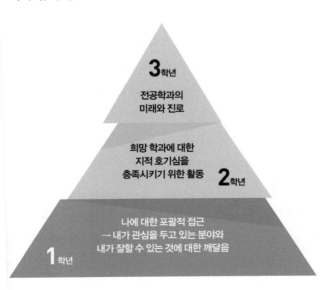

3학년
전공학과의
미래와 진로

희망 학과에 대한
지적 호기심을
충족시키기 위한 활동
2학년

나에 대한 포괄적 접근
→ 내가 관심을 두고 있는 분야와
내가 잘할 수 있는 것에 대한 깨달음
1학년

1학년 때는 '나란 사람이 누구인가'에 대한 고민이 필요하지만 불필요하게 너무 깊은 철학적 접근이 아닙니다. 적어도 지원자가 자신의 강점이나 약점을 잘 알고 본인이 원하는 직업이나 학업에 적절한 사람인지를 확인하는 차원이라 생각하시면 됩니다.

학년	창의적 체험활동		
	영역	시간	특기사항
1	진로 활동	43	• 직업심리검사(2016.03.30)를 실시, 홀랜드 진로 유형을 탐색하고 그 결과를 분석하여 희망 진로에 대한 준비 자료로 활용함. • 진로의 달 행사(MBTI검사, 온라인 진로탐색검사, 희망대학 및 희망 학과 탐색) 활동에 참여하여 자신의 진로를 탐색하고 진로 목표를 설정함. 자신의 성격, 환경, 흥미, 가치관, 신체 등과 같은 다양한 자기 이해 탐색활동을 수행하여 객관적 진로 목표와 방향을 계획함. • 다중지능검사(2016.06.21)를 실시, 직접 검사 결과 해석 강의를 듣고 학업 수행 과정에서 자신의 강점을 찾아 분석하고 이를 바탕으로 자신의 진로 성향을 파악하고 구체적인 직업탐색활동을 수행함.

위의 표에서와 같이 대부분 여러분들이 고등학교에 입학하게 되면 대다수 학교들의 교육과정이나 여러 행사에는 1학년 학생들을 대상으로 하는 많은 프로그램을 접하게 됩니다.

그중에는 위의 학생부 예시처럼 직업심리검사, 각종 적성검사, 진로탐색검사, 다중지능검사(MBTI)를 실시합니다. 보통 이런 검사 후에는 검사 결과를 해석하는 법에 대해 추가 수업을 실시하면서 본인의 강점이 무엇인지, 어떤 유형의 사람인지에 대해 윤곽을 잡을 수 있습니다.

물론 대학 입시사정관들이 이것만 보고 "이 학생은 우리 학교, 이 전공에 정말 적합한 인물이구나!" 하는 것은 아닙니다.

다만 학생들이 여러 분석 활동에 적극적으로 참여했고 그 참여 활동 속에서 자신의 진로에 대해 조금이나마 고민을 하는 학생인지 아닌지를 가려내는 것입니다.

위의 예시에도 추가적으로 학생 본인이 알게 된 점이나 느낀 점들을 추가한다면 훌륭한 기록이 될 수 있을 겁니다.

✏️ point

- 여러 다양한 적성 검사의 결과지를 보관한다.
- 검사 결과에 대해 간단히 느낀 점이나 소회 등을 정리해 둔다.(예를 들어 본인이 몰랐던 나의 장점이나 단점 / 단점을 보완하기 위해 어떤 추가 활동을 할 것인가에 대한 생각들)
- 진로와 관련된 독서나 정보를 찾는 활동을 하였다면 이에 대한 기록을 해 둔다.

고 1, 2, 3 학생들을 위한 학생부 팁

나만의 꿈이 필요한 시기
: 고2의 진로활동

📝 Tip & Memo

• 2학년에서는 지원자의 희망 학과에 대한 관심과 호기심을 밝힐 수 있어야 합니다.

2학년의 진학활동 특기사항 공간은 지원자 학생의 전공 적합성이나 본인의 꿈을 찾기 위한 노력을 간접적으로 보여 줘야 할 뿐만 아니라 지원자 학생 본인이 희망 학과에 대해 어떤 관심과 호기심을 가지고 있는지까지 밝힐 수 있어야 합니다.

거기에 추가로 그 호기심을 만족시키기 위해 어떤 활동을 하고 혹은 (독서활동으로 확장시켜 본다면) 어떤 도서 등을 읽었는지에 대해 구체적으로 전개시킬 필요가 있습니다.

직접 발로 뛴 내용을 쓰라!

중언부언 옆 학생과 비슷비슷한 내용을 반복적으로 쓰기보다는 자신이 직접 겪고 느낀 점들을 기록하는 것이 더 효율적입니다.

• 본인이 스스로 노력을 기울인 것을 정리하고 담임선생님이 추가적인 내용을 기재를 하시도록 부탁하는 것이 더 좋겠지요.

그래서 본인이 스스로 노력을 기울인 것을 정리하고 담임선생님이 추가적인 내용을 기재를 하시도록 부탁하는 것이 더 좋겠지요.
예를 들어 교내 진로상담선생님, 담임선생님 혹은 희망 전공과 관련 있는 교과목 선생님과의 면담을 통해 듣고 내가 결정한 방향에 관한 얘기들을 쓰는 것도 좋습니다. 혹은 인터넷 진로진학 사이트에서 알아낸 학과 및 예상 직업군에 대해 느낀 점도 마찬가지로 기입하면 도움이 됩니다.

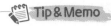

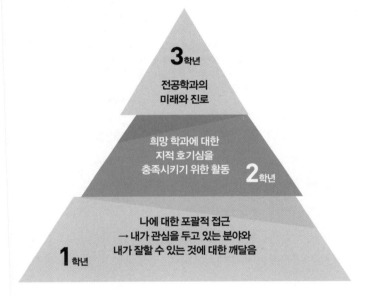

상위권을 노린다면 밖으로 뛰어라!

교내에서 진행되는 진로진학 관련 교육 외에 여건이 된다면 외부 강연이나 상담을 받으라는 것입니다. 학교에 계신 많은 선생님들이나 진로진학 담당 선생님께서 열심히 수업도 하시고 정보도 주시지만 반 혹은 학년 전체로 움직이는 것이기 때문에 개인만의 정보나 개별적 노력들은 크게 부각되기 힘든 것이 현실입니다.

- 교내에서 진행되는 진로진학 관련 교육에다 외부 강연이나 상담을 받으라는 것입니다.

Tip&Memo

• 고3으로 올라가게 되면 이런 진
로진학 활동 시간은 거의 대부
분 자습 시간으로 활용되는 경우
가 허다하기에 더욱 진로활동을
채우기가 어렵습니다.

특히나 고3으로 올라가게 되면 이런 진로진학 활동 시간은 거의 대부분 자습 시간으로 활용되는 경우가 허다하기에 더욱 진로활동을 채우기가 어렵습니다.

학년	창의적 체험활동		
	영역	시간	특기사항
2	진로활동	43	• 한국다중지능검사연구소 소장 초청 특강을(2016.05.24) 통해 학습활동 중 자신의 강점을 찾아 분석하고 이를 바탕으로 자신의 진로 성향을 파악, 직업 선택의 기준과 희망 직업에 대한 탐색의 시간을 가짐. • EBS 입시 설명회(2016.06.17)에 참석하여 자신이 희망하는 심리학과와 대학별 전형 유형에 대한 정보를 듣고 그동안 준비해 온 강점을 바탕으로 수시 전형에 대한 구체적인 계획을 세우는 모습을 보임.

그래서 외부 활동이 필요합니다. 물론 여기서 말하는 외부 활동이란 고액의 개인 컨설팅이나 사설 업체에서 진행하는 종류의 상담만을 말하는 것이 아닙니다. 자신의 노력에 따라 얼마든지 또한 특정 지역으로 가서 특강을 듣거나, 아니면 가고 싶은 대학교에서 진행하는 캠프 같은 데 참석할 수도 있습니다. 그러나 이러한 정보를 얻기 어려운 경우에는 외부에서 그러한 정보들을 제공받아 적절히 활용할 수 있다는 말입니다.

이럴 때는 우물 안 개구리가 되자!

주변에 수많은 특강이나 강연이 매월, 매해 개최되니 학생들도 직접 찾아가 보면 좋습니다. 단 멀리 갈 필요 없어요. 그럴 시간도, 여력도 없다는 걸 잘 압니다. 일단 주변에서 주는 정보부터 활용하면 됩니다. 지역이나 시도교육청 단위의 강연도 생각보다 많습니다.

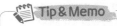

학년	창의적 체험활동		
	영역	시간	특기사항
2	진로 활동	43	• (재)OO테크노 파크 방문(2016.07.20)을 통해 ○○○○의 4대 전략산업인 지식 기반 기계 산업, 로봇 산업, 지능형 홈 산업, 바이오 산업 등의 현황을 체험하고, 이에 따른 기업 지원 시설, 창업 보육 시설, 가공 및 시험 장비 운용 등의 첨단 인프라 구축에 관한 생생한 현장 정보를 접하는 계기가 됨. • OO상공회의소 주관 ○○○○ CEO 배○○ 사장 초청 경제 특강(2016.11.27)을 실시하여 기본과 도전-미래 설계를 위한 준비라는 주제에 대해 평소 자신이 관심 있어 하는 신소재 공학 분야 전문가의 강의를 들으며 학업 역량을 쌓아 나가는 것이 무엇보다도 절실하다는 것을 깨달음.

✎ point

• 교내뿐만 아니라 활용할 수 있는 모든 기회를 이용하라.
• 전문적인 특강이나 강연은 본인의 전공과 다소 무관하더라도 자기 진로에 대한 관심의 표현으로도 보일 수 있다.
• 전공과 관련된 서적(수준이 높지 않더라도)을 함께 읽어 두면 도움이 된다.

고 1, 2, 3 학생들을 위한 학생부 팁

학과는 정했니?
: 고3의 진로활동

Tip & Memo

3학년의 창체 중 마지막 진로활동입니다. 이로써 학생 여러분들이 직접 구상하고 참여한 기록은 이게 마지막이라 할 수 있습니다. (독서활동도 있어요.) 물론 교과 수업 시간에 참여한 내용도 가능하겠지만 이것은 주로 선생님들이 구상하신 틀에서 진행되는 것이라 온전히 여러분의 것이라 할 수 없겠지요.

3학년의 진로활동은 본인이 희망하고자 하는 학과, 좀 더 노골적으로 말하자면 본인이 입학하고자 하는 학교의 학과에 맞춰 진행되어야 합니다.

그동안은 희망 학과에 대한 포괄적인 이해와 지적 호기심 정도를 만족시키는 데 집중된 활동이었다면 이제는 여러분의 '욕심'의 정도를 보여줘야 합니다.

• 이제는 희망 학과에 대한 여러분의 '욕심'을 보여줘야 합니다.

3학년
전공학과의
미래와 진로

희망 학과에 대한
지적 호기심을
충족시키기 위한 활동
2학년

나에 대한 포괄적 접근
→ 내가 관심을 두고 있는 분야와
내가 잘할 수 있는 것에 대한 깨달음
1학년

| 학년 | 창의적 체험활동 | | |
	영역	시간	특기사항
3	진로활동		진로 탐색 수업 시간 - 방송PD나 사설과 관련된 사항들에 관심이 많고, 쉬는 틈틈이 진로실에 들러 각종 포털사이트의 뉴스 속보나 시사방송을 자주 보는 모습을 보임. - 민족의식과 역사의식이 높아 역사를 주제로 하는 다큐멘터리나 드라마, 영화 등의 제작에 관심이 있음. - 특히 근대독립운동사에 관심이 커서 진로활동 발표 시간에는 우리나라 독립운동과 그 후손들의 삶에 대해 나름대로 조사한 내용을 발표하며 급우들의 민족의식을 북돋우는 데 기여함.

위 학생은 서울대학교 언론홍보학과에 진학을 희망했던 지원자입니다. 특기사항 상단 부분을 보면 '방송PD나 사설과 관련된 사항들에 관심이 많고, 쉬는 틈틈이 진로실에 들러 각종 포털 사이트의 뉴스 속보나 시사방송을 자주 보는 모습을 보임. 민족의식과 역사의식이 높아 역사를 주제로 하는 제작에 관심이 있음'이라는 부분

에서 언론홍보학과 직접적으로 연관되어 있는 부분을 언급하고 있는 것을 볼 수 있습니다.

물론 1,2학년의 학생부에도 이와 유사한 내용이 담겨 있긴 하지만 3학년의 진로 부분에서 다시 한 번 지원자가 진로를 확실히 결정했고, 이에 꾸준하게 높은 관심을 가지고 있음을 강조하게 됩니다.

나의 능력과
수업참여도의 강조
: 과목별 세부 특기사항

학교생활기록부
1.03

꼼꼼한 학생부를 위한 필수 요소

새롭게 수정된 학생부 기재 요령에서는 학생의 특성뿐만 아니라 학생이 해당 수업에 얼마나 적극적으로 참여하는지까지 기록하도록 안내하고 있습니다. 단순히 학생들이 어느 과목을 잘 해내는지가 아니라 그 수업에 얼마나 잘 녹아들었는지까지 묻고 있는 것입니다.

이런 방향에 따라 조금 힘들 수 있지만, 학생 본인이 수업에 어떤 장면에서 어떤 활동을 어떻게 참여했는지 구체적인 사례 중심으로 자료 정리를 해 두는 것이 필요할 것입니다.

물론 기록의 주체는 교사이기에 교사는 학생들의 모습을 세밀하게 살피고 이후 발견된 내용을 제대로 기입해 줄 필요가 있습니다. 하지만 교사가 미처 확인하지 못한 부분에 대해서는 여러분 스스로,

Tip & Memo

• 교사가 미처 확인하지 못한 부분에 대해서는 여러분 스스로, 선생님에게 제출할 준비 작업도 해야 합니다.

선생님에게 제출할 준비 작업도 해야 합니다. 또한 평소 선생님과의 상담을 통해 희망 학과나 진로에 대한 본인의 생각을 잘 설명해야 합니다.

과목별 세특이 왜 중요한가?

과목별 세부 특기사항은 한 학기에 수강한 모든 과목에 대해 각 과목별 담당교사들이 입력하게 되어 있습니다.

그래서 학교별 교육과정에 다소 차이는 있을 수 있지만 대개 학기별로 5~8개 정도의 과목을 들을 수 있으며 1, 2학기를 모두 마친 연말에 해당 교과목에 대한 세부 특기사항을 모두 학생부에 입력하게 됩니다.

과목별 입력 글자수는 대략 1,500Byte 정도로 선생님들 사용하는 NEIS 프로그램상으로 500자 정도에 해당됩니다.

많은 글자가 아니라고 생각할 수 있지만 500자를 9개 과목에서 모두 기입한다면 무려 4500자로 구성될 수 있고 이를 1,2,3학년의 것까지 모두 더하면 13500자라는 어마어마한 양이 될 수 있죠.

비교적 분량이 많은 독서활동도 일반적으로 3000자(공통, 과목별 독서활동까지 포함/ 2017년 학생부 개정안에서는 아직 구체적인 글자 수 공개 안 함), 행동특성 및 발달사항 입력란도 '고작'1000자밖에 되질 않습니다. 그러니 학생부의 풍성함은 바로 과목별 세부 특기사항에 달려 있습니다.

보통 최상위권 학생들의 학생부 페이지를 살펴보면 17~18페이지 정도가 평균적입니다. 조금 더 신경을 쓰는 학교의 경우 20페이지 가까이 되는 경우도 많습니다.

이것을 가능케 하는 것이 바로 과목별 세특 입력의 충실함입니다.

• 학기별로 5~8개 정도의 과목을 들을 수 있으며 1, 2학기를 모두 마친 연말에 해당 교과목에 대한 세부 특기사항을 모두 학생부에 입력하게 됩니다.

• 9개 과목에서 모두 기입한다면 무려 4500자로 구성될 수 있고 이를 1,2,3학년의 것까지 모두 더하면 13500자라는 어마어마한 양이 될 수 있죠.

• 학생부의 풍성함은 바로 과목별 세부 특기사항에 달려 있습니다.

Tip & Memo

과목	세부능력 및 특기사항
독서와 문법I	전문어 사용이 보편화되고 있는 상황에서 다양한 언어 자료를 통해 담화에 나타나는 어휘, 문장, 담화의 특성을 잘 이해하고 전문어의 문제점을 이해함.
운동과 건강생활	체육활동에 관심이 많고 기본기가 충실하며 각 종목별 실기 능력이 좋고 수업에 임하는 태도가 성실함.

vs

과목	세부능력 및 특기사항
독서와 문법I	언어와 독서의 관계에 대한 인식과 그 중요성 이해를 위한 두 대상의 본질과 특성에 대해 깊이 있는 탐구 활동을 함. 독서활동에 높은 관심을 가지고 있으며 스스로 계획을 세워 실천함. 풍부한 배경 지식을 갖추고 있으며 사고력이 뛰어나고 국어에 대한 전반적인 지식이 풍부함.

(6개 과목 세특 중략…)

| 사회문화 | 수업 중 특히 문화를 바르게 이해하는 태도와 관점에 관심이 많고, 실제로 문화의 상대성과 다양성을 이해하려는 태도를 갖추려고 노력하는 모습을 보임. 교과서 속 인물 마셜 맥클루언의 이론에 관심을 가지고 "미디어 생태학"이라는 책을 읽어 인물과 이론을 심화 있게 탐구하려는 모습을 보임. |

이동수업이나 기타 사유 등으로 수업 분위기가 좋지 못한 수업에서 특히 대답을 일부러 더 크게 하는 모습을 보임. 이는 수업 실시 중인 교사를 배려하거나 수업에 집중을 하지 못하는 다른 친구들의 반응을 이끌어 내기 위한 행동으로 수업 분위기가 다소 완화되는 경우가 많았고 타 수업 교사들로부터 칭찬과 격려를 받음. 한국사와 동아시아사 과목에 대한 관심도가 높으며 수학과목처럼 주변 친구들이 부담스러워 하거나 어려워하는 과목을 주변 친구들이 도움을 청해 올 때 적극적으로 도와주는 모습을 보임. 교무실에 질문을 가장 많이 하러 오는 학생들 중 한 명이며, 단순히 "Yes, No"수준의 질문이 아니라 특정 사실 이면에 놓인 배경이나, 사고방식에 대해서도 비판적으로 접근하는 태도를 보임. 높은 성적을 유지하는 와중에도 사소한 부분까지 놓치지 않으려는 성실함이 돋보이는 학생임.

기본적으로 분량에서도 엄청난 차이가 나지만 수업 중 활동에 대해서도 구체적으로 묘사하는 수준 자체가 다릅니다.

그리고 하단 부분의 긴 내용은 교과목 제목이 없습니다. 이 부분은 바로 "개인별 특기사항"으로 500자 이내로 담임교사가 활용할 수 있는 부분입니다. 특정 교과에 대해 구체성이 떨어지거나 추가적으로 설명할 내용이 있다면 이 공간을 활용할 수 있습니다. 그뿐만

- 개인별 특기사항으로 500자 이내로 담임교사가 활용하는 부분입니다.

- 특정 교과에 대해 구체성이 떨어지거나 추가적으로 설명할 내용이 있다면 "개인별 특기사항"을 활용할 수 있습니다.

아니라 교과와 관련된 동아리나 자율동아리의 추가적인 내용들을 입력하는 공간으로도 활용할 수 있습니다.

point

- 과목별 세특은 학생의 학습 태도를 나타내는 가장 중요한 지표이다.
- 수업을 들은 대부분의 과목에 대한 내용이 기입되어야 하므로 수업 시간에 자신을 특징적으로 각인시킬 수 있어야 한다.
- 평소에 선생님과의 상담은 필수!
- 질문을 통해서 자신을 선생님께 각인시켜라. 질문이야말로 선생님이 학생을 기억하게 만드는 최고의 방법이다.

Tip & Memo

• 과목별 세특은 자신의 학습 태도를 나타내는 가장 중요한 지표이므로 질문을 통해서 자신을 선생님께 각인시켜라.

교과 세특을 위한
나만의 전략

같은 학교라는 공간에 있지만 교사나 학생 모두 수업시간 이외에는 각자의 할 일이 있습니다. 생각보다 교사와 학생이 마주치는 일은 그리 많지 않습니다. 정규 수업시간이라 할지라도 30~40명 정도나 되는 학생들의 수업 모습을 제대로 관찰하고 기록하는 일은 그리 녹록치 않습니다.

그중에서도 특히 어떤 색깔도 내지 않고 조용히 지내는 중간 그룹들은 더욱 교사의 눈에 쉬이 들어올 리가 없습니다.

자신을 제대로 바라봐 주지 않는 교사를 원망하자니 스스로도 딱히 뭐라 내세울 게 없는 것 같은 자괴감도 들겠지요. 선생님들도 무척 노력하시지만 정작 중요한 것은 학생부에서 특히, 과목별 세부 특기사항에서 과연 내가 부족한 부분이 어떤 것인가에 대해서는 '학생들이 먼저' 인지하고 있어야 한다는 점입니다.

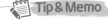

• 과목별 세부 특기사항에서 과연 내가 부족한 부분이 어떤 것인가에 대해서는 '학생들이 먼저' 인지하고 있어야한다는 점입니다.

뻔한 얘기 같지만 선생님을 자주 만나자.

많은 학생들에게 이런 얘기를 꺼내면 '뭐 당연한 얘기를…'이라는 눈빛으로 바라보곤 합니다. 하지만 그런 당연한 얘기를 제대로 실행하는 친구는 전교생 400명 중에 10명 안팎입니다.

마음속에 간직하고 있는 자신의 조급함과 관심은 어떻게든 열심히 어필해야 합니다. 존재하지 않는 '사실'과 억지스런 스토리만을 나열한다면 단순히 피상적인 내용밖에 기입될 수 없고, 결국 이는 심층 면접이나 서류 심사에서도 악영향을 미칠 수밖에 없습니다.

이런저런 질문과 답변을 나누다 보면 평소에 당연히 생각했던 부분들도 다시 돌아보는 우연한 기회가 찾아옵니다. 그러면서 학생들에겐 다시 깊이 생각해 보는 기회가 되며 이는 고스란히 훌륭한 과목별 세특 소재로 활용될 수 있습니다.

여러분의 교과 세특을 기입하는 것은 엄연히 선생님의 의무이자 동시에 권리이기도 합니다. 그러니 실제 행하지 않은 것들을 무리하게 선생님께 '요구'하는 것은 잘못된 접근 방법입니다.

수업시간이나 기타 질문을 주고받는 과정에서 선생님이 '캐치해 낸' 것이 가장 양질의 내용이며, 이것이 입학사정관에게도 어필할 수 있다는 것을 잊지 마세요.

심화영어독해 I : 영어 수업 간 예리한 질문을 많이 할 정도로 집중력과 몰입도가 높은 학생임. 수업 중 "How physically close…"라는 구문에서 같은 부사로 쓰이는 close와 closely의 차이점에 대해 의구심을 갖고 교사에게 질문을 해 온 적이 있는데 이는 교사도 미처 생각지 못한 부분이었고 이 부분을 타 반 수업에서 활용할 수 있을 정도로 많은 학생들이 간과하는 포인트를 잘 잡아내는 학생임. 이처럼 다른 학생들이 쉽게 넘어가는 부분도 잘 확인해서 질문하는 등 꼼꼼함이 돋보이는 학생이며, 여러 다양한 주제의 짧은 지문이 반복되는 영어 수업 중에도 컴퓨터의 사회 개혁 기능, 폭력성에 미치는 미디어 매체의 역할 혹은 연속적 매체와 일회성 매체의 특징과 관련된 영어 지문에서 자신이 가지고 있는 배경 지식들을 적극적으로 공유하고 또한 여타 학생들과는 달리 해당 주제에 대해 자신이 가지고 있는 견해를 잘 표현하는 모습을 보임.

NEXUS

미래를 준비하는
고품격 어학 길잡이

어학

100일의 기적 시리즈

패턴 플러스 시리즈

필기노트 시리즈

ENJOY 여행 외국어 시리즈

나혼자 끝내는 첫걸음 시리즈

나혼자 끝내는 신토익 시리즈

서울대 텝스 최신기출 1200제 시리즈

THIS IS 시리즈

공감 시리즈

넥서스

위 학생부의 경우 학생이 수업 중 질문한 내용에 대해 해당 교과 교사가 면밀하게 묘사한 경우입니다. 수업시간에 의문이 생겼던 것을 다시 교사에게 질문하고 서로의 생각을 나눈 부분을 비교적 세밀하게 기입한 것입니다.

별 생각 없이 넘어갔던 두 어휘의 차이에 대해 탐구하는 모습을 작성한 것으로 이런 부분들을 잘 캐치해서 "질문"→"의구심"→"해결 과정"→"파급 효과" 등의 구성으로 잘 설명해 주고 있습니다. 아마도 그 선생님도 이 부분에 대해 마찬가지로 같은 궁금증을 가지게 되었을 것이라 짐작할 수 있습니다.

윤리와 사상: 학업에 대한 열의가 매우 강한 학생으로 수업시간에 집중력이 돋보임. 궁금한 점은 즉각적인 질문을 통해 해결하고자 하며, 그날 배운 내용을 교과서 외 책이나 인터넷 참고 자료 등을 통해 모두 이해하고자 하는 모습을 보임. 또한 미래의 역사 관련 PD를 꿈꾸는 학생으로 책에 적힌 사상의 내용만 공부하는 것이 아니라 사상의 역사적 배경과 관련시켜 탐구하는 등 인문학적 재능이 뛰어남. 인생은 고통이지만 그 속에서 자비를 이야기하는 불교 사상처럼 힘든 세상살이 속에서 사람들에게 즐거움을 주고 괴로움을 없애는 프로그램을 만들고자 하는 꿈을 가진 학생임.

이것은 실제 수업 중에 놀랍게도 교사와 지원자 학생이 "농담"을 주고받는 상황에서 나온 일화를 중심으로 학생의 희망 진로와 연관 지어 설명해 주고 있습니다.

동아시아사: 침착하고 겸손한 태도로 현대 사회의 문제에 대해 깊이 있게 탐구하는 성실한 학생임. 역사 서적이나 간행물을 통해 습득한 지식을 나름대로 활용할 줄 알고, 동아시아 각 시기에 전개된 교류와 갈등 요소를 탐구하여 문제 해결의 방향을 모색하려고 노력함. 특히 제국주의 침략에 맞선 동아시아 국가의 투쟁 과정에 큰 관심을 보이며 침략에 맞선 인물들에 대해 존경을 표하고 이분들을 사회가 잊지 말아야 한다는 자신의 의견을 표현함.

한국사 : 성실하고 책임감 있게 수업에 임하며 자신의 생각을 논리적이고 명확하게 서술하는 능력을 가지고 있는 뛰어난 학생임. 역사적 사실에 대한 비판 능력이 탁월함. 열강의 침략에 맞선 우리의 '주권 수호 운동'프로젝트 수업에서 주권을 수호하기 위한 우리 조상들의 노력을 역사적 순서대로 파악하고 인과 관계에 비추어 특히 의열단 활동에 대해 설명하여 호평을 받음.

위 경우는 동아시아사와 한국사의 내용 중 각각 제국주의와 투쟁과정 및 우리나라의 주권 수호 운동이라는 구체적인 주제를 언급하며 기록한 것입니다. 이렇듯 다른 과목이라도 비슷한 주제나 특정한 소재를 연계시켜 강조하며 나타낼 수도 있습니다.

자신을 어필하세요. 선생님과 많은 이야기를 나누고 또한 본인이 궁금해 하는 점들을 수업시간과 그 외 시간에 적극적으로 질문을 해야 합니다. 그저 그런 뻔한 얘기로 끝나는 자신에 대한 평가가 더 풍부한 내용으로 잘 포장될 수 있는 기회를 놓치지 마세요. 색깔이 없는 학생이라면 더욱 그렇습니다!

• 그저 그런 뻔한 얘기로 끝나는 자신에 대한 평가가 더 풍부한 내용으로 잘 포장될 수 있는 기회를 놓치지 마세요.

> ✎ **point**
> • 세특의 쓸거리는 스스로 만들어 내야 한다.
> • 수업 중이나 수업 후 학생과 교사와의 자연스러운 대화가 필요하다.
> • 어려워도 질문하라. 평상시에 해야지 시험에 임박하면 선생님을 더 피곤하게 만들 수 있다는 걸 잊지 말자.

고 1, 2, 3 학생들을 위한 학생부 팁
독서활동상황

학교생활기록부
1.03

서울대의 자기소개서 4번 항목의 경우 고교생활의 독서활동과 관련되어 있는데 각 대학에서 독서에 대한 비중이 큰 이유는 딱 한 가지입니다. 대학이 원하는 인재가 바로 독서를 많이 한 학생이라는 겁니다. 독서야말로 고등학교 학생이 자신의 지적 호기심을 자극할 수 있는 활동이며, 자신의 지적 탐구 역량을 확장시키고 자기 주도적인 학습을 보여 주는 항목이기 때문입니다. 독서는 남이 해 줄 수 없는 일이며, 학생 스스로 계획을 세우고, 자신의 진학과 진로를 결정하는 데 큰 영향을 끼치는 활동이라고 판단하는 것입니다.

Tip & Memo

• 대학이 원하는 인재가 바로 독서를 많이 한 학생입니다.

독서활동 상황 변경으로 인해서 독서의 가치가 줄어드나요?

세부 항목		최대 글자수	
자율활동		1000자	
동아리		500자	
봉사활동		500자	
진로활동		1000자	
과목별 세부능력		과목별 500자	
개인별 세부능력		500자	
독서활동	공통	500자	독서성향 입력 금지, 책의 제목과 저자만 기록
	과목별	250자	
행동특성 및 종합의견		1000자	

• 2017년부터 독서활동의 입력
은 책 제목과 저자만 입력 가능
합니다.

이전 독서활동 상황은 최대 3000자가 들어갈 정도로 학생부의 양을 결정하는 중요 항목이었습니다. 하지만 이번 2017 학생부 기재 요령 변경에서는 독서성향 자체를 쓸 수가 없게 되었고, 책의 제목과 저자만 기록하게 되었습니다. 일부 대학에서는 소위 스펙으로서 독서의 가치가 떨어졌다는 이야기가 흘러나오기도 합니다.

하지만 이것은 나무만 보고 숲은 보지 못하는 근시안적인 생각입니다. 독서활동 상황에서 독서의 내용이 들어가지 못할 뿐, 교과세부특기능력이나 행동종합란 등 다른 항목에서도 충분히 자신의 독서에 대한 내용이 들어갈 수 있기 때문입니다. 오히려 다른 활동과의 연계 없이 단독으로 기록되는 독서가 교과나 다른 활동과 연계되는 모습을 표현할 수 있게 된 것이죠.

요즘 강조되는 교과세특에서 자신의 공부의 출발점, 혹은 지적호기심을 출발점으로 독서를 언급할 수도 있고, 심화활동이나 궁금증의 해소의 도구로서 독서를 활용할 수도 있게 되었죠. 자신의 역량을 독서를 통해서 더욱 적극적으로 드러낼 수가 있게 되었습니다. 스펙으로서의 독서가 아니라 '공부', '역량'과 연계되는 독서가 필요할 때입니다.

독서활동 기록할 때 주의할 것은…

"책을 읽게 된 계기, 책에 대한 평가, 자신에게 준 영향을 중심으로 기술하라." 서울대학교의 자기소개서 4번 문항입니다. 바로 이것이 학교생활기록부에 적혀 있어야 하는 독서활동의 내용입니다. 이전에는 많은 학생들이 쓴 독서활동 내용을 보면, 그 책의 줄거리가 많이 눈에 띕니다. 하지만 대학교에서 지원자의 독서활동에서 알고 싶은 건 단순히 책의 줄거리가 아니라 독서를 통해 어떤 영향을 받았는지에 대한 것입니다.

그리고 책의 종류는 학년이 올라갈수록 자신의 진로와 전공과 연관된 책일수록 좋습니다. 전공과의 관련성이 필수는 아니지만, 선택한다면 관련성이 높은 책을 고르는 것이 더 낫습니다.

지금부터는 독서활동의 내용을 '영리하게' 다른 학생부 항목과 연결시키는 요령이 필요합니다.

예를 들어 독서활동을 과목별 세부특기사항과 연결시켜 본다면, "과학 분야 중 '프랙탈 구조'에 대한 흥미가 생겼고 이에 대한 추가적 학습을 위해 관련 독서활동을 진행했다"는 형태로 어느 정도 '가공'이 가능하거나 자신의 관심 분야와 관련이 있는 부분을 강조할 수도 있을 것입니다.

Tip & Memo

고1부터 고3까지의 독서 계획

고1 때에는 보통 폭넓은 독서를 권장합니다. 자신이 대학의 어떤 학과에서 공부를 할지 아직은 고민 중이므로 다양한 분야의 책을 읽어 보는 것이 좋습니다.

여러 책을 읽음으로써 사고를 확장시킴과 동시에 자신이 어떤 것에 관심이 있는지 찾아봐야겠죠. 특정 분야와 관련된 책을 읽고 갖게 된 지식이나 호기심을 점차 하나의 줄기로 완성시켜 가야 합니다.

최소한 고1 후반에는 어느 정도 자신의 진로나 진학에 대한 방향을 정하고 고2 때부터는 좀 더 심화된 독서활동을 해야 합니다. 책의 분야도 특정되어야 하고, 점차 구체적인 방향성을 띠어야 하겠죠. 하지만, 심화된 독서활동이라고 해서 대학 전공 수준의 책을 읽으라는 건 아닙니다. 자신의 학력 수준에 맞는 책을 고르라는 겁니다.

여러분의 학생부와 서류를 검토하는 각 학교의 입학사정관들은 이 학생의 학력 수준을 내신성적과 각 교과의 세부능력 등으로 먼저 파악하기 때문에, 자신의 학력 수준을 지나치게 뛰어넘는 독서 기록의 경우, 면접에서 반드시 확인을 하게 됩니다. 따라서 자신이 이해하기 힘든 수준의 책이 아닌, 자신의 수준을 크게 뛰어넘지 않는 수준의 독서활동을 해야 합니다.

본격적인 입시 준비로 바쁜 고3 생활에서도 독서는 꾸준해야 합니다. 1, 2학년 때 활발히 진행되는 독서활동이 고3에 갑자기 중단된다면 역시 진정성 면에서 좋은 점수를 받기 힘들게 되겠죠. 바쁜 고3 생활 틈틈이 자신의 전공 관련 독서활동을 하는 것은 독서의 진정성을 알릴 수 있는 기회이기도 합니다.

- 최소한 고1 후반에는 어느 정도 자신의 진로나 진학에 대한 방향을 정하고 고2 때부터는 좀 더 심화된 독서활동을 해야 합니다.

- 자신의 학력 수준을 지나치게 뛰어넘는 독서 기록의 경우, 면접에서 반드시 확인을 하게 됩니다.

- 1, 2학년 때 활발히 진행되는 독서활동이 고3에 갑자기 중단된다면 역시 진정성 면에서 좋은 점수를 받기 힘들게 되겠죠.

전공 적합성과의 연관성

이러한 독서 활동은 전공 적합성과도 밀접한 관련을 가지는 항목이기도 합니다. 독서활동을 통해서 이 학생의 전공 선택에 대한 고민을 엿볼 수 있습니다.

예를 들어 유아 교육 전문가가 되고픈 학생이 교육 관련 독서활동이 기록되어 있지 않다면 이 학생이 가지고 있는 전공에 대한 진정성을 의심받을 수가 있죠.

다른 활동과의 연결성

학생부종합전형의 독서에 있어서 가장 중요한 것은 독서활동으로 이 학생이 자신의 진로와 진학 결정에 얼마나 깊은 고민을 했고, 이러한 고민들이 어떻게 지적 호기심 발전에 영향을 끼쳤는지에 대한 내용입니다.

그냥 책을 읽고 마는 게 아니라, 책이 학생의 지적 호기심을 유발시키고, 이러한 호기심이 좀 더 심화된 독서활동과 다른 교내 활동, 예를 들어 교과 공부나, 동아리활동, 보고서활동, 소논문활동 등으로 확장되어 가는 과정을 어떻게 만들어가는가에 관심을 갖는다는 거죠.

예를 들어 반기문 전 UN총장의 자서전을 읽은 학생이 이를 통해 국제 관계와 외교 분야에 관심을 가지게 되었고, 이런 내용이 동아리의 토론대회나 봉사활동으로 이어지며, 수업 중 행한 수행평가나 발표에도 드러난다면 사고의 확장과 지적 호기심이 높은 학생으로 평가받게 됩니다. 그리고 이러한 활동이 좀 더 심화된 활동인 보고서 발표나 소논문 작성 등의 활동으로 확장된다면 이 학생의 탐구 능력에 대한 평가는 좋아지게 됩니다.

Tip & Memo

이렇듯 독서활동 자체만으로도 학생이 가지고 있는 지적 호기심과 전공 적합성에 대해 좋은 인상을 주게 되며, 이러한 활동이 교과 성적이나 다른 활동으로 확장/심화된다면 학생부종합전형에서는 좋은 평가를 받게 됩니다.

면접에서 드러나는 사고의 깊이

독서를 많이 한 학생과 그렇지 않은 학생은 기본적으로 논리력에서 많은 차이를 보입니다. 이런 차이가 오랫동안 공들인 자기소개서에는 잘 드러나지 않습니다. 하지만, 평가자가 함께하는 면접이라면 이 차이는 바로 드러나게 됩니다.

주로 면접에 강한 학생들의 공통된 특징을 보면 역시 독서에 있습니다. 평소에 독서를 많이 한 학생들치고 면접에서 실패를 하는 경우는 거의 없습니다.

마지막으로 아래는 각 대학 면접관들이 학생들에게서 보는 독서관련 항목이라고 합니다. 이러한 질문을 보시면 어떻게 독서활동을 해야 하는지에 대한 도움이 될 것입니다.

- 학생 스스로 지적 호기심을 충족시키기 위해 읽었는가?
- 사고의 깊이와 지식을 확장시키려고 노력했는가?
- 전공과 관련된 책을 읽었는가?
- 다양한 책을 읽었는가?
- 책을 선택한 동기가 있는가?
- 책을 읽고 난 후 어떤 영향을 미쳤는가?

고 1, 2, 3 학생들을 위한 학생부 팁

학생부와
자소서의 연계

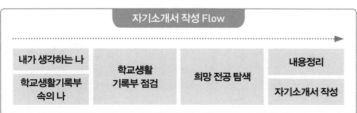

자기소개서 작성 Flow

| 내가 생각하는 나 | 학교생활 기록부 점검 | 희망 전공 탐색 | 내용정리 |
| 학교생활기록부 속의 나 | | | 자기소개서 작성 |

Tip & Memo

모든 준비가 어느 정도 진행이 되고 입시를 위한 학생부도 어느 정도 완성되었다면 그 내용들을 바탕으로 자기소개서를 써야 합니다. 여기에서 강조하고 싶은 건 바로 학생부를 자기소개서에 대한 증빙 자료로 활용하자는 것입니다.

2016학년도 서울대학교 수시 모집에서 합격한 한 학생의 자기소개서를 기준으로 간단히 연결 고리가 될 수 있는 학생부 파트를 살펴보겠습니다.

• 바로 학생부를 자기소개서에 대한 증빙 자료로 활용하자는 것입니다.

Q1) 고등학교 재학기간 중 학업에 기울인 노력과 학습 경험에 대해, 배우고 느낀 점을 중심으로 기술해 주시기 바랍니다.

1번의 항목은 대부분 교과와 학생의 지적 능력에 대해 직접적으로 묻고 여러 학업적인 난관에 봉착했을 때 어떤 식으로 타개하는지를 물어보는 부분입니다. 쉽게 말해 지원자의 학문적 가능성에 대해 묻고 있죠.

당연히 학업적인 영역을 묻고 있기에 학생부 파트에서 선정하자면 교과목 특기사항에 해당됩니다.

학생부 과목별 세부 특기사항 중 개인별 특기사항 입력란

– 동아시아 수업 중 특히 문화를 바르게 이해하는 태도와 관점에 관심이 많고, 실제로 문화의 상대성과 다양성을 이해하려는 태도를 갖추려고 노력하는 모습을 보임. 교과서 속 인물 마셜 맥루언의 이론에 관심을 가지고 〈미디어 생태학〉이라는 책을 읽어 인물과 이론을 심화 있게 탐구하려는 모습을 보임.

▼
▼

지원자의 자소서 중 일부

(…중략…) 미디어는 그저 정보를 전달하는 수단이라고 생각했던 저에게 '미디어가 전달하는 내용보다 미디어 자체에 주목하라'는 매클루언의 주장은 새로움 그 자체였습니다. 미디어가 무의식적으로 사회 환경을 만든다는 매클루언의 논리에 어느 정도 공감할 수 있었지만, 미디어보다 미디어가 전달하는 메시지의 영향력이 더 강하다는 생각이 들었습니다.

궁금증이 풀리지 않던 중, 동아시아사 수업에서 개화기에 등장한 신문이 근대 의식 향상에 도움이 되었다는 사실을 배웠고 이것이 미디어 생태 이론의 사례가 아닌가라는 생각이 들었습니다. 내용은 달랐지만, 동아시아 국가에서 독자적으로 근대 의식을 조성한 신문을 보며 '미디어는 메시지다.'의 뜻을 조금은 이해할 수 있었습니다.

이 이론이 우리 역사 속에도 적용된다는 사실에 흥미를 느껴 〈미디어 생태 이론〉책과 국회 도서관의 논문을 읽으며 다른 사례를 찾아보았습니다. 인쇄 미디어의 발달이 지식의 확산과 독점에 모두 영향을 미쳤다는 설명은 현 사회에서 강조되는 미디어의 양면성과 맞닿아 있었습니다. 또한, 전자 미디어가 인간을 수동적, 소비적으로 만든다는 닐 포스트먼의 이론은 마치 현재 우리의 삶을 지적하는 것 같아 놀라웠습니다. (…중략…)

위에서 본 것처럼 이 지원자 학생이 평소 궁금하게 여기던 주제를 수업시간에 재차 접하게 된 후 스스로 심화 학습을 한 내용이 학생부에 기록되어 있고, 이후 다양한 서적이나 신문을 보고 새로이 느끼게 된 점을 "궁금증 → 알기 위한 노력 → 깨닫게 된 점"의 형태로 구성했습니다.

힘들었던 과목은 그 증거가 있어야 한다.

1번 항목은 이런 과목별 세부 특기사항을 많이 이용하지만 이 외에도 단순히 본인이 평소에 힘들었던 과목을 나름대로의 학습 방법으로 해결한 경우도 많이 제시하는 편입니다.

하지만 정작 내신은 1등급을 계속 유지하면서 특정 과목 공부가 너무 힘들었다고 말하는 것이 과연 입학사정관들의 객관적인 판단에 도움이 될까요?

무조건 '나 힘들었어요'라는 것보다 힘든 과목과 그 해결법에 대한 자소서를 생각한다면 오히려 1학년 때부터 성적이 점점 상승 그래프를 그리고 있는 과목이나 갑자기 성적이 급격히 떨어진 과목을 다시 끌어올린 구조로 가져가야 할 것입니다.

Q2) 고등학교 재학기간 중 본인이 의미를 두고 노력했던 교내 활동을 배우고 느낀 점을 중심으로 3개 이내로 기술해 주시기 바랍니다.

2번 항목은 전공 적합성을 주로 물어보는 항목으로 교내외에서 흥미를 가지고 스스로 활동한 내용 위주로 정리하면 되겠지요. 그렇다 보니 자연스레 학생부 중 창의적 체험활동의 내용을 선정할 수 있고, 주로 자율활동이나 정규동아리, 자율동아리의 기록을 참고로 해야 합니다.

📝 Tip & Memo

• 무조건 '나 힘들었어요'라는 것보다 힘든 과목과 그 해결법에 대한 자소서를 생각한다면 오히려 1학년 때부터 성적이 점점 상승 그래프를 그리고 있는 과목이나 갑자기 성적이 급격히 떨어진 과목을 다시 끌어올린 구조로 가져가야 할 것입니다.

– 2학년 창의적 체험활동 중 진로활동

• 역사에 대한 관심과 인식이 높고 시사적인 부분에도 질문을 자주하는 등 여느 학생들과 달리 관심이 매우 많음.
  TV 다큐멘터리 제작 등에도 상당히 호기심을 갖고 탐색하는 등 평소 본인이 갈망하는 프로듀서의 길을 걷기위해 노력함.
  지역 신문사 기자 교육과 기자단 체험 등 자신의 진로와 연계하여 다양한 활동을 꾸준히 펼침.
• ○○○○일보 NIE 시범학교 교육사업 학교순회 기자교육(2014.11.5 18:30~20:30)에 참여하여 지역 언론사 기자와의 질의응답 시간을 통해 지역 신문과 중앙지의 차이에 대해 인식하는 계기가 됨.
• 에너지지킴이 기자단 체험 고리원전이나 밀양 송전탑 현장을 통해 언론의 존재와 책무의 필요성을 느낌.

– 고리원전의 목소리 –

도서신문부에서 〈체르노빌의 목소리〉를 읽고 원자력 발전의 양면성에 대한 서평을 작성하며 원자력 발전에 관심을 갖게 되었습니다. 이를 계기로 <u>에너지 지킴이 기자단에 참여하게 되었고</u> 월성 고리 원자력 발전소를 견학했습니다.
관계자로부터 원자력 발전이 차지하고 있는 발전량, 가압 경수로 방식의 안정성 등에 대해 들으며 원자력 발전의 필요성에 대해 배웠습니다. 하지만 언론 대부분에서 원자력 발전의 필요성에 대한 보도는 적고 위험성, 비판의 목소리가 컸습니다.
언론이 각자의 성향을 유지하는 것은 중요하지만, 기사 대부분이 주제에 대해 부정적인 부분만 부각하는 것은 문제라고 느꼈습니다. 그래서 다음 날에 있었던 신문 제작 활동에서는 '원자력 발전소 찬성? 반대?'를 주제로 각 주장에 대해 객관적인 근거를 제시하며 기사를 작성했습니다.
어떤 문제에 대해 명확한 답은 아마 없을지도 모릅니다. 하지만 이 활동을 통해 적어도 언론인이 해야 할 '명확한 답'은 무엇인지 비슷하게나마 느낄 수 있었습니다. <u>사실과 정보는 전해 주고, 판단은 대중들에게 맡겨야 한다는 것이 제가 얻은 중요한 가치였습니다.</u> (…후략…)

위 활동 내용은 간단히 책자 형태로도 제작이 되어 있었고 본인들이 쓴 나름대로의 신문 기사 또한 그대로 보관이 되어 있었습니다. 비록 진로 상황에 대해서는 자세히 기재가 되진 못했지만 이 지원자 학생이 학교장이 허락하는 활동(실제로 실시했다는 증거!) 내에서 진지하게 참여한 내용을 담았음을 알 수 있습니다.

• 비록 진로 상황에 대해서는 자세히 기재가 되진 못했지만 이 지원자 학생이 학교장이 허락하는 활동(실제로 실시했다는 증거!) 내에서 진지하게 참여한 내용을 담았음을 알 수 있습니다.

Q3) 학교생활 중 배려, 나눔, 협력, 갈등 관리 등을 실천한 사례를 들고, 그 과정을 통해 배우고 느낀 점을 기술해 주시기 바랍니다.

Tip & Memo

• 3번의 항목까지는 공통 양식으로서 주로 지원자 학생의 사회성 발달 정도나 협동심, 인성을 보는 항목입니다. 그럼 어떤 부분에서 가져와야 할까요? 바로 창의적 체험활동 특기사항 중 주로 동아리나 봉사활동 영역 혹은 자율활동에서도 찾을 수 있습니다.

─ **자율활동 특기사항 중**
• 총학생회 간부 수련회(2016.03.22~2016.03.23)에 참가하여 주요 프로그램인 리더십, 관계 형성, 놀이 문화 활동 등 모든 활동에 참여하였고, 남을 배려하는 인상적인 활동으로 칭찬을 받음. 특히, 반장으로서 학급 자치활동 등 관계 형성 프로그램에 남다른 의욕을 보이며 의사 전달 방식, 회의 진행 방법 연수에 특별한 관심을 가지고 활동함.
• 지리산 등반 현장체험학습(천왕봉 산행,2016.07.11)에서 체력이 좋아 안전 요원으로 발탁이 되어 100명이나 되는 남녀 학생들 가운데서 뒤처지는 학생들의 배낭을 대신 메고 정상까지 오를 수 있도록 격려를 하는 등 배려심과 인내심이 뛰어남.
• 학교에서 운영하는 또래 상담반(2016.06.17~2016.11.07/23시간) 교육을 실시할 때 리더로서 집단원들이 잊지 않고 모이도록 연락을 해 교육이 무리 없이 진행되는 데 도움을 주었으며, 힘들어 하거나 귀찮아 하는 내색 없이 즐기는 모습을 보여 주면서 자신이 해야 할 바를 책임감 있게 수행함.
─ **봉사활동 특기사항 중**
예상치 못한 상황이 발생할 경우 다양한 방법을 통해 문제를 해결하는 기지와 신속함을 보여 주었으며, 인간관계가 돈독하여 주저함이 없이 자신이 궁금한 부분을 바로 물어보는 등 배려심과 더불어 자신감이 넘침.

도난. 학급회의. 성공적.

(…중략…)

저는 저의 잘못된 생각을 반성하고 예방 방법을 찾으려 했습니다. 하지만 저 혼자 방법을 찾는 것은 쉬운 일이 아니었습니다. 그래서 모두의 의견을 통하여 좋은 방법을 찾기 위해 학급회의를 열었고 각자의 의견을 모아 도난 예방 십계명을 작성했습니다. '자신의 물건에 이름을 쓴다.' '사물함 자물쇠를 꼭 잠근다.' 등 간단한 내용이었지만 모두의 의견을 수렴하여 자율적으로 만든 십계명이었기에 더 책임감을 느끼고 지킬 수 있었습니다.
그 후 도난 사건은 없었고 반 친구들은 서로를 더 신뢰하게 되었습니다. 이를 통해 공동체의 문제에 냉소적이었던 저의 태도를 되돌아볼 수 있었습니다. 또한, 혼자가 아닌 리더가 공동체 문제에 책임감을 느끼고 모두 함께 문제를 해결할 때 더 발전할 수 있음을 알게 되었습니다.

조금은 천천히 그리고 함께

학교에서 매해 실시하는 지리산 등반 체험학습에서 선생님께서는 저의 체력이 좋은 점을 들어 안전 요원으로 발탁하셨습니다. 저는 맨 끝에서 뒤처지는 친구들을 돕는 역할을 맡았습니다. (…중략…)

저는 친구들이 자신과의 싸움에서 이기길 바랐고 처지는 친구들의 배낭을 대신 메주면서 끝까지 포기하지 말자며 격려했습니다. 같은 길, 같은 시간을 걸으며 고통을 나누고 대화를 하면서 진정으로 서로를 이해할 수 있음을 깨닫게 되었습니다. 앞서려고만 하면서 후미의 노력을 모른 채 뒤처진 학생들은 약자라는 인식만을 느끼며 정상에 올랐다면 동행의 의미를 몰랐을 것입니다. 동행이란, 길이 아닌 마음속을 함께 걷는 것이라 느꼈습니다.

위 예처럼 특히 지리산 등반을 하면서 뒤처진 친구들을 도와 올라갔다는 내용이 학생부에 비교적 상세하게 잘 나타나 있고 이를 바탕으로 본인이 느꼈던 부분을 강조해 마무리 짓고 있습니다.

가급적 학생부에 기재된 내용을 중심으로 자소서를 전개해 나가면 실제 면접 시에도 자소서나 학생부에 기재된 내용의 일치하여 상대방에게 높은 신뢰성을 줄 수 있습니다.

• 가급적 학생부에 기재된 내용을 중심으로 자소서를 전개해나가면 실제 면접 시에도 자소서나 학생부에 기재된 내용이 일치하여 상대방에게 높은 신뢰성을 줄 수 있습니다.

Q4) 고등학교 재학기간 혹은 최근 3년간 읽었던 책 중 자신에게 가장 큰 영향을 준 책을 3권 이내로 선정하고 그 이유를 기술하여 주십시오.

서울대의 경우 마지막 자율 문항 4번은 독서활동을 묻고 있습니다. 단순히 어떤 책을 읽었는지, 어려운 책인지 쉬운 책인지의 여부가 아니라 책을 읽고 느낀 점을 통해서 학생의 인지 능력을 파악하고자 하는 것입니다. 다음은 2015~2016 학년도 학생부에 기재된 독서활동을 활용한 예입니다.

• 책을 읽고 느낀 점을 통해서 학생의 인지 능력을 파악하고자 하는 것입니다.

- 2학년 독서활동 공통(2017년 이전 기준)

〈아이디어는 엉덩이에서 나온다(권석)〉를 읽고 20년이 넘게 예능 방송계에 있었던 권석 PD의 수많은 경험과 깨달음, 교훈들을 읽으며 PD라는 직업에 대해 더 큰 흥미를 가지고 (…중략…) 진심은 통한다는 구절을 읽고 '진심을 다하는 PD'가 되겠다고 다짐함.
〈오늘도 세상 끝에서 외박 중(김진만)〉을 읽고 〈아마존의 눈물〉, 〈남극의 눈물〉 등의 다큐멘터리를 제작한 김진만 PD의 촬영 스토리와 다큐멘터리 PD로서의 삶을 보며 우리 주위 그리고 먼 어딘가에도 '이야기'가 있고 감동이 있다는 것을 마음으로 느낌. 촬영을 하며 만났던 사람들 그리고 생명들, 지구의 자연을 PD라는 책임을 가지고 시청자들에게 전달하며 가슴이 설레었다는 김진만 PD의 모습을 보며 진정한 PD는 자신의 흥미와 책임감, 진심이 있어야 한다는 교훈을 얻음. 또한 다큐멘터리가 지루한 방송이 아니라 마음으로 풀어 가는 우리의 이야기라는 본연의 가치를 알게 됨. (…후략…)

- 1학년 사회 과목 독서 기록

〈시민의 불복종(헨리 데이빗 소로)〉을 읽고 '악법도 법이니 지켜야 하는가?'는 주제로 열린 교차 질의식 토론에 참여하여 악법은 기준이 모호하므로 법치주의적 절차에 의해 제정된 법은 개정 전까지 지켜져야 한다는 의견을 밝힘.
〈카타리나 블룸의 잃어버린 명예(하인리히 뵐)〉를 읽고 '언론이 자기 성향을 가지고 보도하는 것은 옳은가?'라는 주제로 열린 교차 질의식 토론에 참여하여 언론이 자기 색깔을 가지고 보도하는 것은 사회의 다양성 유지에 필수적이므로 찬성한다는 의견을 밝힘.

〈오늘도 세상 끝에서 외박 중〉 김진만 / 리더스북

윤리 시간에 선생님이 보여 주셨던 '아마존의 눈물'을 인상 깊게 보고 이를 연출한 김진만 PD의 책을 읽었습니다. 김진만 PD의 촬영기는 지구 먼 곳의 이야기와 그 속의 감동을 보여 주었습니다.
특히 아마존 조에족의 자연과 하나된 삶을 보며 급하게만 살아가는 현대인의 삶에 대해 고민해 볼 수 있었습니다. 황제펭귄들의 허들링을 읽으며 사람들이 배워야 할 공동체의 모습을 느꼈고 자연에 대한 경외감까지 들었습니다. 이렇듯 지구 어딘가의 이야기를 담은 다큐멘터리가 우리에게 주는 메시지는 우리에게 강한 영향을 미치고 있었고 이를 통해 우리 삶에 대해 깊이 생각해 볼 수 있음을 알게 되었습니다. (…후략…)

〈카타리나 블룸의 잃어버린 명예〉 하인리히 뵐 / 민음사

도서신문부에서 '언론이 자기 성향을 가지는 것은 옳은가'를 주제로 토론을 준비하며 이 책을 읽었습니다. 언론의 이름으로 보이지 않는 폭력을 행사하는 언론 차이퉁과 기자 퇴트게스를 보며 경악을 금치 못했습니다. 현 사회에도 언론의 주관적인 보도로 인한 문제가 있었으므로 언론은 자기 성향이 없어야 한다고 느꼈습니다.

하지만 역으로 언론이 모두 한목소리인 사회를 상상해 보았을 때 생각은 달라졌습니다. 모든 언론의 관점이 같다면 획일화된 사회와 비판적 사고가 상실된 대중을 만들 수 있다는 생각이 들었습니다. 다양한 관점의 언론을 통해 생각하는 대중이 있을 때 사회가 발전할 수 있다고 생각하여 언론은 각자의 성향을 가져야 한다는 결과에 도달했습니다. (…후략…)

위 지원자는 총 3개의 독서활동 내용 중(각 500자) 두 개를 학생부에 기록된 내용 중에 선택했고, 나머지 하나는 고3이 되어서 읽었던 책에 대해 언급하는 형태로 구성을 했습니다.

이렇듯 학생부에서 지원하고자 하는 학과와 관련성이 높은 것 2개, 나머지는 소설이나 역사와 관련된 책을 골랐습니다. 즉 앞의 두 개는 학생의 전공적 소양에 대해 강조하고 뒤에 하나는 학생의 학업적 깊이에 대해 간접적으로 표현했다는 것을 알 수 있습니다.

- 앞의 두 개는 학생의 전공적 소양에 대해 강조하고 뒤에 하나는 학생의 학업적 깊이에 대해 간접적으로 표현한다는 것을 알 수 있습니다.

point

- 학생부에 기록된 부분이 적더라도 자소서에 활용이 가능하다.
- 학생부의 내용들을 어느 항목에 넣을 것인지 고민이 필요하다.
- 리스트를 작성한 후, 진학하고자 하는 학과와 연계하여 미리 정리하자.

교사를 위한 팁

생활기록부
기재 요령

학년	학생 진로희망
1	사진작가
2	일반직 공무원
3	공무원
1	파일럿
2	은행원
3	경찰
1	CEO
2	최고경영자
3	CEO

'진로희망사항'은 사정관이 학생의 출결상황과 수상내역 이후에

• '진로희망사항'은 사정관이 학
생의 출결상황과 수상내역 이
후에 처음 접하게 되는, 학생의
'관심'에 대한 이야기를 처음 듣
게 되는 위치에 있습니다.

처음 접하게 되는, 학생의 '관심'에 대한 이야기를 처음 듣게 되는 위치에 있습니다. 일종의 첫인사라 할 수 있습니다.

진로희망은 바뀔 수 있습니다. 3년 동안 같은 목표도 좋지만 미래에 대해 진지하게 고민하면서 꿈이 바뀌었다고 볼 수 있으니까요.

진로가 바뀐 이유에 대한 명확한 설명

학생
천문학자
보건공무원
비파괴검사원

위 학생은 자신의 진로가 '3번'이나 바뀌었습니다. 진로가 점점 현실적인 방향으로 변하고 있음을 알 수 있습니다.

선생님께서 단순히 바뀐 진로 내용만 기록하시면 이 학생부는 그저 자신의 진로를 찾지 못해 이리저리 방황하고 있는 학생이라는 이미지밖에 심어 주지 못합니다.

바뀐 대로 진로희망사항을 기입하되, '행동종합발달사항'에서 왜 학생이 그렇게 진로가 바뀌었는지에 대한 부가 설명이 필요합니다.

이 경우, 2학년 1학기부터 화학 과목에 대한 관심이 높아졌던 차에 진로활동 시간에 우연히 알게 된 비파괴검사원에 대한 정보를 얻고 새롭게 목표를 세운 경우입니다. 이런 부분이 간단히 언급되면 좋습니다.

- 선생님께서 단순히 바뀐 진로 내용만 기록하시면 이 학생부는 그저 자신의 진로를 찾지 못해 이리저리 방황하고 있는 학생이라는 이미지밖에 심어 주지 못합니다.

- '행동종합발달사항'에서 왜 학생이 그렇게 진로가 바뀌었는지에 대한 부가 설명이 필요합니다.

진로와 관련해서 2017년 변경된 것 중 가장 큰 특징은 '특기 또는 흥미' 그리고 '학부모 진로 희망란'이 사라진 것입니다. 이전부터 꾸준히 주장되어 온 내용으로 '학생 본인의 진로희망'에 초점이 맞춰진 개정 내용입니다. 이 변경은 2017학년도 1학년부터 적용되며, 2, 3학년의 경우 해당사항이 없습니다.

여기에 '진로희망'에 구체적인 직업도 가능하지만, '관심분야'도 기재가 가능하게 되었습니다. 구체적인 직업 기재의 경우 진로변경시 학생들을 곤란하게 만든다는 지적이 반영된 것으로 보다 폭넓은 '관심분야'로의 기재는 진로희망을 고민하는 학생들에게 좀 더 여유를 준 것으로 보입니다. '요리사'보다는 '요리분야', '국어교사'보다는 '교육분야'로 기재가 가능하다는 것이죠. 학년에 따라 변해가는 진로에 대한 고민을 조금은 덜 수 있게 만든 것 같습니다.

학교생활기록부
1.04

교사를 위한 팁
과목별 세특의
적극적 활용

Tip & Memo

• 과목별 세부 특기사항 외에 '개
  인별 세부능력 특기사항'과 '과
  목별 독서사항'까지 활용할 수
  있는 공간이 세 군데나 됩니다.

선생님들의 진짜 관심이 필요해요!

학생의 학업적 역량, 수업시간 동안의 자세 및 학생의 관심 분야와
능력이 돋보일 수 있는 부분을 명확히 보여 줄 수 있는 공간입니다.
좀 더 면밀히 살펴보면 과목별 세부 특기사항 외에 '개인별 세부능
력 특기사항'과 '과목별 독서사항'까지 활용할 수 있는 공간이 세
군데나 됩니다.

'성적처리'란에서 입력할 수 있는 부분 중 가장 입력이 힘든 부분
이 바로 과목별 세부 특기사항, 즉 '세특'입니다. 아무래도 담임교
사뿐만 아니라 다른 선생님들의 도움이 절실한 부분이기 때문이
겠죠.

과목별 세부능력 특기사항은 과목별로 500자 이내로 학교별 교
육과정에 따라 보통 8~11개 정도의 과목이 입력 가능하도록 되어

있습니다. 그럼 대충 10개로 어림잡아도 5000자에 해당되는 어마어마한 양입니다. 오히려 행동 종합 발달 사항, 즉 '행발'보다 더 많은 양을 입력할 수 있다는 것입니다.

Ctrl + C, Ctrl + V

문제는 이런 중요한 부분이 너무나 일괄적으로 단편적으로 처리되고 있다는 것입니다. 현실적으로 '필요한' 학생에게 집중하는 것이 잘못된 일은 아니나 너무나 성의 없이 단순하게 작성되곤 합니다.

과목	세부능력 및 특기사항
국어	방과 후 논술 수업(언어 논술 20차시 –60시간 이수)에 참여하여 다양한 분야의 독서와 글쓰기 능력을 함양시켜 연초에 비해 논리적 표현이 크게 향상됨
수학	겨울방학 방과 후 심화 수업 36시간 이수
영어 I	겨울방학 방과 후 심화 영어 42시간 이수

그나마 세 과목에서 '간택'을 받은 학생의 과목 특기사항입니다. 아래 수학, 영어 과목은 차라리 쓰지 않는 것이 더 낫지 않았을까 하는 생각이 들 정도입니다. 국어 과목의 경우 학생이 논술 수업을 듣고 약간의 변화를 보였다는 내용만 언급할 뿐, 구체적으로 어떤 주제로 글을 쓰고, 그 주제에 대해 어떤 생각을 가졌는지 그 정보는 알 수 없습니다.

구체적일 수밖에 없는 이유

과목별 세부능력 특기사항은 구체성이 떨어지면 그 가치가 상당 부분 퇴색됩니다. 그렇다면 구체적인 '세특'은 어떤 것일까요?

• 아래 수학, 영어 과목은 차라리 쓰지 않는 것이 더 낫지 않았을까 하는 생각이 들 정도입니다.

• 과목별 세부능력 특기사항은 구체성이 떨어지면 그 가치가 상당 부분 퇴색됩니다.

세부능력 및 특기사항

영어Ⅰ : 직독 직해 능력이 탁월하며 영문법 구조에 대한 이해도가 높을 뿐만 아니라 수업 필기
를 한 후 중요한 부분을 복습한 후 궁금한 부분은 지속적으로 질문하는 태도를 가짐. 오랫동안
축적해 온 영어의 4가지 기능(듣기, 말하기, 읽기, 쓰기)을 바탕을 주어진 영어 문장을 차분히 독
해한 후 영어를 문제 풀이용이 아닌 하나의 언어로서 이해하려 하고 이 과정에서 회화 능력을 기
르려는 노력이 엿보임. 영어 회화의 중요한 요소인 듣기, 즉 상대방이 나에게 무엇을 질문하는
지, 무엇을 말하고 싶어 하는지를 정확하게 듣고 파악하는 능력이 뛰어나 또박또박 천천히 분명
하게 자신감 있는 정확한 발음으로 문장 전달력이 향상되어 원어민과의 전문 분야의 실전 회화
에서도 무한한 가능성이 엿보이는 학생임.

위 학생의 세특은 교사의 노력과 관심이 돋보이는 부분으로 보통
이 정도의 양을 써 주시는 선생님들은 많지 않을 것 같습니다.

하지만 그럼에도 '구체성'에서는 높은 점수를 받기는 힘들 것 같습
니다. 10줄이 넘는 많은 양에도 불구하고 결국 여기서 말하는 내용
은 하나밖에 없습니다. 바로 이 학생은 '영어 성적이 좋다. 그래서
난 너의 세특에 그 내용을 써 준다'라는 것이죠. 이렇게 하면 아쉽게
도 사정관에게 알려 주는 정보는 거의 전무하다 할 수 있습니다.

수업 중에 포착하기

구체적인 학생의 모습은 수업 중에도 충분히 잡아낼 수 있습니다.

세부능력 및 특기사항

적분과 통계 : 수업시간 중에 모든 수업 내용을 꼼꼼히 들을 뿐만 아니라 그에 그치지 않고 배운
내용을 몇 번이고 반복하여 자신의 것으로 만들어 내고 마는 노력파 학생임. 정적분으로 해결되
지 않는 고난도 무한급수 문제에서 구분구적법을 이용하여 문제를 해결하여 반원들에게 감동을
준 수학적인 재능이 탁월한 학생임. 특히, 관심이 많은 수학 분야의 실력 향상을 위해 좀 더 심화
된 수리 논술 문제들을 찾아 문제 해결을 위해 고민하고 생각하는 것을 즐겨하며, 쉬운 문제라도
기본 개념을 중요시 여기고 일관성 있게 서술하는 연습을 꾸준히 하였음.
기하와 벡터 : 수학에 탁월한 재능과 능력이 있음. 학생들이 싫어하고 어려워하는 수학을 재미있
고 쉽게 공부하는 방법을 터득하여 수학에 내공이 있는 학생임. 수업에 적극적으로 임하며 수학
적 논리가 뛰어나고 이차곡선에서 포물선, 원, 타원, 쌍곡선의 유사점과, 다른 점을 구분하여 수
학의 문제를 쉽게 해결함. 벡터의 내적인 성질을 알고 다른 응용 문제 풀이에 잘 활용하는 능력
이고, 공간 지각 능력이 우수하여 참신한 방법으로 공간 도형의 문제를 해결함.

• 구체성이 결여되면 아쉽게도
사정관에게 알려 주는 정보는
거의 전무하다 할 수 있습니다.

수학 수업시간에 학생이 문제를 풀어낸 방법들에 대해 구체적으로 언급하고 있습니다. 수학의 구분구적법 그리고 이차곡선에서의 일례를 통해 지원자 학생이 수학에 관심이 높고 창의적으로 문제를 해결해 낼 수 있다는 점도 아울러 강조하고 있는 것이 보입니다.

세부능력 및 특기사항

심화영어독해Ⅰ : 영어 수업 간 예리한 질문을 많이 할 정도로 집중력과 몰입도가 높은 학생임. 수업 중 "How physically close…"라는 구문에서 같은 부사로 쓰이는 close와 closely의 차이점에 대해 의구심을 갖고 교사에게 질문을 해 온 적이 있는데 이는 교사도 미처 생각지 못한 부분이었고 이 부분을 타 반 수업에서 활용할 수 있을 정도로 많은 학생들이 간과하는 포인트를 잘 잡아내는 학생임. 이처럼 다른 학생들이 쉽게 넘어가는 부분도 잘 확인해서 질문하는 등 꼼꼼함이 돋보이는 학생이며, 여러 다양한 주제의 짧은 지문이 반복되는 영어 수업 중에도 컴퓨터의 사회 개혁 기능, 폭력성에 미치는 미디어 매체의 역할 혹은 연속적 매체와 일회성 매체의 특징과 관련된 영어 지문에서 자신이 가지고 있는 배경 지식들을 적극적으로 공유하고 또한 여타 학생들과는 달리 해당 주제에 대해 자신이 가지고 있는 견해를 잘 표현하는 모습을 보임.

이는 고등학교 3학년 1학기에 작성된 영어 과목의 세특입니다. 내용의 첫 부분에서 실제 수업의 장면에서의 모습이 기록이 되었습니다.

EBS 수능 특강으로 수업을 하던 중 학생이 한 질문과 그 이후의 내용을 비교적 자세하게 기록한 모습이 보입니다. 그리고 세특 아래 부분에는 이 학생이 관심을 갖고 있는 주제나 과목과의 연관성에 대해서도 언급을 했습니다.

우회적으로 그러나 노골적으로

위 두 번째 학생부의 학생은 어떤 학과를 지원했을까요? 짐작하셨나요? 위 학생은 언론정보학과를 학생부종합전형으로 지원한 학생입니다. 특히 세특의 하단 부분에 학생의 진로 방향과 맞는 내용이 적혀 있음을 확인하셨을 겁니다. 그렇다면 위에 언급되었던, 수업 중 내용은 어떤 역할을 할까요?

• 특히 세특의 하단 부분에 학생의 진로 방향과 맞는 내용이 적혀 있음을 확인하셨을 겁니다.

Tip & Memo

• 학생이 가진 '남다른 눈매'에 대해 우회적으로 표현을 하고, 하단 부분에서는 지원자학생이 가지고 있는 관심사를 대놓고 노골적으로 표현하고 있는 것입니다.

바로 이 학생의 '능력'과 '잠재력'에 대해 언급하고 있습니다.

이 학생이 해당 학과에 진학한 후 장차 기자로서 혹은 PD로서 생활을 하게 될 것입니다. 이들 직업군에 필요한 능력은 무엇일까요? 바로 보통 사람들이 쉽게 찾아내지 못하는, 사회 현상에 숨겨진 또 다른 모습일 겁니다. 바로 '날카로움'이 필요하겠지요.

그래서 이 세특에서 우리는 첫 부분에서 수업 중 발견한 위 학생이 가진 '남다른 눈매'에 대해 우회적으로 표현을 하고, 하단 부분에서는 지원자 학생이 가지고 있는 관심사를 대놓고 노골적으로 표현하고 있는 것입니다.

point

• 수업시간에 포착한 모습으로 구체적인 교과 세특을 쓰세요.
• 학생의 지원학과와 관련된 내용을 간접적으로 표현해 주세요.
• 학생들과 진로에 대해 늘 소통하면서 평소에도 관심을 가져 주세요.
• 학생 개개인의 인생이 선생님께 달려 있다는 사명감을 잊지 마세요.

수업 평가 방식의 변화
: 훌륭한 세특 소재

선생님들의 쓸거리 찾기

많은 교사들의 어려움은 바로 쓸거리가 없다는 것이죠. 많은 분들이 이 부분 정말 격하게 공감하실 겁니다. 잘 써 주고 싶은 맘이야 굴뚝 같지만 막상 학생의 수업의 모습들을 쓰려 하면 그저 수업을 열심히 듣거나 교사의 질문에 성실하게 답했던 모습 외에는 별로 아는 것이 없습니다.

특이 이런 현상은 고3의 수업 현장에서 더 적나라하게 드러납니다. 성실하게 진도에 맞추어 수업하고 있지만 정작 학생들의 모습에 대해서는 전혀 알 수 없거나 앞서 보여 드렸던 예시처럼 공부 잘한다는 얘기를 에둘러 할 수밖에 없는 것이죠.

세부능력 및 특기사항

영어II : 수업 중 협동 학습의 일환으로 진행한 부분에서 3차례 팀 대표로 지문 분석 발표를 하고, 지문에 대한 깊이 있는 이해와 발표로 학생들의 찬사를 받음. 어법 독해 지문 발표 경연에서도 4차례 1등상을 받아 배움 중심 학습에 모범을 보임. 협동 수업 중에 수준별로 학습에 어려움을 겪는 학생들에게 학생 교사로서 Helper를 자처해 도움을 줌.
(…중략…) 개별 과제로 진로 관련 지문을 선택해 'The diversity of the US workforce'를 제목으로 하여 '미국 노동 인구에서 백인 남성이 줄고 여성과 소수 민족 사람들이 늘어남에 따라 그들의 개인적 차이에서 비롯되는 문제를 알고 그에 대응하는 것이 중요해질 것이다'라는 주제로 학생들에게 발표를 함. (…후략…)

위 '세특'은 학생들이 수행평가를 하면서 보여 줬던 모습을 일목요연하게 쓴 것입니다. 학생들의 수행평가를(지필 수행평가 외 일정 부분) 발표 형태로 구성한 것입니다.

교재에 나온 영어 지문에서 학생이 주제를 하나 선택한 후 관련 지식과 정보들, 본인의 의견을 담아 학생들 앞에서 발표하는 것이었습니다.

배점 자체가 낮아 학생들이 크게 부담이 없었고, 영어 수업이었지만 한글로도 발표하도록 했기 때문에 영어 실력이 부족한 학생도 저마다의 방식으로 발표를 했다고 합니다. 선생님들은 뒤에서 학생들이 발표하는 것을 보고 세특에 기록할 만한 것들을 체크하는 형태로 수업이 진행되었습니다.

교사가 한 것은 단지 50분 동안 학생들의 발표를 살펴보고 몇 가지 특징만 기록한 것이 전부였습니다. 하지만 위 예시처럼 만족스러운 결과를 얻어냈습니다.

수업 전 2~3가지 정도의 질문을 준비하는 것만으로도 학생의 배경지식과 수준, 그 수준의 깊이와 관심사에 대한 정보를 얻을 수 있습니다. 그 이후에는 구체적으로, 우회적으로 그러나 노골적으로 학생들의 모습을 담아 주시면 됩니다.

• 수업 전 2~3가지 정도의 질문을 준비하는 것만으로도 학생의 배경지식과 수준, 그 수준의 깊이와 관심사에 대한 정보를 얻을 수 있습니다.

교사를 위한 팁

개인 세특과 과목 독서
: 끝나지 않은 게임

학교생활기록부
1.04

학생들의 교과별 세부 특기사항이 입력되면 대부분의 선생님들께서는 몇몇, 소위 말하는 SKY 희망 학생들 이외에는 소홀해지는 파트가 있습니다. 바로 개인별 세부능력 특기사항 500자와 과목별 독서활동 500자가 바로 그것이죠. 많은 선생님들께서 이 1,000자(2016년 기준 공통 부분과 과목별 독서활동은 대부분 입력할 경우 3,000자 가까이 되기도 함)의 힘을 간과하기도 합니다.

교과목 세특에서 놓친 부분을 메울 기회

개인별 세특은 각 교과목 세특에서 정신없이 전개되어 있는 글들을 추스르거나 추가적으로 학생의 학업에 대한 정보를 줄 때 매우 요긴하게 쓸 수 있습니다. 특히 중점적으로 '관리'를 해야 하는 학생의 경우 행동 종합 발달 특기사항 등, 글자수가 한정된 부분의 내

📝 Tip & Memo

• 개인별 세특은 각 교과목 세특에서 정신없이 전개되어 있는 글들을 추스르거나 추가적으로 학생의 학업에 대한 정보를 줄 때 매우 요긴하게 쓸 수 있습니다.

용들을 일부 끌어와 활용할 수도 있습니다.

그리고 2017년부터 존재 자체가 매우 약화된 '과목별 독서활동'
란도 마찬가지로 독서활동에서 미진한 부분을 메우거나 미처 쓰지
못한 내용을 교과와 관련시켜 작성할 수 있습니다.

세부능력 및 특기사항

미적분과 통계 : 문제를 이해하고 분석하는 능력이 뛰어남. 수학 문제에 접근할 때, 여러 가지 다양한 방법으로 접근해 보고 그 중에서 가장 좋은 방법이 무엇인지를 늘 고민함.
원리와 개념에 충실하여 이론적 정의와 기하학적 정의의 관계를 잘 이해하고 활용함. 매주 토요일 8시 30분~10시 30분, 수학 공부에 대한 의욕과 수학 성취도를 높이고자 수학 자율동아리 언리미티드(Unlimited)에 적극적으로 참여함. 이런 자율적인 활동을 통해 수학 실력을 향상시키려고 노력했음. 또한 성적뿐만 아니라 동아리 부원들끼리 서로를 격려하며 학습 의욕을 높이면서 협동의식을 기르고 우정도 깊이 쌓았음. 또한 수학 자율동아리의 총무로서, 시간 엄수, 과제 제출 검사 등을 하며 규칙 준수, 책임감 또한 양성함. 일주일에 한 번씩, 영어 원서 읽기 동아리인 '잉크(INK)'의 조장으로서 동아리를 조직하고 관리함. 친구들과의 회의를 통해 선정한 *Hamlet, The Giver* 작품을 일정 부분씩 읽는 독해 활동과 다양한 독후 활동을 병행하며 어휘에 대한 추론, 문맥 이해 능력 등 전반적인 영어 독해 능력을 신장함.

위 학생부는 개인별 세부 특기사항을 입력한 예시입니다. 위의 미
적분과 통계 과목에 대한 입력 후 추가적인 내용을 하단의 공간에
담았습니다. 정리하면 개인별 세특을 활용해서 '자율동아리' 내용
을 간접적으로 묘사한 것이죠. 단순히 실제 교과 수업시간에 이뤄
진 것뿐만 아니라 학생들이 자율적으로 진행하고 있는 프로젝트나
여타 활동들을 이 개인 세특에 활용할 수도 있습니다.

추천서에도 쓸 수 있겠지만, 학생부에서 학생의 활동을 좀 더 객관적
으로 설명해 주는 증빙 자료로서의 기능도 함께 할 수 있습니다.

특이한 점은 자율동아리인 '언리미티드'와 '잉크'의 활동 기록을
개인별 특기사항에 담았다는 것인데요, 많은 분들이 이것이 가능
한지에 대해 의문이 들 수 있습니다. 특히 위 동아리의 경우 교과
와 직접적으로 연관되어 있기에 500자의 한정된 동아리 특기사항
에서 다하지 못한 부분을 여기에 넣을 수도 있고, 또 반드시 그렇게

- 추천서에도 쓸 수 있겠지만, 학생부에서 학생의 활동을 좀 더 객관적으로 설명해 주는 증빙 자료로서의 기능도 함께 할 수 있습니다.

- 교과와 직접적으로 연관되어 있는 동아리는 500자의 한정된 동아리 특기사항에서 다하지 못한 부분을 여기에 넣을 수도 있고, 또 반드시 그렇게 해야 합니다.

해야 합니다.

특정 교과 활동 모습뿐만 아니라 이 학생의 평소 학업에 대한 자세나 질문하는 방식에 대해서 비교적 많은 부분을 표현하려 한 노력이 보입니다. 이렇듯 생각보다 '짧은' 500자를 통해 학생이 좀 더 매력적인 학생임을, 수업에 참여하는 모습들을 추가적으로 나타내줄 수 있습니다. 이런 부분들은 보통 추천서에 많이 기록해 주는 편이지만 이렇듯 학생부에서도 간접적으로나마 사정관에게 이야기를 건넬 수도 있습니다.

학생부에 큰 관심을 두지 않는 학생들이나 선생님들께서 이 부분의 존재 자체를 모르거나 알고 있더라도 그 필요성을 느끼지 못하는 경우가 많습니다.

교과세특에서 독서활동 살리기

과목별 독서활동 활용의 훌륭한 예는 바로 학생의 탐구력의 확장이라 할 수 있습니다. 수업시간이나 혹은 동아리, 자율동아리활동 중에 궁금했던 부분들을 알아내기 위해 읽은 교과서나 다른 서적, 심지어 신문 기사 등 다양한 매체를 통해 '읽고 알아낸' 부분을 강조해 주는 것이 핵심입니다.

• 다양한 매체를 통해 학생이 '읽고 알아낸' 부분을 강조해 주는 것이 핵심입니다.

학년	과목 또는 영역	세부능력 및 특기사항
2	화학	(과학)응용과학에 관심이 많은 학생으로 특히 화학공학과 생명공학에 흥미를 보임. 화학 관련 전공을 공부하고 싶어 〈화학으로 이루어진 세상(K.메데페셀헤르만)〉을 읽고 <u>수업시간에 배웠던 탄화수소, 탄소 동소체, 호르몬 등의 개념을 심화하는 데 도움을 받았</u>으며 주변에서 과학적인 원리가 적용된 물건을 찾으려 노력함. 〈화학 캠프(조엘 레비)〉를 읽고 화학 발전에 기여한 화학자들의 실험과 과학사에 대해 이해함. 특히 책을 읽고 마이야르 반응에 대해 이해하여 요리와 화학의 관련성에 대해 알게 됨. 또한 <u>기체 화학과 표준 용액 만드는 법, 화학 반응의 개념을 정리한 후, 책에 수록된 연습 문제를 풀어봄으로써 화학적 기량을 높이는 계기가 됨.</u>

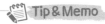

위 학생의 경우 수업 중 궁금했던 부분에 대한 추가 학습, 혹은 역으로 책에서 찾은 부분으로 교과 내용의 미진한 부분을 해결하는 모습을 보입니다.

'읽어야 하기 때문에' 읽고 기록을 남긴 것이 아니라 실제 생활(수업)에서 생긴 '필요'에 의해 자연스럽게 독서를 하게 되었음을 어필할 수 있기 때문입니다.

짧은 500자 공간에서 많은 교과의 독서 내용을 담기는 무리일 수 있습니다. 위의 예시처럼 1~2개 정도의 교과를 선정해서 활동 내용을 기입하거나 하나의 교과를 선정해서 집중 투자하는 것도 좋은 방법이 될 수 있습니다.

여러 과목으로 분할할 경우 다양한 독서 내용을 전할 수는 있겠으나 1개 과목으로 구성된 것보다 내용의 질적 수준이나 깊이 면에서는 차이가 날 수밖에 없기 때문입니다.

- '읽어야 하기 때문에' 읽고 기록을 남긴 것이 아니라 실제 생활(수업)에서 생긴 '필요'에 의해 자연스럽게 독서를 하게 되었음을 어필할 수 있기 때문입니다.

- 1~2개 정도의 교과를 선정해서 활동 내용을 기입하거나 하나의 교과를 선정해서 집중 투자하는 것도 좋은 방법이 될 수 있습니다.

잊지 말자 '자/동/봉/진'
: 창의적 체험활동상황

학교생활기록부
1.04

Tip & Memo

교과별 특기사항, 개인별 세부 특기사항, 과목별 독서활동들이 주로 학생의 학업 역량이나 관심 분야에 대한 것이라면 창의적 체험활동, 즉 창체는 주로 학생의 비교과적 특기사항에 관한 것입니다. 각 학교마다 조금씩 다르고, 입학사정관 또한 학교 내에서 최소 학급 단위로 이뤄지는 활동들이니 많은 것을 바라지 않습니다만 보여 줄 수 있는 공간이 주어졌다면 100퍼센트 활용할 수 있어야 합니다.

교내 다양한 활동을 한꺼번에! – 자율활동

먼저 자율활동은 교내에서 이뤄진 행사를 위주로 기입하는 경우가 대부분입니다. 주로 교내 체육대회, 각종 교내 경시대회 및 기타 통일교육과 같은 종류의 행사들로 채워집니다.

Tip&Memo

• 봉사활동과는 다르게 월별로 입력되었던 실적 내용이 학생부에 기록되지 않기에 창체에서 자율활동 특기사항에 실제 이뤄진 주요 활동별로 기입해 주는 것이 필요합니다.

매달 말에 일괄적으로 입력이 이뤄지고 반별로 실시 날짜가 다르나 학년 전체의 내용과 별개로 이뤄지기 힘든 부분입니다. 봉사활동과는 다르게 월별로 입력되었던 실적 내용이 학생부에 기록되지 않기에 창체에서 자율활동 특기사항에 실제 이뤄진 주요 활동별로 기입해 주는 것이 필요합니다.

자율활동	60	• (2014.04.30) 독도 관련 영상물 시청을 통해, 한편으로 무관심했던 우리 영토에 대한 책임 의식을 새롭게 느끼게 되었고, 이를 통해 수업 중 학습하고 있는 근현대사와 관련 내용을 독도의 영토분쟁 역사를 통해 새로운 시선으로 바라볼 수 있는 기회를 갖게 됨. • (2014.07.14) 장애 이해 교육 동영상을 시청한 후 자신이 하고 있는 봉사활동이나 헌혈의 의미를 새삼 느끼게 되었으며 장애인과 이와 비슷한 처지에 있는 사람들을 이해할 수 있는 기회를 갖게 되었으며 그들의 현실 및 개선 방향에 대해 깊이 고민 함.

위 학생부의 경우 4월에 있었던 독도 관련 홍보 영상물을 보고 난 이후 역사에 대해 새로운 시선으로 접근하게 되었다는 내용으로 사학과에 지원하려는 의도에 맞추어 입력이 되었습니다. 마지막 부분에서는 장애 이해 교육을 통해 투철한 봉사관을 갖추게 되었다는 내용을 확인할 수 있습니다.

이런 자율활동은 1년 내내 이뤄진 내용을 모두 담기보다 앞서 보신 예처럼 몇 가지 인상적인 내용들 위주로 전해 줄 필요가 있습니다.

단순히 많은 양을 기입하려 봉사활동 실적처럼 날짜별로 한두 줄 정도 써 주는 것은 깊은 정보를 줄 수 없기 때문에 지양해야 합니다.

자율활동은 교과의 내용을 담기보다 어떤 활동을 계기로 학생이 새롭게 알게 된 부분이나 다른 가치관을 갖게 되었다든지, 평소에 볼 수 없었던 내용을 확인한 내용들을 위주로 담아 주면 훌륭한 학생부 입력이라 할 수 있습니다.

3년 동안의 기록들이 학년별로 입력되므로 가급적 활동들이 중복되거나 겹치지 않도록 주제나 소재 배분을 잘할 필요가 있습니다. 물론 정규 수업시간이 아닌 학생 개인적으로 한 활동이나 교내 자율동아리 형태로 구성하여 실시한 내용도 공간이 허락한다면 함께 써 주는 것도 도움이 됩니다.

학생들의 관심은 바로 여기! – 동아리활동

동아리활동의 경우 아무래도 담임교사가 아닌 해당 동아리 담당교사가 입력을 하기에 생각보다 알차게 구성하기 힘든 부분이 있습니다. 그래서 나름 성실히 작성되고 '관리된' 학생부라 할지라도 대부분 미진한 경우가 태반입니다.

특별히 학생부를 관리해야 하는 학생의 경우 사전에 동아리 담당교사와 어느 정도 조율을 통해 보다 더 완벽하게 구성되도록 노력할 필요가 있습니다.

동아리활동	46	(NIE) 신문을 통하여 사회 현상을 분석하는 능력을 지니고 있으며, 사회의 다양한 현상을 객관적으로 바라보는 자세를 지니고 있음.

입력 공간을 반드시 다 채울 필요는 없지만 최소한 사정관이 참고할 만한 정보들은 담겨져 있어야 합니다. 위는 담임교사가 동아리 담당교사와 서로 얼마나 성실히 정보 공유를 해야 하는가에 대한 필요성을 여실히 보여 주는 예라 할 수 있습니다.

동아리활동도 자율활동과 마찬가지로 생활기록부에는 동아리활동으로 하나하나 입력되지 않고, 단순히 활동 시수와 특기사항만 입력하도록 되어 있습니다.

Tip & Memo

• 가급적 활동들이 중복되거나 겹치지 않도록 주제나 소재 배분을 잘할 필요가 있습니다.

• 나름 성실히 작성되고 '관리된' 학생부라 할지라도 동아리활동은 대부분 미진한 경우가 태반입니다.

Only 진로와 관련 있는 동아리?

실제로 학교에서는 학생이 고3 때 원서를 넣게 될 학교나 학과 준비를 위해 '전략적'으로 동아리를 선택하는 경우가 종종 있습니다. 이러한 경우도 솔직히 실보다는 득에 가까운 접근법이 될 것입니다. 하지만 꼭 동아리가 맞지 않다고 해서 그 학생의 특기나 다른 사항들을 보여 줄 수 없는 것은 아닙니다.

학업과는 상관없는 체육동아리(예: 축구, 농구, 유도 등)에서도 학생들이 어떤 대인 관계를 맺고 있는지, 교사나 학생 간 갈등이 발생했을 때 어떤 식으로 풀어 나갔는지 등 자세한 정보들도 줄 수 있기 때문입니다.

학생의 인성을 보여 드립니다 – 봉사활동

봉사활동은 창의적 체험활동 입력 공간 중 가장 많은 페이지를 차지하고 있습니다. 자.동.봉.진 중 학생의 세세한 활동 기록을 기본적으로 보여 주는 유일한 활동이기도 합니다.

봉사활동에 입력되는 유형은 다음과 같습니다.

1) 교내 단체 봉사활동

2) 교내 개인 봉사활동

3) 교외 단체 봉사활동

4) 교외 개인 봉사활동

이중 1)번과 3)번 같은 경우 개인이 특별히 하는 활동이 아니고 인원 전체가 함께 움직이는 활동이기에 별다르게 특별히 기록할 것이 없습니다.

결국 봉사활동에 좀 더 주안점을 둬야 하는 것은 2)번과 4)번처럼 개인이 스스로 참여한 봉사활동입니다.

	2016.06.26	(학교)	고등학교	학교 내 청결활동 참여	2	16
2	2016.07.17	(학교)	고등학교	학교 운동장 주변 잡초 제거	2	18
	2016.07.26	(학교)	고등학교	교내환경 정화 활동	2	20
	2016.08.21	(학교)	고등학교	각 학급 교실 벽면 낙서 지우기	2	22
	2016.09.04	(학교)	고등학교	대상공원 산책로 환경 정화활동	2	24
	2016.09.25	(학교)	고등학교	교내 화단 잡초 제거	2	26
	2016.10.23	(학교)	고등학교	등산로 환경 정화 활동	4	30
	2016.11.04 ~ 2016.11.22	(학교)	고등학교	공연활동(합창)	12	42
	2016.11.04 ~ 2016.11.22	(학교)	고등학교	제30회 축제 먹거리 활동	7	49
	2016.11.17	(개인)	건강가정 지원센터	남산공원	3	54

위의 학생부에서 첫 번째 사각형의 내용을 보면 일정 기간(학교 축
제 준비 및 당일) 동안 먹거리 봉사활동 내역을 볼 수 있습니다. 교
내에서 실시된 것이나 학생 본인이 선택하여 진행한 봉사활동이라
할 수 있습니다.

	2016.04.07	(학교)	고등학교	실내체육관광장 일대환경정화활동	2	58
1	2016.04.13	(개인)	선거관리위원회	제20대 국회의원 선거 투표소 투표 안내 도우미 자원봉사	6	64
	2016.04.28	(학교)	고등학교	지상 주차장 및 청소	2	66

그뿐만 아니라 이 학생은 1학년 때도 외부 봉사활동을 했고, 이 내
용이 기록된 것을 볼 수 있습니다. 물론 이는 학생이 개인적으로 선
거관리위원회와 연락한 것이 아니라 학교 공문이나 유관 기관의
협조 사항으로 내려온 것을 적절히 활용한 경우입니다.

• 학교 공문이나 유관 기관의 협조
사항으로 내려온 것을 적절히
활용한 경우입니다.

단순한 나열은 아무런 감흥이 없다

- 제주도 현장 체험활동(2016.05.01~2016.05.04)을 통해 자연 생태계의 소중함을 깨닫고 쓰레기 줍기 등 자연 보호 활동에 자발적으로 참여함.
- 사랑의 바자회(2016.12.18)에 스스로 참여하여 자매결연을 맺은 마음의 집 불우 이웃 돕기 성금 모금을 하며 봉사활동을 펼침.
- 학교 주변 OO공원 산책로 환경 정화 활동(2016.03.06)에 참여하여 건강하고 깨끗한 환경 만들기 활동에 적극적으로 임함.

위 예시처럼 단순한 봉사활동 실적을 다시 특기사항에서 나열하는 것은 아무런 의미가 없습니다. 학생이 느낀 점이나 학생의 태도가 변화된 점을 중심으로 기록해 주는 것이 중요합니다.

실패도 매력적인 포인트로 활용 가능

(2016.07.14) 평소 헌혈을 하길 바랐으나 몸무게 미달 및 혈액 비중 미달로 번번이 실패했음. 그 후 운동과 식습관 조절로 건강을 관리하여 헌혈을 할 수 있게 되어 보람을 느꼈다고 함. 다른 학생들에겐 크게 중요한 일이 아니었겠지만 이 경험을 통해 뭔가 타인을 돕기 위해서는 학업뿐만이 아니라 꾸준한 자기 관리도 필요하다는 점을 새로이 깨닫게 됨.

위 학생의 경우 개인적인 사유로 봉사활동을 하지 못한 내용이 적용된 것임을 볼 수 있습니다. 단순히 이런저런 봉사활동을 했다는 내용 위에 어떤 실패 계기를 통해 본인이 깨달은 점도 더할 수 있다는 것입니다. 남을 돕기 위해선 본인 또한 준비가 되어 있어야 한다는 점을 학생부에 기록한 형태입니다.

뛰어놀 운동장 만들어 주기

사정관들은 학생들이 정상적으로 수업을 듣고, 보충 수업과 심화 수업을 들으며 야간 자율 학습까지 하는 학생들이 수십 시간씩 외부에서 봉사활동을 할 수 없다는 것을 잘 알고 있습니다. 물론 그런 것들을 요구하지 않습니다. 그리고 학생들을 그런 활동에 너무나 많은 시간들을 허비하도록 내버려 둬서도 안 될 것입니다.

그래서 학생에게 이런저런 봉사활동을 해 오라고 언지를 주기보단 위의 예들처럼 교내에서 이뤄지거나 학교의 도움으로 할 수 있는 봉사활동을 할 수 있도록 밑바탕을 만들어 주는 것이 더 중요하다 할 수 있습니다.

각종 교내외 진로 특강 프로그램을 활용하자 – 진로활동

진로활동은 창의적 체험활동 입력 사항 중 학생이 진학을 목표로 하는 대학이나 학과에 대한 자신의 의지를 가장 잘 보여 주는 항목이기에 입학사정관들이 눈여겨봅니다.

이전까지의 창체나 앞 장에서 얘기한 세부 교과, 개인별, 과목별 독서활동 등에서는 학생의 인간관계 모습이나 학업 능력에 관한 것이 주요 사항이었다면 이 진로활동에서는 학생 본인이 미래의 직업과 해당 학교의 특정 학과에 얼마나 가고 싶어 하는가를 답해 줘야 하는 공간이라 할 수 있습니다.

진학하고자 하는 학과에 대한 진로 탐색 활동이 전무하다면 입학사정관들의 마음을 흔들기에는 큰 어려움이 있을 것입니다. 그러나 실제 일반계 고등학교의 교실 상황에서 진로 시간뿐만 아니라 다른 자율활동 등의 시간도 제대로 올바르게 활용되기 힘든 것도 사실입니다.

Tip & Memo

• 교내에서 이뤄지거나 학교의 도움으로 할 수 있는 봉사활동을 할 수 있도록 밑바탕을 만들어 주는 것이 더 중요하다 할 수 있습니다.

• 대학이나 학과에 대한 자신의 의지를 가장 잘 보여 주는 항목이기에 입학사정관들이 눈여겨봅니다.

• 진학하고자 하는 학과에 대한 진로 탐색활동이 전무하다면 입학사정관들의 마음을 흔들기에는 큰 어려움이 있을 것입니다.

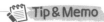

• 진로진학 특강(2016.03.03)을 통해 자신이 희망하는 기계공학과와 대학 졸업 후의 미래 비전에 대해 질문하는 등 향후 본인의 진로에 대해 깊은 관심을 가지고 있음을 보여줌.
• OOO EBS 강사 초청 특강(2016.05.28)을 통해 자신이 희망하는 학교와 학과에 진학하기 위해 준비해야 할 점들에 대해 귀 기울여 듣고 자신의 꿈에 대해 되새김하는 기회를 가짐.

위 학생의 경우 교내에서 실시한 진로진학 특강(외부 특강 강사)과 지역 단위의 입시 설명회 참석을 통해 본인의 진로에 대한 열의와 의지를 보여 주었다 할 수 있습니다.

물론 이런 기록이 무조건 잘된 것이라 할 순 없지만(구체성이 부족) 적어도 이 학생이 자신의 꿈에 대해 최소한의 관심은 갖추고 있음은 보여주고 있습니다.

Tip & Memo

• 참석만 기록한 것이 무조건 잘된 것이라 할 순 없지만(구체성이 부족) 적어도 이 학생이 자신의 꿈에 대해 최소한의 관심은 갖추고 있음은 보여주고 있습니다.

교사를 위한 팁

All about You
: 행동특성 및 종합의견

학교생활기록부
1.04

1000자의 입력 분량인 행동특성 및 종합사항은 여러 세부 항목에 따라 학생의 전체적인 모습에 대해 기술하는 부분입니다. 창체활동이나 교과학습발달상황 등에 대한 부가 설명을 통해 입학사정관이 학생의 전반적인 특징들에 대해 이해할 수 있도록 구체적으로 입력해야 합니다.

학기말에 입력하는 것이 일반적이므로 1학기 이후 학생부종합을 대비하기 위해서 행동특성 및 종합의견란에 [1학기], (1학기)의 형태로 직접 표기해서 입력해 줘야 합니다.

단순히 학생의 교과 및 창체 활동뿐만 아니라 인성 부분도 입력하게 됩니다. 인성 관련 내용은 핵심 인성 요소를 표기하여 각 호에 맞는 설명이 들어가면 좋습니다.

핵심 인성 요소(예절, 효, 정직, 책임, 소통, 배려, 나눔, 협력, 타인 존

Tip & Memo

• 단순히 학생의 교과 및 창체 활동뿐만 아니라 인성 부분도 입력하게 됩니다.

Tip & Memo

• 반드시 위에 제시된 핵심 인성 요소만을 참고할 필요는 없습니다. 창의적 교사의 재량껏 요소를 만들어 표기하면 됩니다.

중, 갈등 관리, 관계 지향성, 규칙 준수 등) 같은 항목들은 기본적으로 교사가 <u>스스로</u> 만들어 작성하는 것으로 반드시 위에 제시된 핵심 인성 요소만을 참고할 필요는 없습니다. 교사의 재량껏 요소를 만들어 표기하면 됩니다.

포인트만!

첫째, 학생의 배경이나 가정 환경 등의 정보를 제공하십시오. 본인이 다른 학생들과는 다른 독특한 점이 있거나 가정 환경과 관련된 내용을 첨가하여 학생의 노력이나 발전된 부분들이 돋보일 수 있도록 알려 주면 좋습니다.

> (의지) 넉넉지 못한 가정 환경이지만, 독서 동아리활동에서의 많은 대화와 토론 학습을 통해 자신보다 어려운 주변을 둘러보는 여유와 자신의 환경을 극복하려는 용기를 가지게 되었음.

둘째, 학생의 인성 및 대인 관계의 측면을 보여 주세요. 마찬가지로 학생의 성격이나 인성을 간단한 일화나 예를 들어 표현할 수도 있습니다.

> (인성) 1년 내내 무단결석을 수시로 하는 학생을 어르고 달래며 학교를 다닐 수 있도록 옆에서 큰 조력을 함. 담임교사뿐만 아니라 다른 교사들도 이 학생을 통해 무단결석 학생과 소통을 할 수 있었음. 이렇듯 학급 친구들에게 모범이 됨은 물론이며 정리 정돈하는 습관과 자기 관리 능력이 뛰어나 자신이 정한 생활 목표에 따라 계획성 있게 행동하는 모습을 보여 줌.
> (관계 지향성) 밝고 명랑한 성격으로 사교성이 좋아 주변에 항상 친구가 많고 새로운 친구들을 빠르게 사귀며 대인 관계가 매우 좋음. 이런 대인 관계를 바탕으로 학급에서 맡은 바 임무를 충실히 하고, 학교 행사에 적극적으로 참여하여 교내 생활 및 환경 심사에서 학급이 최우수상을 받는 데 일조함.

위는 내성적인 성격으로 무단결석을 하는 친구와 지속적으로 연락하며 친구가 다시 학교생활로 돌아올 수 있도록 도운 과정을 통해 타인을 배려하고 주변을 밝게 만든다는 내용의 기록입니다.
셋째, 학생의 학업적인 측면을 다시 강조해 주는 것이 좋습니다.

(학업) 지적 탐구심이 강해 전 교과 성적을 최상위권으로 유지하는 모습을 보임. 학업 간 항상 '이유'에 대해 탐구하는 모습을 보이며 다양한 상상력이 풍부함. 모든 교과목에 성실히 임하는 모습을 보이고 특히 역사와 사회, 방송 미디어와 관련된 분야에 관심이 높고 관련 활동을 해 왔음. 하계 방학 중에는 수능 100일 기념 동영상을 동아리 친구들과 함께 제작하는 등 본인이 생각하고 상상하던 것을 실제의 형태로 만들어 낼 줄 아는 학생임. (… 중략 …) 외교나 사회 분야에 또한 관심이 많고, 다양한 과목에 학업 성취도도 높아 자신의 진로를 개척하기 위해 열심히 노력하고 있음. 수준 높은 외국어 습득과 외국 문화 이해를 위해 관련 서적을 읽으며 사고가 논리적이고 성실해 여러 과목의 학업 성취가 높으며 따뜻하고 이해심이 많아 교우 간에 신망이 두터움.

행동특성 및 종합사항란에 지원자의 학업적인 면을 재차 강조하면서 부분적으로는 교과 세특이나 개인별 특기사항에서 미진한 부분을 보충해 주는 역할도 할 수 있습니다.
공간이 상대적으로 충분한 만큼 구체적인 일례들을 제시하면서 기입해야만 사정관들로부터 신빙성을 확보해 낼 수 있습니다.
넷째, 동아리활동의 언급을 통해 실제 이 학생이 진로에 대한 열의를 가지고 있음을 재차 강조해 주세요.

(리더십) 매사에 의욕적이고 주도적으로 단체 활동을 이끌어가는 모습을 보여 주어, 활동하는 의학 동아리인 'willow'의 차기 회장으로 선출되었음. 학업에 대한 의욕이 아주 높아 스스로 자신의 학업 계획을 수립하여 성실히 실천해 가는 모습을 보여 주었으며, 교과 성적도 매우 우수한 학생임. 연구원이라는 자신의 진로에 대해 확실하게 인식하고 있으며 꿈을 이루기 위해 체계적으로 계획하고 이루어 가는 모습을 보여 줌. 진로에 대한 정보를 얻기 위해 '서울대 생명과학캠프'에 참가하고 '재료연구소(Kims)'를 견학하는 등의 적극적인 진로 탐색의 모습을 보여 주었으며, 교내 의학 동아리 'willow'의 부원으로 항상 적극적으로 실험과 발표에 참가함. 수학 학술 동아리 Mathmate를 만들어 팀 동료들끼리 공동 연구와 토론을 통해서 고난도 문제 해결을 시도하는 등 자기 주도 학습

- 지원자의 학업적인 면을 재차 강조하면서 부분적으로는 교과 세특이나 개인별 특기사항에서 미진한 부분을 보충해 주는 역할도 맡을 수 있습니다.

- 구체적인 일례들을 제시하면서 기입해야만 사정관들로부터 신빙성을 확보해 낼 수 있을 것입니다.

을 통해 수학 실력 함양에 각별히 노력하였으며 그 결과 수학 성적의 향상 뿐 아니라 교우들과의 우정도 깊이 쌓게 되었으며 이를 계기로 수학 스터디그룹이 동 학년에 확산되는데 이바지함.

위 학생의 경우 동아리 공간의 부족으로 구체적인 내용을 행동 특성 및 종합사항란에 기입한 경우입니다. 이렇듯 그냥 앞선 이야기의 반복으로 끝나 버릴 수 있는 공간을 훨씬 풍부하게 설명하고 있습니다.

반복할 때도 조금 더 고민을

흔히들 '쓸거리'가 막혔을 때 하는 방법은 대부분 '반복'일 것입니다. 학생들을 자주 지켜봐도 눈에 드러나는 특징에는 한계가 있으니까요. 다만 각종 세부 특기사항이나 봉사활동 수상 실적에서 그대로 따와서 표기하지는 마세요.

기록 내용에 대한 이유를 남기자

를 세우고 그 목표를 향해 나아가는 진취성이 매우 돋보임. (협력) 교사의 지시를 잘 이해하고 따르며 경우에 따라서 이해하기 힘든 부분에 대해 적극적으로 질문하고 답을 구하는 모습을 보임. 전반적으로 타인과 장 융화되는, 밝고 긍정적인 모습이 돋보이는 학생임. 본인의 의견과 맞지 않는 부모님과의 생각에 다소 십리적으로 힘들어하는 모습을 보였으나 이 또한 스스로 부모님과의 대화할 기회를 만들어 슬기롭게 나아가는 모습을 보임. (진로) 본인이 희망하는 학과에 대한 의지가 분명해 학년 초부터 자신의 진로를 명확히 하

위 학생은 희망 진로 상황이 2학년 때의 것과 3학년 때의 것이 서로 바뀐 경우이며, 이에 대한 간단한 이유를 설명해 주는 것이 중요합니다.

📖 한 장으로 보는 학생부 관리

교과
- ☑ 전공 관련 교과 2등급 이내
- ☑ 교과 없는 학생부 종합은 없다
- ☑ 지필고사 1개월 전 계획

교과세특
- ☑ 질문을 이용하라
- ☑ 교내활동을 교과와 연계
- ☑ 교과 관련 활동을 교과 선생님이 알게 하라
- ☑ 교과 선생님께 자신을 어필하라

자율활동
- ☑ 작은 활동을 만들어라
- ☑ 학급문고, 학급소식, 학급토론 등
- ☑ 교과 관련 활동을 교과 선생님이 알게 하라
- ☑ 활동 내용을 담임에게 알려라

진로활동
- ☑ 활발한 진로활동 GOOD
- ☑ 자신의 전공과 연관 OK
- ☑ 교외 활동도 OK
- ☑ 진로는 1학년은 넓게, 2,3학년은 좁게

동아리활동
- ☑ 동아리의 급은 없다
- ☑ 상설/자율동아리 모두 OK
- ☑ 없으면 만들어라–자율동아리
- ☑ 교과동아리 매우 좋다
- ☑ 동아리 내의 작은 활동 활성화

봉사활동
- ☑ 지속성과 일관성이 중요
- ☑ 단기 봉사는 사실상 무의미
- ☑ 재능봉사 GOOD

독서활동
- ☑ 1학년은 다독, 2학년은 전공
- ☑ 2학년 때 3학년 독서 SAVE
- ☑ 교내 활동의 연계는 중요
- ☑ 독서는 모든 활동의 시작과 끝
- ☑ 학생부 기재 : 책 제목과 저자만!

교외활동
- ☑ 교내활동으로 끌고 오자
- ☑ KMOOC와 TED 활용
- ☑ 교육청 주관 교외 활동 기재 가능
- ☑ 동급 학교 간 활동 기재 가능

한장으로 보는 고교생활백서

1학년

☑ 수업 적극적 참여
- 수업 중 조사, 발표, 토론 등에 적극적으로 참여
- 관심분야 심화 학습

☑ 자신의 관심사, 성향 파악
- 좋아하는 과목 수업과 스터디 모임 활동
- 자신의 성향 파악하고 관심있는 진로/희망 학과 탐색

☑ 비교과 활동 시작
- 목표 진로, 희망 학과에 맞춰 동아리 찾고 활동 시작

point
- ✓ 독서활동–다독
- ✓ 자신의 진로모색
- ✓ 다양한 교내 활동

2학년

☑ 내신 관리
- 희망 학과 관련 교과의 내신 등급은 2등급 내에서 관리

☑ 비교과 활동 확장
- 동아리 활동 폭 확장
- 희망 진로에 맞춘 자율활동/체험학습으로 확장

☑ 진로/희망 학과 변경 시
- 계기, 과정, 결과, 느낀 점이 명확하면 됨
- 진로에 대한 고민의 흔적이 느껴지도록

point
- ✓ 독서활동–전공
- ✓ 심화활동 시작
- ✓ 대학 전형 결정

3학년

☑ 부족한 부분 보완
- 1,2학년 교과/비교과 검토
- 부족한 부분만 검토, 새로운 시도 금물
- 수능과 내신 공부 시간 확보

☑ 자기소개서 작성
- 본인의 학생부 꼼꼼히 검토
- 학생부에 기초해 자소서 작성
- 최소 5월부터 작성 시작
- 수십 번 수정하고 보완할 것

point
- ✓ 독서활동–최소
- ✓ 수능–내신 집중
- ✓ 후회없는 공부

2

자기소개서

자기소개서 완전 정복

학생부종합전형의 한 축

Tip & Memo

학교생활기록부

: 고등학교 생활의 모든 공식적인 활동이 기술된 문서

교사추천서

: 학생부에서 알 수 없는 학생의 모습에 관한 교사의 주관적 판단

자기소개서

: 객관적 공식 문서인 학교생활기록부와 선생님의 주관적인 의견서인 교사추천서와는 달리 학생이 자기 자신에 대해서 쓰는 개인 이력서

자기소개서의 역할은 딱 2가지입니다. 학교생활기록부와 교사추

• 학교생활기록부와 교사추천서가 말하고 있지 않은 것을 보완하고, 하나의 스토리로 자신을 나타내는 것이 자기소개서입니다.

학교생활 기록부
교내의 모든 공식적 활동 기술

학생부
종합전형

교사추천서
학교의 의견

자기소개서
학생부 보완+STORY

천서가 말하고 있지 않은 것을 보완하고, 하나의 스토리로 자신을
나타내는 것이죠.

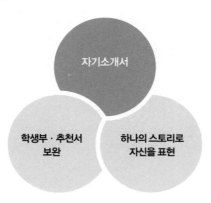

교사추천서의 경우 학생 자신이 볼 수 없는 문서이므로 그건 논외
로 합니다. 수험생 자신이 볼 수 있는 자료인 학교생활기록부를 중
심으로 자신의 이야기를 펼쳐 나가야 하는 것이 자기소개서의 역
할입니다.

알다시피 학교생활기록부에는 자신이 한 활동에 대해서 1~2줄 정
도로 짧게 언급되어 있습니다. 이렇게 적은 분량으로는 자신의 역량
을 드러낼 수 없으므로, 학생은 이를 토대로 자신만의 스토리를 구성
하여 자신을 드러내야 합니다.

이렇게 자기소개서는 학교생활기록부의 보완적인 역할을 하며, 학
생이 가지고 있는 학업 역량과 전공 적합성 등과 같은 영역을 하나
의 스토리로 보여 주는 역할을 합니다.

• 수험생 자신이 볼 수 있는 자료
인 학교생활기록부를 중심으로
자신의 이야기를 펼쳐 나가야
하는 것이 자기소개서의 역할
입니다.

자기소개서
2.01

자기소개서 완전 정복

탄탄한 글감, 학생부

자기소개서를 잘 쓰고 싶지요? 그럼 좋은 자기소개서의 글감은 어디에서 나올까요? 바로 여러분의 고등학교 생활 전부가 들어 있는 학교생활기록부입니다.

학생부의 내용이 너무 풍부해서 어떠한 것을 써야 할지 고민하는 친구가 있는 반면, 자기소개서의 한 개 항목을 채우기도 버거운 친구가 있을 정도로 출발점이 다릅니다.

128

기록, 기록만이 살 길

지금은 거의 모든 학생들이 학생부종합전형을 위해서 학교 활동을 하고 있고, 다양한 경험을 쌓고자 노력하고 있습니다.

불과 2~3년 전에는 생각지도 못했던 학교 프로그램이 생겨나고 있으며, 학생들도 이러한 분위기에 맞춰서 학교 활동에 참여하고, 자신만의 Story를 만들고자 하지요.

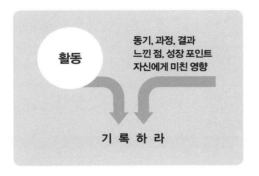

문제는 상당수의 학생들이 학교 활동에 참여는 많이 하고 학생기록부의 내용을 알차게 채워 가면서도 자신이 한 활동을 체계적으로 기록하고 있지 않습니다. 학교생활기록부에 기록이 되는 그 자체만으로 만족하고, 성취한 결과만을 생각합니다.

그리고 자기소개서를 본격적으로 쓰는 3학년이 되어서야 자신의 학교생활기록부를 다시 한 번 보고, 자기소개서의 글감을 찾고자 합니다. 그러니 막상 자기소개서를 쓰려고 하면, 쓸 소재는 많은데 그걸 어떻게 풀어 가야 할지 막막해 하는 친구들이 많을 수밖에 없겠지요.

결과만 있는 학교생활기록부

학교생활기록부는 학생이 성취한 결과만 기록된 경우가 많습니다.

Tip & Memo

• 지금은 거의 모든 학생들이 학생부종합전형을 위해서 학교 활동을 하고 있고, 다양한 경험을 쌓고자 노력하고 있습니다.

• 문제는 상당수의 학생들이 학교 활동에 참여는 많이 하고 학생기록부의 내용을 알차게 채워 가면서도 자신이 한 활동은 체계적으로 기록하고 있지 않습니다.

• 3학년이 되어서야 자신의 학교생활기록부를 다시 한 번 보고, 자기소개서의 글감을 찾는 실정입니다.

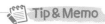

수상 실적이나 학교 활동의 경우에는 더욱 그러합니다.

구분	수상명	등급(위)	수상연월일	수여기관	참가대상 (참가인원)
교내상	사생대회	우수상 (2위)	2013.06.03	○○고등학교장	1학년 (495명)
	자기소개서 쓰기 대회	장려상 (3위)	2013.07.19	○○고등학교장	1학년 (495명)
	학업종합 우수상	장려상 (3위)	2013.08.19	○○고등학교장	1학년 (495명)
	과학 자율 탐구 대회	최우수상 (1위)	2013.12.16	○○고등학교장	1학년 (495명)
	독서교육 종합 지원 시스템 우수 활용자	우수상 (2위)	2013.12.23	○○고등학교장	1학년 (495명)

예를 들어 1학년 때 '과학자율탐구대회'에 나간 것을 자기소개서
에 쓰려고 하는데, 학교생활기록부에 나와 있는 것이라고는 최우
수상을 수상했다는 것뿐입니다.

더군다나 길게는 2년 전의 일이라서 과학자율탐구대회를 준비하
는 과정과 결과에 대한 소회, 그 활동에서 배운 점과 느낀 점들을
기억해 내기란 여간 힘든 일이 아닙니다.

학생부에 기록되어 있는 결과는 기억이 나지만 노력한 과정과 문
제점, 해결 방법, 느끼고 배운 점은 잘 생각이 나질 않습니다.

따라서 학교생활기록부를 채우는 것만큼 중요한 과정이 바로 그러
한 학교 활동에 대한 기록을 남기는 것입니다.

• 결과는 기억이 나지만 노력한
과정과 문제점, 해결 방법, 느끼
고 배운 점은 잘 생각이 나질 않
습니다.

• 학교생활기록부를 채우는 것만
큼 중요한 과정이 바로 그러한
학교 활동에 대한 기록을 남기는
것입니다.

학교 활동 기록표의 소중함

NO.	학년/학기	활동명
3	1학년 2학기	과학자율탐구대회
활동 동기	**활동 내용**	**나의 역할**
평소 자연 과학 분야에 관심이 많았고, 교내 대회 공지를 보고 지원하게 됨	대추, 양파의 항균, 항산화, 항암 효능에 대한 탐구를 위해서 건강식품으로 알려진 대추와 인삼을 비교하여 각각의 효능을 검증하는 실험을 함	실험 주제를 정하고 각 실험에 대한 기록, 정리를 담당함
에피소드 / 결과		**느끼고 배운 점**
– 실험실을 빌리는 과정이 힘듦 – 기존 과학반과의 동선이 겹침 최우수상 수상/ 서울시 동아리 발표 대회 입상		심사 위원께서 보고서를 보고 나서 대추차를 끓여 드셨다는 말씀을 듣고 더욱 보람을 느낌. 고등학교에서 처음으로 무언가를 계획하고 그에 대한 성과를 거둬서 뿌듯함.

〈학교 활동 기록표 예시〉

위의 〈학교 활동 기록표〉처럼 자신이 참여한 활동이 끝난 후, 각 항목에 해당되는 사항을 정리해 놓으세요. 그러면 3학년에 올라가서 자기소개서를 쓸 때, 좀 더 뼈대가 잡히고 어떤 활동을 통해서 자신의 역량을 부각시킬 수 있는지 파악하기가 수월해집니다.

자기소개서 평가 항목

 **Tip & Memo**

학업 역량

학업 역량이라 함은 대학에서의 수업활동을 수행할 능력이 있느냐를 평가하는 겁니다. 자기소개서뿐만 아니라, 학생부종합전형 전체에서도 손꼽히는 중요 평가 요소입니다.

단순히 성적(학업 성취)만을 의미하는 것이 아니라 자신의 지적 호기심을 채우기 위한 노력(지적 성취), 이를 위한 노력과 과정(태도와 자세)을 모두 포함하는 것입니다.

학업 역량 = 학업 성취 + 지적 성취 + 태도와 자세

The most basic strategy

학생들이 '학업 역량'을 생각할 때, 대부분 고등학교 내신성적을 제일 먼저 떠올립니다. '학업 능력=내신성적'이라는 공식에 따라, 많은 학생들이 자신의 학업 역량을 드러내기 위해서 내신성적 향상 과정을 자기소개서에 풀어냅니다.

그중에 '나만의 공부법'을 소개하는 것이 가장 많이 보이는 패턴입니다. 학과에 따라서 전반적인 공부법을 소개해도 되고, 특정 과목(진학할 학과와 관련된 교과)에 대한 자신만의 노하우를 적어도 됩니다.

• '나만의 공부법'을 소개하는 것이 가장 많이 보이는 패턴입니다. 학과에 따라서 전반적인 공부법을 소개해도 되고, 특정 과목(진학할 학과와 관련된 교과)에 대한 자신만의 노하우를 적어도 됩니다.

> …(중략) 저는 이를 바탕으로 단계별 반복 학습을 위한 "澔(호)학습법"이라는 저만의 학습법을 만들어 냈습니다. 이 방법을 통해 (1) 모르는 내용은 일단 공책에만 적고 넘어가고, (2) 다음번에는 그 부분과 유사하거나 연관된 개념을 다시 한 번 학습하며 어려운 부분에 대한 복합적인 이해를 높이고, (3) 마지막으로 처음에 작성한 부분을 다시 읽으며 복습함으로써 어려운 내용을 확실히 제 것으로 만들 수 있었습니다. …(중략) 그 결과 법과 정치 향상으로 이어져 그 과목에서 전교 1등이라는 우수한 성적을 받게 되었습니다.

사회교육과에 지원한 이 학생은 자신만의 학습법인 "澔(호)학습법"에 대한 소개를 통해서 자신만의 공부 노하우와 우수한 성적이라는 결과를 이야기합니다. 공부법을 적는 건 식상하지만, 가장 기본적인 내용이라는 것은 부정할 수 없는 사실입니다. 베스트셀러라는 건 그만큼 검증이 되었다는 것일 테니까요.

중요한 것은 자신의 '학업 역량'을 잘 드러냈는가이며, '얼마나 대단한 일을 하였는가'는 아닙니다. 참신한 소재를 사용하기 위해 과

• 중요한 것은 자신의 '학업 역량'을 잘 드러냈는가이며, '얼마나 대단한 일을 하였는가'는 아닙니다.

장되고 비약된 내용을 적는 건 오히려 학생의 진정성에 대해서 의심받을 수도 있으니 주의하세요.

식상하지 않은 방법 - 학교 활동 이용

하지만, 이런 가장 기본적인 전략은 식상할 수 있습니다. 자신의 학업 역량을 드러내는 지표는 내신성적만이 아닙니다. 수업 중 실시했던 발표나 수행평가, 방과 후 수업, 각종 대회 참여, 교과 관련 동아리활동, 독서활동에 이르는 많은 활동들이 자신의 학업 역량을 나타낼 수 있는 글감들이 됩니다.

이러한 활동들을 통해서 자신의 지적 호기심을 드러내며, 이것이 성적 향상이나 심화 학습으로 연결되는 과정을 자기소개서에 담아낸다면 훌륭한 Story가 되어, 학업 역량 평가에 있어서도 좋은 평가를 받을 수 있습니다.

> …(중략)… 고등학교 2년간 또래 멘토 봉사활동을 한 제게 끊임없이 "왜?"라고 묻는 호기심 많은 멘티가 있었습니다. …(중략)… 멘토로서 자존심이 상한 저는 모르는 내용을 물어도 다음 주에 꼭 알려 주겠다고 약속하고는 집에 와서 찾아보기 시작했습니다. 그러자 터무니없다고 생각한 질문들이 학문적 연관성이 있는 경우가 많다는 것을 깨달았습니다. …(중략)… 처음엔 단순하게 라틴어와 영어를 검색했지만, 점점 영어의 기원을 찾고자 노력하였고, 강연 사이트인 TED에서 '영어의 기원'에 대한 강의를 듣고, 큰 도움을 얻었습니다. .. 이에 대한 교내 인문 보고서 대회에서 '라틴어와 영어의 상관관계'라는 보고서를 써서 수상을 하게 되었습니다 …(중략)… 다양한 개별 언어에서 느껴지는 어감의 차이와 어원에 대해서도 더 잘 이해할 수 있었습니다.

언어학과에 지원한 이 학생은 교내 활동인 멘토 활동을 통해 지적 호기심이 자극을 받았고, 이러한 과정이 TED의 강연을 듣는 것으로 연계가 되었으며, 인문 보고서 대회라는 심화과정으로까지 확장되는 내용을 드러냈습니다. 단순한 성적 향상 과정이 아닌 교내 활동을 통한 자신의 학업 역량을 드러내는 대표적인 예입니다.

Tip & Memo

• 자신의 지적 호기심을 드러내며, 이것이 성적 향상이나 심화 학습으로 연결되는 과정을 자기소개서에 담아낸다면 훌륭한 Story가 될 수 있습니다.

- 나만의 내신성적 향상 방법을 보여주자.
- 독서활동을 통한 관련 교과와의 심화 학습 연계하라.
- 교과 동아리를 통한 다양한 학습 경험과 심화 학습 연계하라.
- 교내 대회 준비 과정과 관련 교과 성적의 향상을 연결시켜라.

전공 적합성

전공 적합성이란 말 그대로 이 학생이 지원하게 되는 학과에 대한 관심과 열정을 평가하는 지표입니다. 학과에 지원하게 된 동기에서부터 학교에서 한 활동, 관련 교과의 성적 등을 통해서 전공 적합성이 드러나게 됩니다.

자기소개서에 드러나야 하는 전공 적합성은 일회성이 아닌 지속적이며 일관된 교내 활동이라야 좋은 평가를 받을 수 있습니다. 여기에 자신의 지원 학과에 대한 진정성도 잘 표현해야 합니다.

> • 자기소개서에 드러나야하는 전공 적합성은 일회성이 아닌 지속적이며 일관된 교내활동이라야 좋은 평가를 받을 수 있습니다. 여기에 자신의 지원 학과에 대한 진정성도 잘 표현해야 합니다.

지원 동기 ▶ 관련 활동 ▶ 관련 교과 ▶ 전공 적합성

지원 동기를 은연중에 드러내라 – 관련 교과 강조

보통 전공 적합성은 지원 동기를 통해서 잘 나타나지만, 4번 자율 항목에서 묻지 않으면 자기소개 1, 2, 3번 항목에서 은연중에 지원 동기가 드러나도록 써야 합니다.

보통 지원 동기를 직접적으로 언급하기보다는 관련 교과와 관련된 활동을 통해서 나타내면 됩니다. 경제학과라면 경제나 수학 성적의 상승, 아니면 수행평가, 연관된 교내 대회 내용 등입니다.

또한 자신이 지원하는 학과와 직접적인 관련이 없는 활동이라 하더라도 간접적으로 연관이 있다면 그것으로도 전공 적합성을 드러낼 수 있습니다.

> • 자신이 지원하는 학과와 직접적인 관련이 없는 활동이라 하더라도 간접적으로 연관이 있다면 그것을 통해서 전공 적합성을 드러낼 수도 있습니다.

광고에 관심이 많아 'CRE-AD'라는 자율동아리활동을 하게 되었습니다. …(중략)… UCC 광고 문구에 작업을 하던 중 뜻을 드러내는 문구보다는 보는 사람을 생각하게 만드는 문구를 만들고 싶었습니다.…(중략)… 뜻이 없는 소리도 어떤 감정을 불러일으킬 수 있다면 훌륭한 문구가 될 수 있지 않을까 생각했습니다. …(중략)… 고민 끝에 비음과 울림 소리의 의미 없는 반복으로 마치 악기 소리 같은 문구를 만들었습니다. …(중략)… 처음에는 미숙했지만, 새로운 시각으로 접근하여 언어가 가진 아름다움에 대해 진지하게 생각해 보게 되었고, 좀 더 언어에 대해서 관심을 가지게 된 좋은 경험이었습니다.

이 학생은 광고 동아리에서 활동했지만, 평상시 자신이 가지고 있었던 언어에 대한 호기심과 관심을 광고 문구 만들기라는 활동을 통해서 드러내고 있습니다. 광고라는 분야가 언어와는 분리해서 생각할 수 없기에, 자신이 원했던 언어 학습에도 큰 자극이 된 경우입니다. UCC 활동을 통해서 얻게 된 언어에 대한 아름다움을 표현함으로써 언어학과에 대한 지원 동기를 드러내고 있습니다.

point
- 은연중에 지원 동기를 표현하라.
- 굳이 직접적인 연관이 없는 활동도 OK
- 지원할 학과와 관련된 교과 성적 올리자(최소 2등급).

자기 주도성
자기 주도성은 말 그대로 자기소개서에 언급된 활동을 얼마나 주도적으로 이끌어 나갔는지를 평가하는 항목입니다.
타의에 의해서가 아니라 자신의 필요성에 의해서 관련 활동을 했으며, 자신의 리더십이 어떻게 표현되는가와 관련이 있습니다.

동기에 주목하라

보통 자기소개서에서 가장 먼저 언급하는 부분은 그 활동의 "동기"입니다. 동기 부분을 이야기할 때, 어떻게 그 활동을 시작했는지 언급해야 하는데, "지적 호기심"을 설명하는 것이 가장 좋습니다.

독서, 수업 중 실시한 수행평가, 아니면 평상시 관심이 많았던 분야 등 뭐든 자신만의 독특한 동기를 표현하는 것이 관건입니다.

아주 작은 활동이라도 자신이 주도적으로 이끈 것을 위주로 쓴다면 좋은 글감이 될 확률이 높습니다.

담임선생님께서 모든 반 학생은 1개의 활동을 의무적으로 해야 한다는 말씀에 저는 혼란을 느꼈습니다. 내가 과연 반을 위해 할 수 있는 것이 무엇이 있을까 고민을 하던 중, 학급 뉴스를 생각하게 되었습니다. 반 아이들의 소소한 이야기들을 기사로 만들어 교실에 게시하자는 아이디어를 친구들에게 냈고, 흔쾌히 승낙한 아이들과 함께 학급 신문 '어울림'을 만들게 되었습니다. 아이들이 생각하는 교실, 아이들이 좋아하는 매점 아이템, 급식을 먹을 때 가장 먼저 먹는 반찬 같은 아주 작지만 재미난 이야기들로 기사를 구성하였습니다. '어울림'을 만들면서 미처 알지 못했던 친구들의 모습을 알게 되었고, 제가 고민하던 것을 똑같이 고민하고 아파한다는 것을 알게 되었습니다. 그리고 '어울림'을 통해서 저와 친구들은 서로 소통과 관심이 얼마나 구성원들에게 중요한지도 깨닫게 되었습니다.

위 학생은 학급 특색활동으로 담임선생님께서 내준 숙제를 '학급신문 어울림'을 통해서 멋지게 해결하는 모습을 보여주고 있습니다. 학급 단위의 작은 활동이지만, 자신이 주도적으로 아이디어를 내고, 기사를 만드는 모습을 통해서 자기 주도성을 드러내고 있는 좋은 예입니다.

✍ **point**

- 교내 활동의 동기에 주목하자.
- 학급 단위의 활동을 이용하라.
- 조그마한 활동이지만 주도적으로 진행한 것이 중요하다.
- 독서야말로 동기로 가장 적합한 활동이다.

경험 다양성

경험 다양성은 지원한 학생이 비교과 활동에서 얼마나 다양한 경험을 하였는가를 평가하는 지표입니다. 자기소개서뿐만 아니라 학교생활기록부를 평가할 때에도 중요한 평가 항목입니다.

보통 자기소개서는 자신의 강점을 포인트로 해서 이야기를 전개해 나갑니다. 자신의 학업 역량을 드러낼 요량으로 학업 위주로만 이야기를 짜 나가면 "경험 다양성" 면에서 낮은 평가를 받을 수 있습니다. 즉, '공부만 열심히 한 당신, 필요 없다!'라는 겁니다.

- 자신의 학업 역량을 드러낼 요량으로 학업 위주로만 이야기를 짜 나가면 "경험 다양성" 면에서 낮은 평가를 받을 수 있습니다.

활동은 다양하게, 주제는 일관되게

경험 다양성을 평가하기 위해서 대학은 교내 학업 활동뿐만 아니라, 지원한 학생의 다양한 창의적 체험활동을 확인해 볼 수 있습니다. 여러 에피소드를 활용해서 자기소개서를 구성하는 것이 좋지만 이 다양한 활동이 서로 간에 일맥상통하는 면이 있어야 합니다. 다양한 활동 속에서 하나의 일관된 목소리를 표현해 내는 것이 바로 경험 다양성의 핵심입니다. 다양한 활동을 하되, 그 활동들 속에서 학생이 내는 하나의 목소리가 들리도록 초기부터 계획을 짜보세요.

- 다양한 활동이 서로 간에 일맥상통하는 면이 있어야 합니다.

- 다양한 활동을 하되, 그 활동들 속에서 학생이 내는 하나의 목소리가 들리도록 초기부터 계획을 짜보세요.

활동A 활동B 활동C 활동D 일관된 주제·방향 (지원 학과)

항목1) ① 가장 어려워했던 수학은 심화반 수업을 적극 활용했습니다. 이 수업은 4명씩 한 조가 되어 각 그룹 안에서 부족한 부분을 도우며 함께 문제를 해결하는 방법으로 진행되었습니다. …(후략)…

항목2) ② 토론 경험도 쌓고 사회 이슈에 대해 생각할 기회를 가지고 싶어 시사독서토론 동아리활동을 하였습니다. 처음에는 논제에 대하여 적절한 때에 의견을 말하는 것이 어려웠지만 토론을 거듭하면서 철저한 자료 조사와 사전 검토를 통해 적극적으로 의견을 주장할 수 있었습니다. …(후략)…

③ '입학사정관제 확대 시행'이라는 논제로 교내 토론대회가 개최되었을 때 동아리 부원 모두의 참가를 제안해서 동의를 얻었고, 팀장을 맡아 찬반 양측 자료를 정리해서 참가서류 작성하는 일을 맡았습니다. .…(후략)…

④ 저는 인문 사회 분야 외에도 자연 과학에 관심이 많아서 관찰과 실험하는 것을 좋아합니다. '대추, 양파의 항균, 항산화, 항암 효능에 관한 탐구'라는 주제로 과학 탐구 발표대회를 준비한 것은 가설 설정, 실험 방법 계획, 결과 분석을 통해 과학적 사고력을 키울 수 있었던 귀중한 경험이었습니다. …(후략)…

항목3) ⑤ 조용한 성격을 개선하고 체력도 기르기 위해 2학년 때 '** 토요 스포츠 데이'라는 프로그램에 참여했습니다. …(후략)…

⑥ 3학년 때 또래 학습 도우미 활동을 하면서 이런 깨달음을 실천했습니다. …(후략)…

이 학생의 자기소개서에 등장하는 활동은 총 6가지입니다. 활동이 매우 다양합니다. 언뜻 보면 상관이 없어 보이는 활동 같지만, 이러한 활동들은 사회심리학자라는 한 가지 목표를 향해 가고 있습니다. 이처럼 다양한 경험을 바탕으로 자신의 진로와 목표 학과(사회 과학부)에 가기 위한 학생의 노력이 드러난 자기소개서는 평가관들에게 어필할 가능성이 높습니다.

• 이 예시는 언뜻 보면 상관이 없어 보이지만 한 가지 목표를 향해 가고 있는 활동들을 드러냈습니다.

✎ point
- 교내 활동은 계획성 있게 짜기.
- 창의적 체험활동은 인상적 활동 위주로 하기.
- 자기소개서를 관통하는 하나의 주제와 동떨어지지 않도록 하기.

발전 가능성

대학이 많은 관심을 보이는 항목으로 현재 학생이 가진 것보다 미래가 더 기대되는 학생이라는 점을 어필해야 하는 영역입니다.

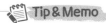

'성장' 없는 활동은 무의미

어떤 활동을 선택하든 간에, 자기소개서에는 그 활동으로 인한 자신의 성장 포인트를 반드시 언급해야 합니다. 자신의 성장에 도움이 되지 않는 활동을 자기소개서에 굳이 쓸 필요는 없겠지요. 학습 방법, 교내 대회, 수업 중의 수행평가, 독서활동 등 자기소개서에서 학생은 자신이 어떤 활동을 한 이후에 어떻게 달라졌는지를 드러내야 합니다.

교내 활동 학습 → 성장

학업성취도의 꾸준함 혹은 성적 향상을 언급해도 되고, 환경을 고려한 역경 극복 사례를 언급해도 됩니다. 따라서 어떤 활동을 소재로 삼더라도, 자기소개서에는 그로 인한 자신의 변화된 점, 즉 성장 포인트를 꼭 적어 주어야 합니다.

낮에도 햇볕이 잘 들어오지 않는 아파트 1층인 탓에, 텃밭 가꾸기가 취미이신 어머니께서는 결국 베란다에 텃밭 채소 가꾸기를 포기하셨고 매우 실망하셨습니다. 꽃과 나무를 좋아하시는 어머니께 텃밭을 선물하겠다는 마음으로 '식물 공장'을 연구하기로 마음 먹었습니다. 식물의 생장 조건을 인공적으로 만들고 5가지 채소를 선정하여 농업 진흥청 자료를 토대로 물, 온도, 일조량, 양분, 수확 시기를 연구했습니다. 처음에는 심었던 채소들이 잘 자라지 않았고 심지어 말라 죽기까지 했습니다. 하지만, 여기서 실망하지 않았고, 전자 공학을 전공하신 아버지의 도움을 받고 전자 공학 서적 〈말랑말랑 전자 회로 2〉를 바탕으로 전자 회로를 만들었습니다. LED 광원을 활용하고 재배의 자동화를 위한 임베디드 기술을 연구했습니다. 과학 시간에 배운 지식을 총동원하고 교과서를 뒤적이며 '씨앗 카트리지와 이를 이용한 식물 재배 시스템' 구축에 성공, 어머니께 텃밭을 선물하였습니다. 기특해 하시는 부모님의 격려로 특허청에 구비 서류를 제출하여 첫 발명품

특허 출원도 하였습니다. 소박한 소망과 과학적 지식으로 어머니의 꿈을 이루었다는 점이 너무 신기했습니다. 교과서 속의 지식이었던 과학 이론이 개인의 조그마한 꿈도 이루게 해줄 수 있다는 것을 깨달았던 순간이었고, 더 나아가 저는 과학적 지식이 이룬 인류의 꿈에 대해서도 생각하였습니다.

어머니의 바람과 과학 이론, 거기에 독서활동이 결합된 자기소개서입니다. 자신이 공부하는 과학이라는 교과서 속의 지식으로 어머니의 조그마한 바람을 이루었던 에피소드를 통해서 실생활과 과학 지식의 접목을 표현하였습니다. 이를 통해서 자신의 과학적 역량도 드러낸 자기소개서였습니다.

• 자신이 공부하는 과학이라는 교과서 속의 지식으로 어머니의 조그마한 바람을 이루었던 에피소드를 통해서 실생활과 과학 지식의 접목 및 자신의 과학적 역량을 드러냈습니다.

✎ point

• 활동/환경 극복으로 인한 성장 포인트가 중요하다.
• 느끼고 배운 점을 통해서 자신의 발전 가능성을 어필하자.

인성

자기소개서 평가 항목 중 요즘 많은 대학들이 관심을 가지는 항목입니다. 보통 역경 극복, 리더십, 배려, 나눔 등을 표현하는 3번 항목을 통해서 평가합니다. 많은 학생들이 평범한 삶을 살아왔기에 대단한 역경 극복이 있을 리 없습니다. 또, 회장/부회장만이 리더십을 보여 주는 것이 아니며, 거창한 봉사활동을 통해서만 배려와 나눔을 보여 주는 것은 더욱 아닙니다.

• 많은 학생들이 평범한 삶을 살아왔기에 대단한 역경 극복이 있을 리 없고, 회장/부회장만이 리더십을 보여 주는 것이 아니며, 거창한 봉사활동을 해야지 배려와 나눔을 보여 주는 것은 더욱 아닙니다.

작은 활동에도 주목

교실에서 있었던 사소한 일도 자신의 인생에서 터닝 포인트가 된다면 그것도 훌륭한 소재가 됩니다. 반 티셔츠를 같이 만드는 데 반

• 교실에서 있었던 사소한 일도 자신의 인생에서 터닝 포인트가 된다면 그것도 훌륭한 소재가 됩니다.

친구들의 갈등을 해결했다면 이를 통해서 리더십을 보여 줄 수 있으며, 체육대회 발야구 경기에서 선수로 뛰는 것 대신 뒤에서 묵묵히 반 친구들을 응원하는 역할로도 배려심을 보여 줄 수 있겠지요.

일관된 봉사활동

학생들은 봉사활동 시간 자체에 신경을 많이 씁니다. 그래서 여기저기서 2~3시간씩의 봉사활동 시간을 모아서 100시간이 넘는 활동을 한 친구들도 있습니다. 과연 대학교에서는 이러한 학생이 한 100시간의 봉사활동이 가치가 있다고 평가할까요?

봉사활동의 경우 봉사활동 시간 자체보다는 얼마나 일관되게 활동을 하며 자신의 진정성을 보여 줄 수 있느냐에 중점을 두어야 합니다.

특히 고3이라는 바쁜 시간에도 그전부터 해 오던 봉사활동을 한 친구라면 그 진정성에 있어서 좋은 평가를 받을 확률이 높겠죠. 그러나 무리해서 봉사활동의 시간을 늘릴 필요는 없습니다.

• 봉사활동 시간 자체보다는 얼마나 일관되게 활동을 하며 자신의 진정성을 보여 줄 수 있느냐에 중점을 두어야 합니다.

고등학교 내내 복지관에서 독거노인분들께 영양식을 조리, 배달 봉사를 하며 느낀 건 보람 그 이상의 감동이었습니다. …(중략)… 봉사자들이 불편하신 듯 인상이 차가우셔서 무서웠습니다. …(중략)… 그 이후 저는 집에서 과일을 따로 가져갔고, TV 전선과 시계 건전지도 교체해 드렸습니다. …(중략)… 오랜만에 댁에 들른 제게 할머니께서는 차를 끓여 주시겠다며 불편한 몸으로 물을 끓이시다 화상을 입으셨습니다. …(중략)… 연거푸 괜찮다고 하시며 제 손을 잡아 주시는 할머니를 보며 친할머니께서 살아 계셨다면 이런 느낌이었을까라는 생각이 들었습니다. …(중략)… 하지만 봉사를 하며 독거노인분들의 외로움과 열악한 환경을 알게 되었고, 제가 오기만을 기다리시며 고마워하시는 할머니

의 모습 속에서 뭉클함을 느꼈습니다. 이를 통해 봉사의 대상이 아닌 가족으로 생각하고 대하는 것이 진정한 봉사라고 생각했습니다. 봉사는 제게 공감과 배려, 용기와 사랑이 무엇보다 소중함을 깨닫게 했습니다. 이러한 깨달음은 입시로 인한 스트레스를 받던 고3 때도 봉사를 계속 이어 나가는 원동력이 되었습니다.

위 학생은 1학년부터 3학년까지 독거노인 봉사활동을 한 에피소드를 구성하고 있습니다. 수능 공부에 매진하는 3학년 때에도 꾸준히 봉사활동을 하였기에 진정성이 느껴지는 항목입니다. 한 사건을 계기로 봉사활동했던 할머니와 가족의 정을 느꼈다는 항목에서 이 학생의 진실한 마음을 알 수 있는 자기소개서 내용입니다.

자기소개서
2.01

자기소개서 완전 정복

자기소개서
공통 양식

Tip & Memo

• 대학에 따라 자율 문항이 다르
 거나 아예 없을 수 있으니, 지원
 대학의 홈페이지에서 확인해야
 합니다.

자기소개서 문항은 3개의 공통 문항과 1개의 자율 문항(4번)으로 구성되어 있는데 4번 문항 활용 대학이 증가하는 추세입니다.

2017 대교협 자기소개서 공통 양식		
구분	**문항 번호**	**문항 내용**
공통 문항	1	고등학교 재학기간 중 학업에 기울인 노력과 학습 경험에 대해 배우고 느낀 점을 중심으로 기술해 주시기 바랍니다. (1000자 이내)
	2	고등학교 재학기간 중 본인이 의미를 두고 노력했던 교내 활동을 3개 이내로 기술하고, 이를 통해 배우고 느낀 점을 기술해 주시기 바랍니다. 단, 교외 활동 중 학교장의 허락을 받고 참여한 활동은 포함됩니다. (1500자 이내)
	3	학교생활 중 배려, 나눔, 협력, 갈등 관리 등을 실천한 사례를 들고 그 과정을 통해 배우고 느낀 점을 구체적으로 기술해 주시기 바랍니다. (1000자 이내)
자율 문항	1	지원 동기 등 학생을 종합적으로 판단하기 위해 필요한 경우 대학별로 1개의 자율 문항을 추가해 활용하시기 바랍니다. (1000자 또는 1500자 이내)

2017 학생부종합전형 자기소개서 4번 문항 주요 주제		
대학명	주제	글자수
서울대	독서 3권 이내, 선정이유, 평가, 영향	각 500자 이내
고려대	지원동기, 지원자를 선발해야 되는 이유	1000자 이내
연세대	지원동기, 준비과정, 지원자의 교육환경이 미친 영향	1500자 이내
서강대	지원 전공을 선택한 이유와 입학 후 학업 또는 진로계획	1000자 이내
성균관대	본인의 성장환경 및 경험이 자신에게 미친 영향 지원 동기 및 진로를 위해 노력한 부분 본인에게 영향을 미친 유무형의 콘텐츠 중 택1	1000자 이내
중앙대	지원동기, 준비과정, 지원자의 교육환경이 미친 영향	1500자 이내
경희대	지원동기, 준비과정, 지원자의 교육환경이 미친 영향	1500자 이내
건국대	지원동기, 준비과정, 지원자의 교육환경이 미친 영향	1500자 이내
한국외대	지원동기, 준비과정, 지원자의 교육환경이 미친 영향	1500자 이내
홍익대	지원동기 및 대학입학 후 학업계획, 진로계획	1500자 이내
동국대	지원동기와 입학 후 학업계획/진로계획	1000자 이내
서울시립대	지원동기 및 진로계획	1000자 이내
광운대	학업 및 진로계획, 지원동기	1000자 이내
숭실대	학업 및 진로계획, 지원동기	1000자 이내
아주대	학업 및 진로계획, 지원동기	1000자 이내
국민대	진로탐색 경험, 지원동기	1000자 이내
단국대	지원학과 관련 관심, 열정, 재능, 학업능력	1000자 이내
세종대	진로선택을 위한 노력과정, 입학후 학업계획 및 진로계획	1000자 이내

인하대	지원동기와 준비과정	1000자 이내
숙명여대	지원동기/진로계획, 노력과 준비과정	1000자 이내
성신여대	고교 재학기간 중 꿈(비전)위한 노력, 학업 및 진로계획	1000자 이내
덕성여대	노력과정, 지원동기, 진로계획	1000자 이내
경기대	지원동기, 준비과정	1000자 이내
안양대	지원동기	1000자 이내
경북대	학업 및 진로계획, 지원동기	1000자 이내
충북대	학업 및 진로계획, 지원동기	1000자 이내
한동대	학업 및 진로계획, 지원동기	1000자 이내
춘천교대	초등교사 자질 & 자질 위한 노력과정	1500자 이내
서울교대	초등교사 자질 & 자질 위한 노력과정	1500자 이내
경인교대	초등교사 자질 & 자질 위한 노력과정	1500자 이내
부산교대	성장과정/환경, 교직 수행을 위한 장점, 보완할 약점	1500자 이내
대구교대	성장과정/환경, 교직 수행 강점	1000자 이내
진주교대	초등교사 자질 & 자질 위한 노력과정	1500자 이내
전주교대	성장과정 및 환경이 자신에게 미친 영향	1000자 이내
한국교원대	합격해야 하는 이유, 강점	1000자 이내

목표 대학, 지원 학과의 인재상 찾기

자기소개서를 쓰기 전에 첫 번째 할 일은 바로 목표 대학과 지원 학과의 인재상을 알아보는 것입니다. 무턱대고 자기소개서를 쓰는 게 아니라, 지원할 학교와 지원 학과가 바라는 인재상에 맞게 소재를 찾고 어떻게 배열할지 전략을 짜야 합니다.

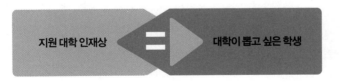

지원 대학 인재상 = 대학이 뽑고 싶은 학생

가령 서울대의 경우 지도적인 역할과 세계 학문을 선도할 수 있는 학자 양성을 교육 이념으로 삼고 있으므로, 리더십과 글로벌 역량이 있는 학생들이 지원해야 합니다. 고려대의 경우 자주적인 능력과 글로벌 리더가 될 인재를 원하며, 연세대의 경우 기독교적 정신

Tip & Memo

• 첫 번째 미션은 바로 목표 대학과 지원 학과의 인재상을 알아보는 것입니다.

을 바탕으로 사회적 리더와 글로벌 리더를 양성하기를 원합니다. 이렇게 리더 양성을 목적으로 둔 대학의 경우는 무엇보다 학업 역량을 높이 평가합니다.

반면 학생부종합전형이 잘되어 있는 경희대의 경우는 전공에 열정을 가진 도전 정신과 창의성을 지닌 인재 양성을 목적으로 두고 있어, 학업 역량보다는 다양한 경험과 적극성을 높이 평가합니다.

이렇듯 각 대학은 공통적으로 우수한 인재를 원하지만, 자신들이 가지고 있는 교육 이념과 인재상에 맞는 학생을 선발하고자 노력하고 있습니다.

따라서 무작정 대학에 지원하기보다는 각 대학이 원하는 인재상을 파악하고, 그에 맞는 요소를 구상하여, 자기소개서에서 이러한 내용이 드러나도록 작성한다면, 더 좋은 평가를 받을 수 있겠죠?

물론 대학의 인재상이 다르다 할지라도 평가 기준은 거의 비슷합니다. 학업 역량이나 전공 적합성, 창의성, 인성, 학업 성취도, 성장 잠재력이나 발전 가능성을 가지고 학생을 평가합니다. 그래도 각 대학의 홈페이지에 게재된 인재상을 고려해서 자기소개서에 담도록 해야겠죠?

지원 학생들이 1개의 대학에만 학생부종합전형을 쓰는 것이 아니기에 각 대학의 자기소개서마다 각각의 인재상을 반영하여 쓰는 건 현실적으로 힘든 일입니다. 따라서 인재상이 비슷한 대학끼리 묶어서 지원하는 것도 하나의 전략이 될 수 있습니다.

대학	대학별 인재상 및 교육 이념
서울대	• 미래 사회에 각 분야에서 지도적인 역할을 할 수 있는 인재와 세계 학문을 선도할 수 있는 우수한 학자를 양성
고려대	• 성실성 : 자아실현과 인격 함양을 위해 학업 및 학교생활 전반에 걸쳐 노력하는 인재 • 리더십 : 지속적인 리더 활동과 성찰을 통해 지도력을 가진 인재 • 공선사후 정신 : 정의로운 가치관과 타인에 대한 배려심을 가지고 공동체에 참여하고 실천하는 인재 • 전공 적합성 : 전공 영역에 대한 열정과 국제적 이해와 교류 능력을 지니고 자신의 변화 발전을 위해 노력하는 인재 • 창의성 : 지속적인 호기심과 탐구심, 비판적 창의적 사고력과 문제 해결 능력을 지닌 창의적 인재
연세대	• 기독교의 가르침을 바탕으로 진리와 자유의 정신에 따라 사회에 이바지할 지도자를 양성
서강대	• 학문을 탐구하고 진리를 추구하면서 정의를 실천하며 인간의 존엄성과 생명의 가치를 존중하는, 사랑과 믿음을 갖춘 전인 교육을 지향, 이를 통하여 인류 문화와 인류 공동체의 발전에 헌신할 수 있는 참인재를 양성
성균관대	• 인의예지(仁義禮智)와 신언서판(身言書判)을 갖춘 교양인 • 창의적 사고와 전문 지식을 갖춘 전문인 • 공동체 정신과 인류 사회에 공헌할 리더의 복합 능력을 갖춘 문화 시민 양성
한양대	• 교양인 : 폭넓은 교육을 통하여 근면하고 정직하며 겸손한 인재 • 전문인 : 전문 분야의 심오한 이론과 고도의 기술을 겸비한 인재 • 실용인 : 다양한 학문의 지식을 사회에 응용할 수 있는 인재 • 세계인 : 문화적 다원성을 이해하고 국제 사회에서 활약할 수 있는 인재 • 봉사인 : 지역 사회와 국가, 나아가 인류 사회의 번영에 공헌하는 인재
서울시립대	• 학술의 심오한 이론과 그 응용 방법을 교수·연구하여, 지도적 인격을 도야함으로써 국가와 인류 사회의 발전에 공헌함과 아울러 서울 시민의 생활과 문화의 향상에 기여함을 목적으로 함
경희대	• 새로운 학문에 열정을 다하는 경희인, 미래를 선도하는 도전적인 경희인, 세계에 봉사하는 글로벌 경희인을 대표할 수 있고 세계적 리더로 성장할 수 있는 잠재 능력을 갖춘 인재 양성
한국외대	• 홍익인간의 국가 교육 이념과 인격도야라는 대학 교육의 목적을 바탕으로 진리, 평화, 창조의 창학 정신을 구현할 수 있는 인재 • 학생들의 개성을 존중하고, 그들의 지도자적 인격을 도야함으로써 장차 국가와 세계 발전에 공헌할 수 있는 유능한 인재
숙명여대	• 국가와 민족 그리고 세계 인류 발전에 기여할 전인적이고 지도적인 여성 배출이라는 교육 이념을 바탕으로 창의적이고 자주적이며 봉사적이고 전문적인 여성을 양성

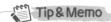
Tip & Memo

아주대	• 인간 존중, 실사구시(實事求是) • 세계일가의 세계인, 문화인, 창조인, 전문인, 협동인 양성
중앙대	• 의와 참의 정신을 바탕으로 사회 지도자로서 갖추어야 할 교양과 국가 사회의 발전에 기여할 수 있는 전문적 지식을 기르고, 민족과 인류 공영에 기여할 수 있는 열린 세계관을 지닌 인재 양성
인하대	• 인격을 도야하고, 건전한 사상을 함양하는 동시에 심오한 학술 이론과 그 응용 방법을 연구 · 교수하여 국가와 인류 사회 발전에 공헌할 수 있는 지도적 인재 양성
이화여대	• 사랑과 섬김의 자세로 국가 및 인류 사회 공동체의 유익을 위해 헌신하고 봉사하는 기독교적 인격을 함양한다. • 여성의 인격화와 양성평등 사회 구현을 이끌어 가는 지도자 역량을 함양한다. • 세계화 · 정보화 시대의 전문 인력으로서 갖추어야 할 국제 수준의 학술 지식과 실천 능력을 기른다. • 미래 사회의 문제를 능동적으로 해결해 갈 수 있는 비판적 · 창조적 탐구 능력을 기른다.
가톨릭대	• 가톨릭 정신에 바탕을 둔 진리, 사랑, 봉사를 추구하는 인간 존중의 전문인 양성, 민족 문화 창달에 기여하는 균형 잡힌 사회인 양성, 인류 사회 발전과 평화에 기여하는 열린 세계인 양성
건국대	• 합리적이고 창의적이며 균형 있는 판단력을 지닌 인간 • 자신의 적성을 토대로 전문적 분야의 지식과 실천적 능력을 갖춘 인간 • 국가 및 지역 사회에 대해 공동체적 연대 의식을 지닌 인간
단국대	• 인류 사회에 공헌하는 단국인 • 미래 지향적인 전문인 • 지역 및 공동체 발전의 선구자
동국대	• 지혜와 자비를 겸비한 도덕적 현대인 • 한국 문화를 세계화하는 창조적 지식인 • 고도 산업 기술 사회에 부응하는 진취적 지도자
국민대	• 실천하는 교양인 • 소통하는 협력인 • 앞서가는 미래인 • 창의적인 전문인
덕성여대	• 창의적 능력 배양 • 올바른 가치관 확립과 실천 • 세계 시민 자질 함양
명지대	• 인격과 교양을 갖춘 기독교 신앙인 양성 • 학술 연구와 교수를 통한 전문인 양성 • 국가 발전과 민족 문화 창달에 공헌할 사회인 양성 • 인류 사회의 평화와 발전에 기여할 세계인 양성

홍익대	• 폭넓은 안목과 소통 능력을 갖추어 민주 시민으로서 자신의 책임을 다하는 자주적인 교양인 육성 • 학문과 예술의 능력을 길러 민족 문화를 수호하고 글로벌 시대의 변화를 주도하는 창조적인 전문인 육성 • 공동의 행복을 추구하고 미래 지향적인 자세로 사회 발전에 공헌하는 협동적인 사회인 육성
서울교대	• 국가를 사랑하고 겨레의 행복과 번영을 위해 전력을 다하는 인간을 양성한다. • 민주주의 사회생활에 필요한 능력과 태도를 배양한다. • 교사로서 지녀야 할 건전한 인격을 도야하고 교육애가 높은 헌신적 생활 태도를 확립시킨다. • 아동의 성장 발달과 행동을 정확하고 폭넓게 이해할 수 있는 능력을 개발한다. • 초등학교 각 교과를 성공적으로 가르칠 수 있는 실력을 배양하고 교수 학습 능력을 습득하게 한다. • 보다 나은 교직 발전을 위하여 노력하는 진지한 연구 자세를 기른다. • 교직의 사명에 대한 깊은 인식을 통하여 교육자로서 확고한 신념을 가지게 한다.
서울여대	• 전문인의 양성 • 기독교 정신의 함양 • 실천인의 육성
성신여대	• 성실함과 참됨을 다하는 문화적 인재 • 도전과 창의 정신을 갖춘 인재 • 전문성과 품격을 갖춘 인재
세종대	• 창조적 지성인의 양성 • 실천적 전문인의 양성 • 전인적 교양인의 양성 • 헌신적 사회인의 양성
동덕여대	• 인간화 교육을 통한 배려하는 지성인 • 자율화 교육을 통한 창조적인 감성인 • 통합형 교육을 통한 융복합형 전문인 • 사회화 교육을 통한 참여하는 사회인 • 글로벌 교육을 통한 소통하는 세계인

point

• 각 대학 홈페이지 방문은 필수
• 언론에 나오는 각 대학교의 입학처장의 인터뷰는 꼭 읽자.
• 교육 전문 신문도 꼭 챙긴다. (베리타스알파 http://www.veritas-a.com/)

자기소개서 작성 준비
학생부 분석하기

• 형광펜을 잡고 자신의 학생부에서 특이하거나 소재가 될 만한 내용은 모두 밑줄을 긋습니다.

두 번째로 할 일은 자신의 학교생활기록부(이하 학생부)를 살펴보는 겁니다. 학생부를 담임선생님께 부탁해서 한 부 출력합니다.

그 다음은 형광펜을 준비합니다. 형광펜으로 자신의 학생부에서 특이하거나 소재가 될 만한 내용은 모두 밑줄을 긋습니다. 조금이라도 자신의 역량이나 지원 학과와 관련이 있는 항목을 선택합니다.

창의적 체험활동			
학년	영역	시간	특기사항
2학년	봉사활동		월드비전을 통해 아프리카 탄자니아 레이크에야시 지역에 위치한 모해다규 초등학교를 후원하는 …(중략)… 서울특별시 한강사업본부가 주관하는 한강생태모니터링을 함.

수상경력					
구분	수상명	등급(위)	수상연월일	수여기관	참가대상 (참가인원)
교내상	과학반탐구보고대회	우수상(2위)		고등학교장	2학년
	모범학생표창장(봉사부문)			고등학교장	전학년
	토요방과후학교2기	최우수상(1위)		고등학교장	2학년
	과학경시대회	장려상(3위)		고등학교장	2학년

이런 분석은 한 번만 하는 것이 아닙니다. 2~3번에 걸쳐 꼼꼼히 살펴봐야 합니다. 내가 놓친 것은 없는지 살펴보며, 혹시 모를 오류 내용까지 살펴본다면 일석이조의 효과도 노릴 수 있습니다.

어떠한 항목이 좋은지 모를 경우 학교 담임선생님 혹은 진로진학 상담선생님의 도움을 받아서 좋은 글감을 찾습니다.

학생부 내용 정리하기

이제부터 할 일은 형광펜으로 화려하게 장식된 학생부를 앞서 살펴 봤던 자기소개서 평가 항목에 맞게 배치할 차례입니다.

학교생활기록부		평가 기준				
		학업 적성	전공 적합성	인성	자기 주도성	경험 다양성
1	인적사항				●	
2	학적사항	●	●	●		
3	출결사항			●		
4	수상경력	●	●	●	●	●
5	자격증 및 인증 취득상황		●		●	●

6	진로희망사항		●		●	
7	창의적 체험활동		●	●	●	●
8	교과학습발달상황	●	●			
9	독서활동상황		●	●	●	●
10	행동특성 및 종합의견	●	●	●	●	●

• 자기소개서 평가 기준인 학업
적성, 전공 적합성, 인성, 자기
주도성, 경험 다양성을 학생부
의 어떤 항목에서 찾을 수 있는
지 보여 주는 표입니다.

자기소개서 평가 기준인 학업 적성, 전공 적합성, 인성, 자기 주도
성, 경험 다양성을 학생부의 어떤 항목에서 찾을 수 있는지 보여 주
는 표입니다. 이 표를 참고해서 형광펜으로 밑줄을 그은 항목들을
적절히 배치합니다.

이렇게 정리해 놓고 보면, 자신의 고등학교 생활에 대한 전반적인
내용이 하나의 표로 요약이 됩니다. 자기소개서를 떠나서 자신의
고등학교 생활을 돌아보는 계기가 되기도 합니다.

	인적 사항	학적 사항	출결 사항	수상경력	자 격 증	진로 희망	창체 활동	교과 학습	독서 활동	종합 의견
학업 역량				-과학탐구 보고서 -과학경시 대회		간호사		과학 2→1 등급	-다윈의 진화론 -과학정 기잡지	-멘토활동 -희생정신 투철
전공 적합성				-과학탐구 보고서 -과학경시 대회		간호사			-다윈의 진화론 -과학정 기잡지	-멘토활동 -희생정신 투철
자기 주도성			개근	-과학탐구 보고서 -자기주도 학습상				과학 2→1 등급		
경험 다양성							-학급문집 -체육대회 -과학페스티 벌 참가 -과학부활동 -꽃동네 -과학신문			-동아리 부장 -멘토활동
발전 가능성			개근					과학 2→1 등급		

자기소개서 항목에 배치하기

이제는 정리해 놓은 학생부에 기재된 활동들을 자기소개서의 각 항목에 적절히 배치할 차례입니다. 정리해 놓은 표를 보고 자기소개서 1~4번 항목에 어떤 것들이 들어가는 게 좋을지 생각합니다. 각 활동들이 일관성을 지니는지, 이 활동들을 가지고 하나의 스토리를 만들 수 있는지 고민한 후 자기소개서 각 항목에 배치합니다.

자기소개서의 각 항목에 배치를 할 때, 몇 개의 내용을 갖고 구성할지도 생각을 해야 합니다. 학업에 기울인 노력과 학습 경험을 묻는 자기소개서 1번 항목에 1개의 내용을 할지, 2~3가지 내용을 넣을지 결정해야 합니다. 다른 항목도 마찬가지입니다.

Tip & Memo

• 자기소개서를 작성할 때 변동
이 있을 수 있기 때문에 활동을
추가로 더 적어 놓는 것이 좋겠
지요.

• 활동들이 자신의 역량을 잘 드
러내고 있는지, 각 활동들이 연
결이 되어 하나의 Story를 만
들어 낼 수 있는지 파악해야 합
니다.

활동 3개 이내를 작성해야 하는 자기소개서 2번 항목도 몇 가지의 활동을 기술할지에 따라 배치할 내용의 개수가 결정됩니다.

다만, 자기소개서를 작성할 때 변동이 있을 수 있기 때문에 활동을 추가로 더 적어 놓는 것이 좋겠지요.

	1번 항목	2번 항목	3번 항목	4번 항목
	학업 관련	교내 활동	배려/협력/갈등 관리	지원 동기
내용	-과학탐구보고서 -과학경시대회 -과학 2등급→1등급	-과학탐구보고서 -과학페스티벌 참가 -멘토링 프로그램	-꽃동네 -고아원봉사 -과학탐구보고서 -과학페스티벌 참가	가족 중 한 명이 간호사

여기서 중요한 것은 글감을 찾고 배치를 할 때, 이 표를 보고 과연 이 활동들이 자신의 역량을 잘 드러내고 있는지, 각 활동들이 연결이 되어 하나의 Story를 만들어 낼 수 있는지 파악해야 합니다.

아래는 자기소개서에서 활용되는 글감의 비율을 나타낸 표입니다.

글감	비율
동아리	78%
학생회	46%
봉사활동	38%
토론	37%
멘토링	28%
학교축제	27%
성적우수	26%
독서	21%
경시대회	19%

각종캠프
소논문
체육대회

중요한 것은 자신의 역량과 전공 적합성, 진정성을 표현해 줄 내용을 자기소개서에 나타내는 것입니다.

• 직접 작성해 보세요.

	인적 사항	학적 사항	출결 사항	수상경력	자격증	진로 희망	창체 활동	교과 학습	독서 활동	종합 의견
학업 역량										
전공 적합성										
자기 주도성										
경험 다양성										
발전 가능성										

	1번 항목	2번 항목	3번 항목	4번 항목
	학업 관련	교내 활동	배려/협력/갈등 관리	지원 동기
내용				

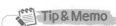

자기소개서 작성 준비

다른 사람의 자소서 참고하기

 Tip & Memo

읽되 베끼지는 말자

다른 사람의 자기소개서를 읽는 목적은 전개 방식에 대한 힌트를 얻고 어떻게 글을 써 나가야 하는지 감을 잡기 위해서입니다.

이 과정 중 많은 친구들이 하는 것은 다른 사람의 자기소개서를 보고 나서 거기에 있는 표현을 그대로 베끼는 겁니다. 남의 자기소개서를 보는 것은 힌트를 얻고자 하는 거지, 절대로 그대로 모방하라는 게 아닙니다.

다른 사람의 자기소개서를 베낀다면, 그것은 각 대학의 유사도 검증 프로그램에 100% 걸리게 되어 있습니다.

자, 자기소개서의 유사도 검증 가이드 라인을 보세요.

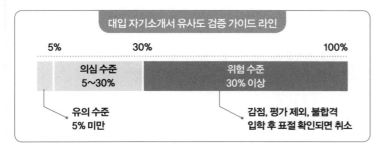

보통 자기소개서는 고등학생들이 쓰는 글이므로 거의 모든 자기소 개서는 5% 정도의 유사성을 띠는 걸로 나옵니다. 이 정도는 서류 단계에서 주의를 기울이며 검증하는 수준으로 그칩니다.

그런데 이 유사도가 30% 정도까지 올라가면 표절 의심을 받게 됩 니다. 이 구간에 속하는 학생들은 면접 단계에서는 좀 더 심층적인 검증을 받게 되겠죠.

여기에 30% 이상의 유사성을 보이면 이 학생은 표절로 처리가 되어 최악의 경우 탈락을 하게 됩니다. 더군다나 입학 후에도 나중에 표 절 사실이 드러날 경우 입학 취소라는 상황까지 오게 됩니다. 따라서 절.대.로. 남의 자기소개서를 그대로 베껴 써서는 안 됩니다.

물론 한 학생이 각기 다른 대학에 낸 자기소개서는 표절로 처리되 지 않습니다.

나의 이야기를 써라

자기소개서는 논술이 아니므로 얼마나 글을 잘 썼느냐가 판단의 기준이 아닙니다. 이 학생이 우리 대학에 와서 얼마나 그 역량을 잘 표현해 낼 수 있는가가 자기소개서를 읽는 평가관들의 기준입니 다. 전문가의 솜씨가 아닌 고등학생의 글솜씨로 진정성을 보여 주 세요.

• 30% 이상의 유사성을 보이면 이 학 생은 표절로 처리가 되어 최악의 경 우 탈락을 하게 됩니다.

• 한 학생이 각기 다른 대학에 낸 자기소개서는 표절로 처리되지 않습니다.

• 이 학생이 우리 대학에 와서 얼 마나 그 역량을 잘 표현해 낼 수 있는가가 자기소개서를 읽는 평 가관들의 기준입니다.

자기소개서

2.02

자기소개서 작성 준비

나만의 STORY 만들기
: 일관성

Tip & Memo

Q. 자기소개서에서 가장 중요한 것은?

① 누가 봐도 잘 쓴 글

② 입이 딱 벌어지는 스펙

③ 멋들어진 표현

④ 하나로 이어지는 스토리

정답: ④ 하나로 이어지는 스토리

자기소개서는 학생부에 단순하게 표현된 자신에 대한 기록에 살을 붙이고 나만이 할 수 있는 이야기를 하는 겁니다.

굉장히 단순한 이야기인데, 많은 학생들이 "나만이 할 수 있는 이야기"에서 탁 하고 막히는 게 사실입니다.

나만의 스토리는 한마디로 "나의 진정성과 꿈을 알려 주는 스토리"입니다. 자기소개서를 읽고 나서 평가자가 여러분을 만나 보고 싶게 만드는 스토리를 써야 합니다.

나만의 이야기를 하기 위해서는 자기 자신에 대한 분석을 먼저 해야 합니다.

학생부를 들여다보세요. 그런 다음 자신이 의미 있다고 생각되는 활동을 한 장의 종이에 나열해 보세요. 나열된 그 목록에서 여러분이 무엇을 하고 싶어 하고, 여러분의 역량과 강점을 보여 주는 하나의 줄기가 보이시나요?

이러한 것들이 보이지 않는다면, 학생부에서 선택한 자기소개서의 글감은 잘못된 겁니다.

자기소개서 항목 1~3번(혹은 4번)에서 전개되는 내용은 하나로 수렴해야 합니다. 열거한 활동들이 하나하나로 보면 다 훌륭하나, 추구하는 방향이 제각각이라면, 평가관들의 마음을 움직이기는 힘들겠죠?

특히 자기소개서에 좀 더 신경을 써야 하는 학생들은 학생부가 애매한 학생들입니다. 학생부만 읽어도 스토리가 나오는 친구들은 자기소개서를 쓸 때에도 스토리를 뽑아내기가 수월합니다. 학생부를 읽었는데, 고개가 갸우뚱한 친구들은 바로 자기소개서에서 이

📝 Tip & Memo

• 자기소개서를 읽고 나서 평가자가 여러분을 만나 보고 싶게 만드는 스토리를 써야 합니다.

• 나만의 이야기를 하기 위해서는 자기 자신에 대한 분석을 먼저 해야 합니다.

• 학생부를 읽었는데, 고개가 갸우뚱한 친구들은 바로 자기소개서에서 이런 부족한 스토리를 표현해 주어야 합니다.

 Tip & Memo

런 부족한 스토리를 표현해 주어야 합니다.

다시 처음으로 돌아갑니다.

여러분이 지원하는 학과나 하고 싶은 일을 생각해 보세요.

학교에서 참여한 활동들은 평소에 가고 싶은 학과나 하고 싶은 일을 하기 위한 활동일 확률이 높습니다. 그냥 무턱대고 생각 없이 하지는 않았을 겁니다. 학생부에 한 줄 적혀 있는 활동에서 그걸 끄집어내야 합니다.

별개의 활동처럼 보일지라도 여러분이 자기소개서에서 어떻게 연결하고 표현하는지에 따라 그 활동들이 하나의 스토리를 이루느냐 아니면 말 그대로 별개의 활동들로 남느냐가 결정됩니다.

- 자기소개서에서 어떻게 연결하고 표현하는지에 따라 그 활동들이 하나의 스토리를 이루느냐 아니면 말 그대로 별개의 활동들로 남느냐가 결정됩니다.

항목1) 가장 어려워했던 수학은 심화반 수업을 적극 활용했습니다. …(중략)… 왜 그런 접근을 적용해야 하는지 고민하게 되었습니다. 또, 같은 문제라도 다른 풀이 방식을 통해 여러 응용 방법을 배울 수 있었습니다. …(중략)… 그래서 막히는 문제가 있을 땐 친구들의 풀이법을 적극 수용하여 익힌 후, 최적화된 방법을 찾고 설명하듯이 문제를 풀며 부족한 부분을 보완했습니다.

항목2) 객관적으로 자료를 분석하고 도출한 결과를 활용, 발전시키는 것은 자연 과학뿐만 아니라 사회 과학에서도 중요하다고 생각합니다. '대추, 양파의 항균, 항산화, 항암 효능에 관한 탐구'라는 주제로 과학 탐구 발표 대회를 준비한 것은 가설 설정, 실험 방법 계획, 결과 분석을 통해 과학적 사고력을 키울 수 있었던 귀중한 경험이었습니다.

항목3) 조용한 성격을 개선하고 체력도 기르기 위해 2학년 때 '**토요 스포츠 데이'라는 프로그램에 참여했습니다. 이 경험을 통해 저는 부족한 점을 솔직하게 인정하고 적극적으로 소통하려고 노력하면 비록 잘하지 못하더라도 즐겁게 참여할 수 있다는 것을 배웠습니다.

위 학생은 학생부에서 수학 공부법, 과학 탐구 발표 대회, 토요 스포츠 데이 참여를 각 항목의 소재로 삼았습니다. 언뜻 보면 각각의 방향성이 달라 보입니다. 더군다나 이 학생이 지원한 학과는 사회 과학부이며 장래희망은 '사회심리학자'입니다.

이 학생은 사회 현상을 연구하는 심리학자에게도 과학의 특성인 관찰과 논리가 필요하다는 것을 수학 공부법과 과학 탐구대회 참여로 표현하고 있습니다.

자기소개서는 거창한 스펙과 멋진 표현을 학생에게 요구하는 것이 아닙니다. 학생부에서 놓친 부분이 있다면 자기소개서에서 찾아보기 위해 일종의 소명 기회를 학생에게 주는 겁니다.

다만, 이 소명 기회를 통해서 자신의 학과에 대한 진정성과 학업 역량을 제대로 표현하기 위해서는 자신이 한 활동들이 꿈과 진로라는 목적지를 향해 제대로 가고 있음을 드러내야 합니다.

그래서 필요한 것이 바로 'Story'입니다.

> **✎ point**
> • 나만의 이야기를 써라.
> • 활동들의 일관성이 Story로 이어진다.
> • 내가 가고 싶은 학과와 연결할 스토리를 찾는다.

• 학생부에서 놓친 부분이 있다면 자기소개서에서 찾아보기 위해 일종의 소명 기회를 학생에게 주는 겁니다.

자기소개서 작성 준비

쓰는 시기·첨삭·금기 사항

Tip & Memo

- 고3 여름에 자기소개서를 쓴 학생들의 합격률은 정말로 낮습니다.

- 고2 겨울 방학 때부터 자기소개서를 쓰기 시작해야 합니다.

자기소개서 언제 쓰나

학생부종합전형에 지원하려는 상당수의 학생들이 처음으로 자기소개서를 쓰는 시기는 언제일까요? 바로 고3 여름 방학입니다. 고3에게 있어 이 시기는 마지막으로 집중 투자를 하는 절체절명의 중요한 때인데 학생들은 자기소개서를 쓰는 데 많은 시간을 투자하며 원서를 쓰는 9월까지 매일매일 자기소개서를 고쳐 쓰는 고행의 길을 걷게 됩니다.

과연 이렇게 짧은 기간에 탄생한 자기소개서의 수준이 만족스러울까요? 아닙니다. 이 시기에 자기소개서를 쓴 학생들의 합격률은 정말로 낮습니다.

학생부종합전형에 지원하기 위해서 자기소개서를 쓰고자 마음먹은 친구들은 고2 겨울 방학 때부터 자기소개서를 쓰기 시작해야 합니다. 겨울 방학 동안 학생부를 분석하고, 쓸 글감을 선택하고, 자기소개서의 초안을 써야 합니다.

이렇게 쓴 자기소개서의 초안을 담임선생님 혹은 진로진학 선생님께 보여 드리면 평가는 혹독할 겁니다. 그러나 이렇게 탄생한 초안은 이후 첨삭 과정을 거쳐 환골탈태를 하게 될 테니 미리 걱정할 필요는 없습니다.

첨삭을 받은 자기소개서를 수정하세요. 단, 한 달에 한 번 첨삭, 한 번 수정의 패턴을 잊지 마세요. 2학년 겨울 방학부터 3학년 여름 방학 전까지 적어도 6번 정도의 첨삭과 수정을 거쳐야 합니다. 이렇게 3학년 1학기 동안 변화된 자기소개서를 초안과 비교해 보세요. 완전히 새로운 자기소개서임을 알게 될 겁니다.

여름 방학이 시작되면 이제 막 자기소개서를 쓰는 친구들이 보일 겁니다. 그들이 머리를 싸매고 있을 때 미리 시작한 학생들은 이렇게 완성된 자기소개서를 살짝살짝 수정하기만 하면 됩니다.

첨삭하기

이때 중요한 점은 절대로 기존에 첨삭을 받았던 선생님 이외의 다른 선생님께는 보여 주지 않는 것입니다. 사람의 관점은 다양합니다. 여러분의 자기소개서를 보시는 선생님의 관점도 다양하겠죠. 혹시나 하는 마음에 그 자기소개서를 다른 분께 보여 드리게 되면, 자기소개서의 전면 수정이 이루어질 수도 있습니다.

여러분의 손에 있는 수정된 자기소개서는 거의 완성이 된 형태의 원고입니다. 여기서 어투나 단어들의 수정만 해야지 전반적인 이야기의 흐름을 바꾸게 된다면, 여러분이 그동안 해 온 노력들이 물거품이 된다는 사실을 잊지 마시기 바랍니다.

많은 친구들은 자신이 쓴 자기소개서를 친구들에게 보여 주는 경

Tip & Memo

- 한 달에 한 번 첨삭, 한 번 수정의 패턴을 잊지 마세요. 2학년 겨울 방학부터 3학년 여름 방학 전까지 적어도 6번 정도의 첨삭과 수정을 거쳐야 합니다.

- 이때 중요한 점은 절대로 기존에 첨삭을 받았던 선생님 이외의 다른 선생님께는 보여 주지 않는 것입니다.

Tip & Memo

• 친구들에게 보여 주는 순간 여러분의 자기소개서는 모방의 대상이 되어 여러분이 애써서 만든 표현들이 널리 공유가 된다는 사실을 잊지 마세요.

우가 있습니다. 자기들과 친하니까 조언을 해 줄 수 있을 거라는 생각에 자기소개서를 보여 주는 순간, 그 자기소개서의 참신성은 사라집니다. 최악의 경우 여러분의 자기소개서는 모방의 대상이 되어 여러분이 애써 만든 표현들이 널리 공유가 된다는 사실을 잊지 마세요.

0점 처리 항목

아래 항목은 기재하게 되면 0점 처리되니 자기소개서에 작성하지 않도록 주의해야 합니다.

공인어학성적
영어(TOEIC,TOEFL,TEPS), 프랑스어(DELF, DALF), 중국어(HSK), 일본어(JPT, JLPT), 러시아어(TORFL), 스페인어(DELE), 독일어(ZD,TESTDAF, DSH, DSD), 상공회의소 한자시험, 한자능력검정, 실용한자, 한자급수자격검정, YBM상무한검, 한자급수인증시험, 한자자격검정

수학/과학/외국어 교과에 대한 교외 수상 실적	
수학	한국수학올림피아드(KMO), 한국수학인증시험(KMC), 온라인 창의수학 경시대회, 도시대항 국제 수학토너먼트
과학	한국물리올림피아드(KPHO), 한국화학올림피아드(KCHO), 한국생물올림피아드(KBO), 한국천문올림피아드(KAO), 한국지구과학올림피아드(KESO), 한국뇌과학올림피아드, 전국정보과학올림피아드, 국제물리올림피아드, 국제지구과학올림피아드, 국제수학올림피아드, 국제생물올림피아드, 국제천문올림피아드, 한국중등과학올림피아드
외국어	전국 초중고 외국어(영어, 중국어, 일본어, 프랑스어, 독일어, 러시아어, 스페인어)경시대회, IET국제영어대회, IEWC 국제영어글쓰기대회, 글로벌 리더십 영어 경연대회, SIEFC전국영어말하기대회, 국제영어논술대회
위에서 열거된 항목 외에도 대회 명칭에 수학, 과학(물리/화학/생물/지구과학/천문), 외국어(영어 등) 교과명이 명시된 학교 외 각종 대회(경시대회, 올림피아드 등) 수상 실적을 작성했을 경우 0점(또는 불합격) 처리	
교외 수상 실적이란 학교 외 기관이 개최한 대회 수상 실적을 의미하며, 학교장의 참가 허락을 받은 교외 수상 실적이더라도 작성 시 0점(또는 불합격) 처리	

다음은 주의할 점입니다.

1. 수학/과학/외국어 대회에 단순히 참여한 사실을 언급하는 것은 0점 처리되지는 않습니다. 다만, 평가관들이 보는 화면에서는 블라인드 처리되어 평가 시 반영이 되지 않습니다. 중요한 것은 수상 실적인데, 점수는 절대로 기재해서는 안 됩니다.

2. 특기자 전형의 경우 자기소개서에서 교외 수상 실적 기재가 가능합니다.

3. 학교생활기록부 기재 금지 사항과 자기소개서 기재 금지 사항의 내용이 다릅니다. 학생부에는 교육청 산하 기관을 제외한 모든 교외 활동이 기재가 되지 않습니다. 하지만 자기소개서에는 위 표에서 열거된 내용만 기재 금지 사항입니다. 국어능력인증시험이나 문학상 등은 기재가 가능합니다. 다만, 학생부에 기록되지 않는 내용은 평가관들이 평가 대상에서 제외하는 경우가 많기 때문에 어떤 것이 유리한지 판단해 볼 필요는 있습니다.

- 학교생활기록부 기재 금지 사항과 자기소개서 기재 금지 사항의 내용이 다릅니다.
- 자기소개서에는 위 표에서 열거된 내용만 기재 금지 사항입니다.

4. 대학이 주최한 행사나 활동의 경우 학교생활기록부에는 기재가 되지 않습니다. 하지만, 수학/과학/영어의 교과명이 들어간 대회가 아닌 경우라면 자기소개서에는 기재 가능합니다. 자신이 지원하는 대학과 관련된 행사라면 대학에 대한 충성도를 보여줄 수 있는 항목이기도 합니다.

- 자신이 지원하는 대학과 관련된 행사라면 대학에 대한 충성도를 보여 줄 수 있는 항목이기도 합니다.

5. 자기소개서에 들어갈 내용이 기재 금지 사항인지 모를 경우 반드시 해당 대학의 입학처에 문의하도록 합니다. 이것이 가장 정확합니다.

학업에 기울인 노력과 학습 경험

자기소개서
2.03

Tip & Memo

고등학교 재학기간 중 학업에 기울인 노력과 학습 경험에 대해서 자유롭게 기술하시오.
(1000자 이내)

자기소개서 1번은 학업과 학습 경험에 관한 항목입니다. 이 항목을 통해서 평가관은 지원 학생의 학업에 대한 목표 의식과 노력을 평가하며, 나아가 학업 역량과 전공 적합성까지 고려하는 중요한 항목입니다.

고등학교 재학기간 중	고등학교 기간 중 노력

1번 항목은 "고등학교 재학기간 중"이라는 문구가 있습니다. 간혹 학생들이 쓴 자기소개서를 보면, 중학교 심지어 초등학교 때의 내용을 적은 학생들이 있습니다. 쓰는 것 자체는 감점의 대상이 아니나, 마찬가지로 평가의 대상도 아닙니다. 고등학교 재학기간 동안에 자신이 한 학습 경험과 노력을 써야 합니다.

학업에 기울인	결과 《 과정 구체적 계획, 실천, 자기 주도적 학습

"학업에 기울인"이란 말은 자신의 학업 역량을 키우기 위해서 한 활동의 구체적인 계획에서부터 실천과 자기 주도적인 면을 의미합니다. 단순한 결과나 학생부에 기재된 내용의 단순 서술보다는 그 결과를 얻기 위한 과정을 써 주어야 합니다. 물론 그 과정은 자신이 지원한 학과나 진로와 연관된 내용이면 더욱 좋겠죠.

노력과 학습 경험	에피소드 중심의 구체적 표현

"노력과 학습 경험"은 말 그대로 자신의 경험을 쓰라는 겁니다. 즉, 에피소드 중심의 구체적인 내용으로 접근하세요.

배우고 느낀 점	노력을 통해 얻은 성장

Tip & Memo

• 중학교 심지어 초등학교 때의 내용을 적은 학생들이 있습니다. 쓰는 것 자체는 감점의 대상이 아니나, 마찬가지로 평가의 대상도 아닙니다.

• 단순 서술보다는 그 결과를 얻기 위한 과정을 써 주어야 합니다.

마지막으로 "배우고 느낀 점"을 써야 하는데, 학생들이 가장 어려
워하는 부분으로 많은 비중을 차지함에도 불구하고 실제로는 1~2
줄에 걸쳐 기술하는 데 그치고 맙니다. 그야말로 "느낀 점"만 쓰는
경우가 많습니다.

대학이 요구하는 건 단순한 느낌이 아니라, 자신이 성장하고 나아
진 점을 쓰라는 것이죠. 자신이 이러이러한 활동을 통해서 학업 역
량이 늘었고, 이로 인해 이전과는 다르게 성장했음을 기록하라는
겁니다.

항목에 기술해야 하는 사항

학업 ≠ 성적

❶ 자신만의 내신 관리 스토리
❷ 1등급 유지 과목 비결
❸ 교과 동아리 등을 활용한 성적 상승
❹ 교내 대회(교과 관련) 준비 과정
❺ 수행평가 준비 과정
❻ 독서를 통한 지적 호기심 발현

두 가지 에피소드 : 성적 + 지적 호기심

1000자 이내로 되어 있지만, 군이 하나의 내용으로 1000자를 채
우지는 않고 보통, 두 가지의 에피소드를 많이 합니다. 하나의 사례
를 가지고 1000자를 채우기도 힘들지만 하나의 활동이 자신에게
미친 영향력이 어마어마해서 쓸 내용이 많다면 모를까, 내용이 늘
어지기 쉽고 미사여구가 들어가서 지루한 글이 될 수 있습니다.

에피소드 2개, 각 500자씩 배분하는 것이 가장 이상적입니다만 물

론 1개의 에피소드를 구체적으로 쓰는 것도 나쁘지 않습니다.

성적 상승	: 공부법, 성적 ↑
＋	
지적 호기심	: 교내 대회, 독서, 보고서

보통 성적 관련 에피소드는 써 주는 것이 좋습니다. 무엇보다도 성
적이야말로 자신의 학업 역량을 드러내는 객관적인 지표이기 때문
입니다.

성적 부진의 원인을 분석하고 자신만의 공부법을 통한 극복 과정
을 쓰는 겁니다. 성적 상승 에피소드나 자신만의 공부법을 하나 정
도 써 주고, 나머지 에피소드로는 지적 호기심을 드러내는, 예를 들
어 교과 관련 교내 대회나 보고서 대회, 혹은 독서활동에 대한 내용
으로 채우면 균형 있는 1번 항목이 될 것입니다.

• 성적 관련 에피소드는 써 주는 것이 좋습니다. 무엇보다도 성적이야말로 자신의 학업 역량을 드러내는 객관적인 지표이기 때문입니다.

자기소개서 항목1 분석	
형식	• 두 가지 에피소드로 구분 • 성적 관련 + 비교과 활동 • 소제목 붙여 500자씩 • 하나의 에피소드를 구체적으로 써도 OK
내용	• 지적 호기심을 느낀 동기 • 학업 능력 향상을 위한 구체적 노력 • 느끼고 배운 점(교훈 or 성장 포인트)
Point	• 고등학교 재학기간 중심 • 학업에 기울인 노력과 학습 경험 • 전공이나 관심 분야와 관련한 다양한 경험

Tip & Memo

자기소개서 항목 1 예시

준비가 자신감을 만들다

저에게는 영어와 관련된 트라우마가 있습니다. 영어라면 누구보다 자신 있다고 할 정도로 우수한 성적을 가지고 있지만, 외국인 앞에만 서면 저는 꿀 먹은 쥐가 된 것처럼 한마디도 하지 못했습니다. 학원이나 회화 동아리에 다녀도 이러한 상황은 나아지지 않았습니다. 그러던 중, 영어 수행평가로 '외국인 만나기'가 주어졌습니다. 저에게는 발등의 불이었기에, 같은 조들의 친구들과 머리를 맞대어 고민하기 시작했습니다. 그러던 중, TV에서 나오는 맛집 프로그램을 보고, 이거다 싶었습니다. 저희 학교는 대학교 근처에 있고, 외국인 학생들이 많지만, 그들이 먹을 만한 음식점에 대한 정보가 부족하다는 것을 친구의 언니를 통해서 알게 되었습니다. 그래서 저희는 학교 근처 맛집에 대한 품평을 영어로 쓰고, 그 내용을 페이스북을 통해서 학교 외국인과 공유하기로 했습니다. 페이스북의 방문자 수는 제자리이고, 과제는 실패로 끝나는 것 같았습니다. 하지만, 저는 외국인들과 소통할 기회를 놓칠 수 없었고, 친구들에게 근처 대학의 외국인 학생들에게 다가가자고 설득했습니다. 1주일 동안 외국인 기숙사 앞에서 저희가 만든 맛집 품평이 적힌 팸플릿을 나눠 주었고, 생각보다 많은 외국인들이 저희의 활동에 큰 호응을 보여 주었습니다. 이러한 과정을 통해서 품평을 올려 놓은 페이스북의 '좋아요'는 상승했고, 기숙사에 있는 외국인들에게 어느새 유명한 페이지가 되어 있었고 저희의 수행평가는 성공적으로 마무리가 되었습니다. 이로 인해 저는 영어 회화에서 가장 중요한 것은 자신감이라는 기본적인 사실을 깨닫게 되었습니다. 특히 자신이 하고 싶은 말을 미리 정해 두고 이것을 가지고 외국인에게 다가가면 좀 더 호응을 얻을 수 있다는 것을 알았습니다. 그래서 저는 외국인을 만나기 전에 먼저 이야기할 것을 정리하고, 그들에게 먼저 다가가서 트라우마 같았던 회화 공포증을 어느 정도 줄일 수 있었습니다.

자기소개서 항목 1 예시 분석

학업에 기울인 노력과 학습 경험 70%
동기 – 영어에 대한 두려움 극복
목표 – 영어 의사소통 능력 및 자신감 향상
과정 – 과제 : 영어 수행평가 과제로 외국인 만나기
　　　　방법 : 페이스북에 학교 근처 맛집에 대한 품평 및 음식평 영어로 쓰기
　　　　　　　 외국인들에게 영어 음식평 나눠 주기
　　　　위기 : 영어로 표현이 어렵고, 외국인들에게 다가가기 어려움
　　　　극복 과정 : 근처 대학교 외국인 기숙사에서 음식평 배포
결과 – 페이스북에 '좋아요' 상승 및 영어 자신감 향상
배우고 느낀 점 30%

위 자기소개서 예시에서 학생은 일반적인 성적 상승 방법이 아닌 수행평가에 제시된 활동을 통해서 자신의 약점인 영어 회화에 대한 자신감을 향상시킨 에피소드를 이용하고 있습니다.

영어에 대한 두려움을 '외국인 만나기'라는 수행평가에서 '맛집 품평'이라는 창의적인 아이디어로 승화시키고, 이를 통해서 '자신감 상승'이라는 결과를 얻어 내는 과정을 [동기-과정-결과-배우고 느낀 점]이라는 기본적인 공식대로 풀어내고 있습니다.

다만, 배우고 느낀 점이 30% 정도밖에 되지 않는 점은 아쉬웠습니다. 그러나 많은 학생들이 이 정도도 못 쓰는 경우가 많습니다. 자기소개서를 쓰는 학생들이 배우고 느낀 점의 분량을 어떻게 해야 할지 고민해 볼 만한 항목입니다.

point

• 교과 성적은 기본이나 그것만으로는 곤란하다.
• 교과 성적을 교내 활동과 연결하라.
• 교과 성적 향상 노력 → 교내 활동을 통한 해결 모색 → 교과 성적 향상
• 교과 성적과 교내 활동의 순환 과정이 중요하다.

교내 활동

Tip & Memo

• 이 항목이야말로 자기소개서의 꽃이라고 할 수 있는 영역입니다.

고등학교 재학기간 중 본인이 의미를 두고 노력했던 교내 활동을 3개 이내로 기술하고, 이를 통해 배우고 느낀 점을 기술해 주시기 바랍니다. 단, 교외 활동 중 학교장의 허락을 받고 참여한 활동은 포함됩니다. (1500자 이내)

자기소개서 2번은 학생이 지원한 학과나 하고 싶은 일을 위해서 고등학교 재학기간 중에 행한 준비 과정과 다양한 경험을 확인하기 위한 항목입니다. 2번 항목이야말로 자기소개서의 꽃이라고 할 수 있는 영역입니다. 그래서 분량 또한 다른 항목에 비해 훨씬 많은 1500자가 할당되어 있습니다.

| 본인이 | 본인이 스스로 판단하고 활동 |

보는 것처럼 2번 항목은 "본인이"라는 문구가 있습니다. 이 문구가 들어간 이유는 간단합니다. 학생 스스로가 판단하고 활동한 내용을 적으라는 거죠. 한 활동에 대한 동기가 중요하고, 그 동기는 자신이 선택한 내용을 적어야 하는 겁니다.

Tip&Memo

의미를 두고 노력했던	활용의 이유 ➡ 지원 학과와 관련

"의미를 두고 노력했던"이란 말은 한마디로 왜 그런 활동을 했느냐를 물어보는 겁니다. 자기소개서에 쓸 정도로 중요한 활동을 어떠한 이유로 했느냐를 묻는데, 이건 바로 "전공 적합성"과 관련이 깊습니다. 자신의 진로와 진학할 학과의 전공에 대한 학생의 이해와 적합성을 표현하는 활동을 선택해야 합니다. 따라서 자신의 전공과 관련된 활동이어야 한다는 결론이 나옵니다.

물론, 활동의 내용 자체가 관련된 차별적인 내용을 갖춘 활동이면 좋겠지만, 그렇지 않더라도 결과나 과정 중에 전공과 관련된 내용이 있다면 OK입니다.

예를 들어, 경영학과에 가고 싶어 하는 친구들은 마케팅 동아리나 경제 경시대회 같은 활동을 우선 생각합니다. 하지만, 아프리카 난민을 돕는 바자회와 관련된 봉사활동을 하던 중, 바자회 홍보와 운영에 대한 마케팅과 세일즈 기법을 고안해 내고, 이로 인해 성공적인 기금을 마련한 내용이라면 경영과 관련된 전공 적합성을 보여주는 좋은 활동이 될 수 있습니다.

• 자신의 진로와 진학할 학과의 전공에 대한 학생의 이해와 적합성을 표현하는 활동을 선택해야 합니다.

175

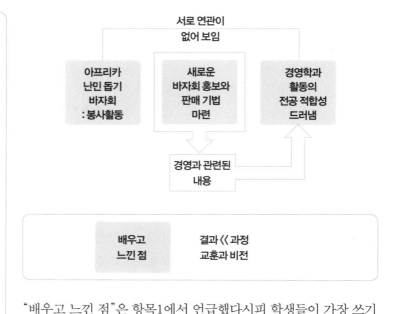

"배우고 느낀 점"은 항목1에서 언급했다시피 학생들이 가장 쓰기 어려운 부분입니다. 50%정도를 분량으로 채우는 것이 이상적이라고 하지만, 30%를 쓰는 것도 힘들어 합니다. 활동 보고서의 중요성이 여기서 드러나는 겁니다. 활동을 마친 후에는 반드시 활동 보고서를 작성해 놓으세요. 그 보고서에 적힌 느끼고 배운 점을 활용하면, 좋은 내용이 나오게 됩니다.

"3개 이내로"라는 말은 활동 3개를 기록하라는 것이 아닙니다. 분량 자체가 1500자이므로 3개의 활동을 쓴다면 500자 정도의 분량이 나오는데, 이럴 경우 자신의 다양한 활동은 어필할 수 있지만, 풍부한 내용을 표현하기에는 적은 분량이 됩니다. 따라서 2개의

• 활동을 마친 후에는 반드시 활동 보고서를 작성해 놓으세요.

• 2개의 에피소드를 이용하는 것도 하나의 전략이 될 수 있습니다.

에피소드를 이용하는 것도 하나의 전략이 될 수 있습니다.

항목에 기술되어야 하는 사항

전공 적합성 드러내기

자기소개서 2번은 "교내 활동을 통한 전공 적합성 드러내기"가 핵심입니다. 따라서 자신이 가지고 있는 전공에 대한 '열정', '활동에 대한 일관성', '리더십'이 표현되어야 합니다.

'열정'은 활동의 동기와 과정 속에서 드러납니다. 단순히 스펙 쌓기용 활동일지라도 활동 참여에 대한 순수함을 드러내야 합니다. 그것은 주로 동기가 결정합니다.

'일관성'은 열거되는 2~3가지 활동이 하나의 줄기를 향하고 있음을 의미합니다. 각기 다른 활동이지만, '전공'과 '진로'라는 목적을 가지고 참여한 활동이며, 그 활동들을 통해서 느끼고 배운 점이 하나의 방향을 향하고 있음이 드러나야 합니다. 활동 자체에 대한 표현에 치우친 나머지 전공과의 연결성이 부족한 활동들에 대한 기재는 일관성을 해칠 수 있음을 명심하세요.

'리더십'은 동아리의 경우 자신이 동아리장이 아니더라도, 그 안에서 벌어지는 프로젝트나 활동들을 제안하고 주도한다면, 얼마든지 드러낼 수 있습니다.

• 단순히 스펙 쌓기용 활동일지라도 활동 참여에 대한 순수함을 드러내야 합니다.

• 활동 자체에 대한 표현에 치우친 나머지 전공과의 연결성이 부족한 활동들에 대한 기재는 일관성을 해칠 수 있음을 명심하세요.

시간 순서 무의미! 우수한 순서 OK!

항목2에서는 2~3가지 활동이 기재됩니다. 많은 학생들이 착각하는 것이 바로 순서입니다. 대부분의 학생들은 시간순으로 활동을 적는데 절대로 그러면 안 됩니다. 평가관들은 수많은 자기소개서를 보기 때문에, 자기소개서의 뒷부분보다는 앞부분을 통해서 지원 학생을 평가할 확률이 높습니다. 중요도나 우수성이 높은 활동 순으로 활동 내용을 써야 합니다.

학생부의 단순 나열 NO!

항목2는 교내 활동에 대한 내용이므로 활동 자체에 대한 설명에 많은 분량을 할애할 가능성이 높습니다. 자기소개서에서 구체적인 에피소드를 활용한 '활동의 과정' 자체는 중요합니다.

하지만 이에 필적할 정도로 중요한 것은 '활동을 통해 느끼고 배운 점'입니다. 활동에 대한 설명은 학생부에 어느 정도 기재가 되어 있고, 활동명만 봐도 평가관들은 어느 정도 그 내용을 알 수 있습니다. 하지만, 배우고 느낀 점의 경우 학생이 언급하지 않으면 절대로 알 수 없는 내용들입니다.

잊지 마세요. 평가관들이 알고 싶은 건 활동에 대한 설명이 아니라 바로 '여러분'입니다.

자기소개서 항목2 분석	
형식	- 보통 3가지 사례로 구성 - 소제목 붙여 500자씩 - 사례당 글자수 늘려 2가지도 OK - 700~800자로 구성
내용	- 교내 활동 : 지원 학과나 진로와의 연관성 - 차별성이 있으면서도, 활동의 의미 충분히 표현 - 구체적인 사례 통해서 열정, 일관성, 리더십 표현 - 활동 자체보다 활동의 과정 속에서 전공과의 연계성 찾아 표현
Point	- 고등학교 재학기간 중심 - 우수하고 중요한 순서로 배열 - 전공이나 관심 분야와 관련된 다양한 경험

자기소개서 항목 2 예시

맨땅에 헤딩, 영어 뮤지컬

영미문화를 더 알고자 하는 호기심과 평소 공연에 대한 애정이 영어 뮤지컬 동아리 "Hair Spray"에 가입하게 되는 계기로 이어졌습니다. 교내 최초 영어 뮤지컬 동아리이기에 좋은 발판을 마련하고자 단원들과 여기저기 뛰어다니며 무대 설치라든가 대본 완성 등의 도움을 얻었습니다. 대본에서부터 무대 구성, 분장에 이르는 모든 것이 처음이었기에 시행착오도 많이 겪었습니다. 무대 구성에 있어서 구성원들 간의 의견 불일치가 있었는데, 이로 인해 감정이 격해 있을 때 저는 갑자기 피아노를 치기 시작하며 'You can't stop the beat'를 불렀습니다. 감정이 상해 있던 친구들이 하나둘씩 노래를 부르기 시작하더니 결국에는 다같이 부르며 눈물을 흘리고 있었습니다 …(중략)… 막이 내리는 순간 해냈다라는 생각에 벅차 흐르는 뜨거운 눈물을 느낄 수가 있었습니다. 이후 저희 뮤지컬은 학교를 대표하는 행사로 자리매김할 수 있었고, 강서 영어 도서관으로 공연 초청을 받기도 했습니다. 공연과 같은 구성원의 소통이 중요한 활동에서는 자신의 의견을 내세우기보다는 서로의 의견을 조율하고 더 나은 방법을 찾는 것이 얼마나 중요한지를 알게 되었습니다. 더불어 무언가를 시작한다는 것은 얼마나 많은 준비 과정이 필요하고 철저한 계획과 돌발 상황에 대한 대처가 필요한 것인지 알게 되었고, 무엇보다 중요한 것은 한 번 해보자는 도전 정신이다라는 걸 깨닫게 되었습니다. 미국 브로드웨이와 영국의 웨스트엔드에서 뮤지컬을 만들겠다는 저의 꿈을 위한 소중한 시간이었습니다.

자기소개서 항목 2 예시 분석

전공/진로와 관련된 교내 활동 60%
동기 – 영미 문화에 대한 호기심과 공연에 대한 애정
목표 – 영어 뮤지컬로 영어적 감수성 획득
과정 – 과정 : 무대 구성, 분장, 대본 완성 등 모든 과정을 준비
　　　　위기 : 갖은 시행착오, 부원들의 감정 싸움
　　　　극복 과정 : You can't stop the beat라는 노래를 통한 단합+해보자는 의욕 상승
결과 – 무사히 공연을 마무리, 학교의 대표 행사로 자리매김함
배우고 느낀 점 40%
　　　　철저한 준비와 돌발 상황에 대한 대처의 중요성
　　　　가장 중요한 것은 도전 정신

위 자기소개서 예시에서 학생은 영어 뮤지컬이라는 활동을 통해서 영어에 대한 호기심을 드러내고 있으며, 구성원들의 갈등 상황을 노래를 통해서 극복하는 참신한 면을 보여 주고 있습니다. 이를 통

해 구성원들 간의 소통과 철저한 계획과 도전 정신의 중요성을 깨달았다라는 느낀 점을 표현한 부분도 분량과 내용 모두 좋은 자기소개서입니다.

point

- 전공 적합성을 드러내라.
- 중요도 순으로 배열하라.
- 느끼고 배운 점이 중요하다.
- 단순 나열식이 아닌 구체적 에피소드를 이용한다.

항목별 포인트 3번 문항

배려, 나눔, 협력, 갈등 관리

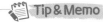

Tip & Memo

학교생활 중 배려, 나눔, 협력, 갈등 관리 등을 실천한 사례를 들고 그 과정을 통해 배우고 느낀 점을 구체적으로 기술해 주시기 바랍니다. (1000자 이내)

자기소개서 3번은 학생의 인성에 대한 이야기를 하는 부분입니다. 배려, 나눔, 협력, 갈등 관리라는 4개의 항목으로 나눠서 학생의 인성 부분을 묻고 있습니다. 학교생활이라고 되어 있지만, 교외 활동도 가능합니다. (물론 교외 수상은 언급해서는 안 됩니다.) 교외 봉사활동뿐만 아니라, 교외 활동의 준비 과정에서 벌어지는 협력과 갈등 관리를 소재로 삼아도 됩니다.

보통 자기소개서 3번은 봉사활동과 리더십의 내용을 소재로 많이 사용합니다. 봉사활동은 배려와 나눔을 보여 주는 데 적합하며, 리더십은 협력과 갈등 관리를 보여 주는 데 적절합니다.

• 교외 봉사활동뿐만 아니라, 교외 활동의 준비 과정에서 벌어지는 협력과 갈등 관리를 소재로 삼아도 됩니다.

봉사활동	리더십
나눔 + 배려	**협력 + 갈등 관리**

학교생활 중	**소속된 공동체에서의 사회성 판단**

보는 것처럼 3번 항목은 "학교생활 중"이라는 문구가 있습니다. 다른 항목과는 다르게 "고교 재학 중"이 아닌 "학교생활"이라고 말하고 있습니다. 이 말은 '고등학교 시절'이 아닌 다른 시절의 이야기도 괜찮다는 이야기입니다. 하지만 시기적으로 가장 가까운 고등학교 재학 중의 이야기를 써 주는 것이 전략적으로 좋습니다.

또한 "학교생활 중"의 다른 의미로는 "공동체에서의 사회성"을 판단하겠다는 대학의 평가 기준이 나타납니다. 이 항목에서 대학은 지원 학생의 사회성과 공공성을 측정하겠다는 겁니다. 사회 속 개인으로서 가져야 하는 기본 양식인 올바른 인성을 보고 싶다는 대학의 의지를 보여 주는 문구입니다.

• 시기적으로 가장 가까운 고등학교 재학 중의 이야기를 써 주는 것이 전략적으로 좋습니다.

배려, 나눔 협력, 갈등 관리	**친구들과의 마찰/갈등에 대한 해결 과정 & 교훈**

"배려, 나눔, 협력, 갈등 관리"는 공동체 속 구성원으로서 동료들과의 마찰이나 갈등의 해결 과정과 그 속에서 자신이 성장점을 물어

보는 문구입니다. 보통 이 4가지 역량을 다 표현해 주는 것이 좋습니다.

그리고 [배려+나눔]+[협력+갈등 관리]라는 2+2 전략으로 내용을 구성하는 것이 일반적입니다. 특히 [협력+갈등 관리] 영역은 학생의 리더십을 보여 줄 수 있는 항목이기도 합니다.

실천한 사례	에피소드 중심의 구체적 표현

"실천한 사례"라는 말 그대로 구체적인 에피소드를 통해서 지원자 본인이 가지고 있는 인성을 표현하라는 의미입니다. 다른 항목과 마찬가지로 에피소드 중심의 이야기를 펼쳐야 합니다. 지어낸 이야기가 아니라 자신이 실제로 겪은 이야기를 써야 진정성이 느껴지고, 자신의 인성을 잘 표현할 수 있습니다.

배우고 느낀 점	교훈과 비전

"배우고 느낀 점"은 다른 항목들과 마찬가지로 학생의 [성장]을 물어보는 것입니다. 이러한 에피소드를 겪고 난 후 자신의 변화된 모습을 기재하고, 이로 인해 자신이 어떻게 성장했는지 표현해야 합니다.

항목에 기술되어야 하는 사항

일회성 활동보다 지속적 활동을

보통 자기소개서 3번은 봉사활동에 대한 내용을 위주로 작성합니다. 봉사활동이야말로 '나눔과 배려'를 표현하는 좋은 활동입니다. 하지만 이것도 일관되고 지속적인 활동이라야 의미가 있습니다. 일회성 봉사활동으로도 멋진 글은 가능합니다. 하지만, 이후 활동이 학생부 등에서 이어지지 않았다면, 이 학생이 항목3에서 기재한 내용은 진정성을 인정받기가 힘듭니다.

• 학생부와 연계되지 않은 일회성봉사활동이라면 진정성을 인정받기힘듭니다.

자그마한 사건 활용

나눔과 배려라는 것은 거창한 것이 아닙니다. 조금만 관심을 기울이면 우리의 손길이 필요한 곳이 많습니다. 이런 것에 집중하세요. 남들이 다하는 이야기는 매력이 없습니다. Story를 만들 수 있는 것을 찾아야 합니다.

굳이 반에 없는 왕따를 만들지 마세요. 전국의 왕따는 자기소개서를 쓰는 학생들이 해결한다는 우스개 소리가 있습니다. 그보다는 여러분의 주변을 돌아보세요. 여러분의 손길이 필요한 곳은 반드시 있습니다.

• 굳이 없는 갈등이나 얘기 지어내지 마세요.

재능 기부

자기소개서 3번은 학생의 인성을 표현하는 항목입니다. 하지만 3번 항목을 통해서 자신이 가지고 있는 학업 역량과 전공 적합성을 표현할 수도 있습니다. 그것이 바로 재능 기부입니다. 영어 번역 봉사나 편지 번역 봉사, 멘토링 활동, 초등학교 도우미 등의 활동은 해당 분야의 자신의 역량을 표현할 수 있는 좋은 사례입니다.

재능 기부 ➡ 인성+학업 역량

환경미화와 체육대회는 그만!

갈등 관리의 소재로 많이 등장하는 것이 환경미화와 체육대회입니다. 이 소재가 나올 때마다 내용 전개는 식상하며, 평가관은 고개를 흔들게 됩니다. 전공과 관련된 수행평가나 공동 과제에 대한 이야기를 써 보세요. 은연중 자신의 역량을 드러내는 기회가 됩니다.

환경미화
체육대회 ❮ 수행평가
공동 과제

없는 갈등보다 협력이 차라리 낫다!

많은 학생들이 자신들의 리더십을 표현하기 위해서 갈등 관리를 사용합니다. 사람이 모인 곳에 갈등이 없을 리가 없지만, 굳이 없는 갈등을 만들지 마세요. 갈등 없이 협력만으로 과제나 활동을 성공적으로 이끈다면 그것으로 족합니다. 협력의 우수 사례를 표현하는 것도 차별화시킬 수 있는 방법입니다.

자기소개서 항목3 분석	
형식	- 보통 2가지 사례로 각 500자로 구성 - 봉사활동[배려+나눔]+리더십[협력+갈등 관리] - 소제목 붙이기

Tip & Memo

• 전공과 관련된 수행평가나 공동 과제에 대한 이야기를 써 보세요.

• 협력의 우수 사례를 표현하는 것도 차별화시킬 수 있는 방법이라는 것을 잊지 마세요.

내용	– 교내 활동과 교외 활동 모두 OK – 자신과 직접적인 활동 위주로 기재 – 사소하지만 자발적인 봉사활동 – 스스로 고민하고 이를 극복하려고 노력한 활동 – 해결이 목적이 아니라 그 과정과 성장이 중요
Point	– 구체적인 사례 중심 – 〈봉사활동+리더십〉으로 구성 – 재능 기부는 전공 적합성/학업 역량과도 관련

자기소개서 항목 3 예시

…(중략)… 국가와 학교, 선생님, 그리고 기업으로부터 후원을 받고 있는 저는 제 미래를 그려 보며 그 꿈을 이루기 위해 노력하고 있었기에 저도 누군가에게 꿈을 그리게 만들고 싶었습니다. 제가 할 수 있는 일이 무엇일까 궁리하다가 저소득층 아동 교육 봉사 동아리 '멘토스'에 가입하여 활동하게 되었습니다. 매주 'OOO 아동센터'에서 멘토링 활동을 하던 중 구의 겉넓이 공식을 질문한 은정이(초6)에게 중학교 때 귤껍질을 이용하여 구의 겉넓이 공식을 배웠던 기억을 떠올리며 귤 대신 종이공을 만들어 공식을 가르쳐 주었습니다. 은정이는 구의 개념을 충분히 이해하여 축구공부터 지구본에 이르기까지 다양한 사례에 적용하기도 하며 즐거워하였습니다. 저는 또 센터를 방문할 때마다 과학반 활동 내용을 설명하였습니다. 특히 자율 동아리 '워너비' 활동 중 만든 'DNA 자외선 팔찌'를 아이들이 가장 좋아하였고 아이들에게 팔찌를 통해 자외선이 어디에나 존재한다는 사실을 설명해 주면서 과학은 생활이고, 우리의 실생활에 가장 밀접한 학문이라는 것을 느끼게 해 주었습니다. 경제적, 사회적으로 소외된 아동들의 학습 도우미 역할을 했던 교육 봉사활동은 저도 누군가에게 힘이 될 수 있다는 것을 느끼게 해 준 소중한 경험이었습니다.

자기소개서 항목 3 예시 분석

위 학생은 자신이 받은 도움을 다른 사람에게도 베풀기 위해서 교육봉사활동을 했습니다. 일종의 재능 기부로 이는 자신의 전공 적합성을 드러내는 활동이 됩니다. (이 학생은 사범대로 진학하였습니다.) 또한 과학반 활동까지 언급함으로써 봉사활동과 관련된 내용이지만, 학업 역량과 전공 적합성까지 드러내고 있습니다.

• 자신의 과학반 활동까지 언급함으로써 봉사활동과 관련 내용이지만, 학업 역량과 전공 적합성까지 드러내고 있습니다.

자율 항목
: 지원 동기·학업 계획·독서활동

자기소개서 4번은 대학별 자율 문항입니다. 크게 지원 동기&학업 계획 및 독서활동의 두 가지로 나눌 수 있습니다.

지원 동기&학업 계획

대부분의 대학이 묻는 질문입니다. 이 항목을 통해서 대학은 지원 학생에게 전공과 학교에 대한 진정성과 전공에 대한 '열정'을 확인 하게 됩니다.

지원하는 학교와 학과에 대한 면밀한 조사가 필요합니다. 대학과 학과가 진행하는 특별 프로그램은 무엇이며, 진학 후 어떠한 과정 을 중점적으로 듣고, 자신의 진로를 위해서 어떠한 노력을 할 것인 지 고민을 해야 합니다. 이러한 과정이 없다면, 공허한 계획과 학교 에 대한 미사여구만 남발하게 되겠지요.

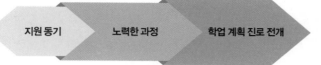

지원 동기 → 노력한 과정 → 학업 계획 진로 전개

지원 동기

보통 학과에 대한 지원 동기는 주변의 권유, 교과목 수업, 자신의 경험, 독서 등을 통해 이야기합니다. 자신이 지원한 동기와 열정을 보여 주기만 한다면, 어떠한 동기든 상관없습니다.

지원 동기의 경우 자신의 꿈을 이루기 위한 노력 과정을 언급합니다. 이 경우 앞서 기술한 1~3번 항목과는 겹치지 않도록 주의해야 합니다.

물론 일부 활동에 대해서 소재가 같을 수는 있지만, 그 기술 방법이나 방향은 서로 달라야 하겠죠. 아니면 앞에서 언급한 내용을 반복해서 언급하게 되니 좋은 평가를 받기 어렵습니다.

• 지원 동기는 1~3번 항목과는 겹치지 않도록 주의해야합니다.

학업 계획

진학 후 학업 계획의 경우 면밀한 조사가 필요합니다. 진학할 학교의 특별 프로그램은 무엇이며, 자신의 진로와 연계가 되는지도 살펴봐야 합니다. 그리고 지원 학과의 수업은 무엇이 있고, 자신의 진로를 위해서 좀 더 관심을 가져야 하는 것까지 미리 확인해 보는 것은 기본입니다.

대학이 학업 계획을 물어보는 건 단순히 어떠한 수업을 들을 건지 궁금해서가 아닙니다. 지원 학과에 대한 고민과 '미래 계획'을 알고 싶은 것입니다.

가장 중요한 것은 학업 계획과 진로 계획에 있어 일관된 흐름입니다. 가장 많이 언급하게 되는 외국어 학습의 경우 그러한 활동이 왜 자신의 전공과 진로에 있어 필요한지 밝혀야 합니다. 무턱대고 영어를 배우겠다라는 건 너무 성의가 없어 보인다는 사실을 명심해야 합니다.

학업 계획 1 → 학업 계획 2 → 학업 계획 3 → 일관성 & 구체성 → 자신의 꿈 실현

자신의 학업 계획은 결국 꿈을 이루기 위한 과정입니다. 1학년에 토익 900점을 넘고, 2학년에는 교환 학생을 가서 해당 외국어를 마스터하겠다라는 계획을 쓰더라도 그런 활동이 자신에게 왜 필요한지 언급을 해야 합니다. 미래의 자신의 가치를 올려 줄 수 있는 구체적인 계획을 짜는 것이 중요합니다.

자기소개서 4번 항목 - 지원 동기 및 학업 계획 예시

저에게 필요한 것은 뮤지컬의 바탕이 되는 '영미 문화에 대한 깊은 이해와 영어의 두터운 지식'입니다. 하지만, 영어의 실용적인 부분과 문화 예술적인 부분을 골고루 배우는 학교를 찾기란 쉽지 않았습니다. 경희대학교 영미문화과의 교육 과정은 그런 저에게 충격을 주었습니다. 영어와 공연, 두 마리의 토끼를 잡을 수 있는 제게 있어 최고의 학과라고 생각해 망설임 없이 지원하였습니다.

정말 모든 전공 교과목명이 저의 가슴을 두근거리게 했지만, 그중에서 '한영통번역연습'이 눈에 띄었습니다. 사촌 오빠 대신 방학 동안 말레이시아 관광객 통역 가이드를 한 경험이 있는데, 실력이 부족하기에 많은 추억을 만드는 데 한계가 있었습니다. 언젠가는 제대로 수업을 들어 보고 싶었습니다. 경희대학교 영미문화과에서 배운 전공으로 앞으로도 통역 가이드를 하며 언어를 통해 저만의 문화 경계선을 점점 더 넓혀 가고 싶습니다.

또한 '연극영화과'의 수업도 참여하여 영어뿐만 아니라, 극에 대한 이해도 높이고 싶습니다. 학과에서 성실하게 공부한 후, 4학년 때에는 미국으로 가서 교환 학생으로 활동하며, 해외 공연 현장에서 필요한 영어와 실무 능력을 키울 것입니다. 졸업 후에는 미국 브로드웨이 프로듀서 전문 기관 CTI에서 연수를 이수할 계획입니다.

저의 꿈은 저의 세계를 무대를 통해서 많은 사람들에게 보여 주며, 함께 나누고 울고 웃는 것입니다. 언어를 배우고 문화를 이해하여 최고의 명작 뮤지컬을 탄생시켜 미국과 영국, 우리나라에서 공연계의 독보적인 글로벌 여성 리더가 되는 것입니다.

위 학생은 공연 기획이라는 자신의 뚜렷한 진로 계획을 영어라는 도구를 이용하여 표현하고 있습니다. 학생 개인의 경험(통번역)을 전공과 연계하고 있으며, 자신이 대학에 진학해서 무엇을 공부할지와 이후 진로 계획을 명확하게 명시하고 있습니다.

• 학생 개인의 경험과 연계하며 진학 후의 공부와 진로 계획까지 명시하고 있습니다.

독서활동

서울대가 물어보는 4번 항목입니다. 읽게 된 계기, 책에 대한 평가, 자신에게 끼친 영향을 중심으로 기술해야 합니다.

고등학교 재학기간 (또는 최근 3년간) 읽었던 책 중 자신에게 가장 큰 영향을 준 책을 3권 이내로 선정하고 그 이유를 기술하여 주십시오.
▶ '선정 이유'는 각 도서별로 띄어쓰기를 포함하여 500자 이내로 작성
▶ '선정 이유'는 단순한 내용 요약이나 감상이 아니라, 읽게 된 계기, 책에 대한 평가, 자신에게 준 영향을 중심으로 기술

선정 도서		선정 이유
도서명		
저자/역자		
출판사		
도서명		
저자/역자		
출판사		
도서명		
저자/역자		
출판사		

3권을 다 적자

3권 이내로 선정하라고 하고 있지만, 3권 모두를 적어내야 합니다. 1~2권으로는 역량을 드러낼 수 있는 부분이 적습니다. 각 도서별 500자이기 때문에 다른 항목처럼 책 종류에 따른 글자수 안배도 필요 없습니다.

전공 연계 2권 + 자신의 열정 1권

3권의 책 중 자신의 선택 전공과 관련된 책 2권을 소개하는 것이 좋습니다. 자신의 지적 호기심을 보여 줄 수 있고, 전공 적합성을 드러내기도 좋은 구성입니다. 이때, 동기는 학교 활동의 연장선상에서 나오는 것이 좋습니다. 수업이나 교내 경시대회, 동아리 등이 자신의 독서활동의 기폭제가 되었다면 학교생활에 대한 충실도를 보여 주는 계기가 됩니다.

나머지 한 권에 대해서는 개인적인 경험과 연관된 책도 좋고, 자신의 열정을 드러내는 책을 선택해도 좋습니다. 있어 보이는 책이나 어려운 책보다는 자신을 보여 줄 수 있는 것을 선택하세요.

절대로 줄거리는 NO!

절대로 책의 줄거리는 쓰지 않습니다. 항목에 제시된 [동기-책 평가-영향]을 중심으로 기술해야 합니다. 500자라는 글자수는 위 세 가지를 쓰다 보면 생각보다 많지 않습니다. 평가관들은 책에 대해 알고 싶은 것이 아니며 독서라는 매개체를 통해 학생을 알려고 하는 겁니다.

학생부에도 기록된 책

책을 적을 때는 자신에게 영향을 크게 준 순서대로 적는 것이 좋습니다. 그리고 그 책에 대한 언급은 학생부 9번 항목인 독서활동상황에 기록되어 있어야 합니다. 자신에게 중요한 서적이라면 당연

- 3권의 책 중 자신의 선택 전공과 관련된 책은 2권을 소개하는 것이 좋습니다.

- 있어 보이는 책이나 어려운 책보다는 자신을 보여 주는 것을 선택하세요.

히 학생부에도 기재가 되어 있어야 합니다.

따라서 서울대에 진학할 계획이 있는 학생들은 학생부에 기재되는 책의 종류에도 신경을 써야 합니다. 그리고 학생부에 기록하는 양식 또한 서울대가 요구한 양식(동기-평가-영향)으로 쓰면 수월하게 4번 항목을 작성할 수 있습니다.

자기소개서 항목4 분석 (서울대 독서활동)	
형식	- 책 3권 - 각 500자로 구성
내용	- 줄거리는 NO - 책을 읽게 된 동기 + 책에 대한 평가 + 자신에게 준 영향 - 동기는 학교 활동이나 개인적 경험 - 전공 2권 + 열정 1권으로 구성
Point	- 3권을 다 적자. - 줄거리는 절대 적지 말자. - 자신을 보여 줄 수 있는 책을 고르자.

자기소개서 4번 항목 – 실제 합격자 예시 (서울대 윤리교육과)

선정 도서		선정 이유
도서명	초원의 집	이 책은 제가 초등학교 5학년 때 담임선생님께서 추천해 주신 이후로 전 시리즈를 4번 정독했을 정도로 가장 좋아하는 책입니다. 힘이 들 때마다 저와 비슷한 성격을 가진 로라의 입장에서 로라 가족과 이웃들의 따뜻한 이야기를 듣다 보면 자연히 힘을 얻을 수 있었고, 마음도 편안해졌습니다. 이 책에서 가장 인상 깊었던 것은 로라가 학생 시절에 선생님을 바라보는 관점과, 교사가 된 뒤 학생들을 바라보는 관점에서 차이를 보이는 점이었습니다. 저도 로라처럼 가끔씩 선생님께서 저를 이해하지 못하시는 것 같아 서운하고 답답했던 경험이 있었습니다. 그런데 이 책을 읽고 나서는 선생님의 입장에서도 문제를 바라보게 되었고, 문제 상황에서 아이들의 마음을 알면서도 아이들을 훈계해야 했던 선생님의 난처한 상황을 이해할 수 있었습니다.
저자/역자	로라 잉걸스 와일더	
출판사	비룡소	

위 학생은 서울대 윤리교육과를 합격하였습니다. 초등학교 이후로 4번이나 정독을 하고 감동을 많이 받았다는 점에서 진정성이 느껴지는 독서활동입니다. 교사라는 진로에 지대한 영향을 준 독서활동을 기재하고 자신의 교육관을 제시하고 있으며, 사범대라는 특수대학 지원에 적합한 전략적 구성이 돋보입니다.

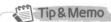

마법의 4단계
: 동기·과정·결과·느끼고 배운 점

동기	과정	결과	느끼고 배운 점
50~60%			40~50%

[동기-과정-결과]는 학생이 학교에서 한 활동에 대한 이야기입니다. 보통 많은 학생들은 주로 이 부분에 많은 분량을 할애하며, 평가관이 정작 알아야 하는 느끼고 배운 점은 마지막 1~2줄 정도로만 언급하고 맙니다.

[동기-과정-결과]라는 활동에 대한 분량은 50~60% 정도이며, 느끼고 배운 점은 40~50% 정도를 배분하는 것이 가장 좋습니다. 이런 분량을 채우기 위해서는 앞에서 언급한 '기록'을 최대한 활용해야 합니다.

Tip & Memo

• 느끼고 배운 점에 40~50% 정도를 배분해야 합니다. 이런 분량을 채우기 위해서는 앞에서 언급한 [기록]을 최대한 활용해야합니다.

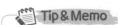

동기 – 시작이 중요하다

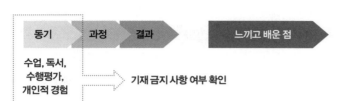

자기소개서의 모든 항목에서 처음에 해당하는 부분이 바로 [동기]입니다. 자신이 왜 그러한 활동을 하게 되었는지, 활동의 계기와 동기를 서술하는 부분입니다.

보통 수업이나 수행평가, 독서, 개인적 경험 등이 이에 해당하는데 어떤 소재가 자기소개서에 기재 금지 사항인지 미리 확인을 해야 합니다.

공인어학성적
영어(TOEIC,TOEFL,TEPS), 프랑스어(DELF, DALF), 중국어(HSK), 일본어(JPT, JLPT), 러시아어(TORFL), 스페인어(DELE), 독일어(ZD, TESTDAF, DSH, DSD), 상공회의소 한자시험, 한자능력검정, 실용한자, 한자급수자격검정, YBM상무한검, 한자급수인증시험, 한자자격검정

수학/과학/외국어 교과에 대한 교외 수상 실적	
수학	한국수학올림피아드(KMO), 한국수학인증시험(KMC), 온라인 창의수학 경시대회, 도시대항 국제 수학토너먼트
과학	한국물리올림피아드(KPHO), 한국화학올림피아드(KCHO), 한국생물올림피아드(KBO), 한국천문올림피아드(KAO), 한국지구과학올림피아드(KESO), 한국뇌과학올림피아드, 전국정보과학올림피아드, 국제물리올림피아드, 국제지구과학올림피아드, 국제수학올림피아드, 국제생물올림피아드, 국제천문올림피아드, 한국중등과학올림피아드
외국어	전국 초중고 외국어(영어, 중국어, 일본어, 프랑스어, 독일어, 러시아어, 스페인어)경시대회, IET국제영어대회, IEWC 국제영어글쓰기대회, 글로벌 리더십 영어 경연대회, SIEFC전국영어말하기대회, 국제영어논술대회

위에서 열거된 항목 외에도 대회 명칭에 <u>수학</u>, 과학(<u>물리/화학/생물/지구과학/천문</u>), 외국어(<u>영어 등</u>) 교과명이 명시된 학교 외 각종 대회(경시대회, 올림피아드 등) 수상 실적을 작성했을 경우 0점(또는 불합격) 처리

교외 수상 실적이란 학교 외 기관이 개최한 대회 수상 실적을 의미하며, 학교장의 참가 허락을 받은 교외 수상 실적이더라도 작성 시 0점(또는 불합격) 처리

• 단순한 참가 사실이나 준비 과정은 쓸 수 있습니다.

• 학생부에 기재가 되지 않으므로, 이러한 활동을 자소서의 소재로 삼는 것을 권하지는 않습니다.

다만, 기재 금지의 내용은 <u>수상 실적과 성적</u>입니다. 단순한 참가 사실이나 준비 과정은 쓸 수 있습니다. 즉, 외부 활동이더라도, 수상 실적만 밝히지 않으면 위에서 언급한 대회라도 기재할 수는 있습니다. 다만, 이러한 내용은 학생부에 기재가 되지 않으므로, 이러한 활동을 자소서의 소재로 삼는 것을 권하지는 않습니다.

분량은 자신이 계획한 분량의 10~15% 정도를 할당하면 됩니다. 500자 정도의 에피소드라면 50~70자 정도가 적절한 분량이라고 할 수 있겠죠.

동기 소재

보통 동기 파트의 소재로 삼는 건 지적 호기심, 자신의 부족한 점 채우기(학업에 대한 열정), 외부로부터의 자극 등을 들 수 있습니다.

• 지적 호기심 예시 : 영어 시간에 수행평가로 'The Road not Taken'을 발표하고 난 후 영시가 가지는 매력에 빠지게 되었습니다. 우리나라의 시조차 낯설었던 제게 이 영시는 영미 문학에 대한 신선한 자극제가 되었습니다.

• 부족한 점 채우기 예시 : 소설가라는 꿈을 위해 가장 많은 관심을 기울인 부분은 글쓰기 능력의 향상이었습니다. 수업시간에 배운 작문 지식만으로는 부족하다고 느낀 저에게 문예 동아리는 또 하나의 기회였습니다.

• 외부로부터의 자극 예시 : 뉴스를 보던 중 요즈음 초등학교에는 다문화 가정이 많아지고 있지만 관련된 제도가 아직 제대로 없어 혼란이 생기고 있다는 기사를 접했습니다.

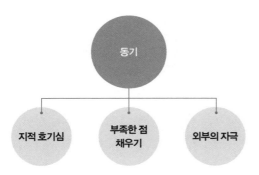

동기의 소재에 있어서 "이것은 좋은 글감이야"라고 정해진 건 없습니다. 여러분이 활동을 하게 된 계기나 원인이 글감이며, 이로 인해서 자신의 이야기를 펼칠 수 있게 된다면 그걸로 그 역할을 다 하는 겁니다.

중요한 것은 그러한 동기로 인해서 자신의 강점과 역량이 활동을 통해서 나타날 수 있다는 겁니다.

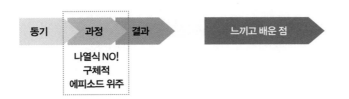

과정 – 구체적 예시와 함께

자기소개서를 쓰는 학생들이 가장 자신 있게 쓰는 파트입니다. 그 어떤 부분보다도 술술 글이 써지는 부분이죠.

전체 분량 중 30% 정도를 차지하며, 500자 분량의 에피소드 중 150자 정도를 채운다고 보시면 됩니다.

Tip & Memo

• 활동을 하게 된 계기나 원인이 바로 글감입니다.

HOW의 의미

'과정' 파트는 학생이 자신의 전공 적합성과 학업 역량, 경험 다양성 등의 모든 부분을 아낌없이 보여 줄 수 있는 학교 활동에 관한 내용을 표현합니다. 한마디로 'HOW'에 대한 항목입니다.

하지만 이 HOW를 활동의 나열로 생각하면 안 됩니다. 자신의 역량에 대한 HOW이지, 활동 자체에 대한 HOW는 아닙니다.

이러한 HOW의 의미 해석의 차이로 인해서 많은 학생들이 과정부분을 이야기할 때, 단순한 사실을 나열하는 데 그칩니다. 어차피 고등학생들이 하는 활동이 대부분이 비슷하고 가장 어려운 활동이라는 소논문 활동조차도 고등학교 수준에 머물기 때문에 내용면에서는 어필하기 힘듭니다.

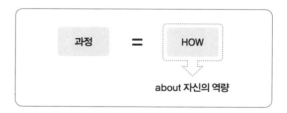

중요한 것은 자신의 활동 과정 속에서 나타나는 자신의 역량과 리더십, 경험 다양성들을 얼마만큼 표현할 수 있느냐 하는 겁니다. 활동 과정에서 자신이 얼마만큼 주도적으로 활동을 이끌었는지, 무언가 차별화되는 방법을 쓴 것 등을 써야 합니다.

단순한 활동 내용을 자세히 쓰려고 하지 마세요. 분량만 잡아먹을 뿐 정작 중요한 내용은 나중에 글자수 제한으로 인해서 쓸 수 없게 됩니다.

시작 – 어려움 – 극복 방안 or 시작 – 새로운 방향

과정은 '어려움을 언급하는 경우'와 '새로운 방향을 제시'하는 두 가지로 나눌 수 있습니다.

어려움을 언급하는 경우는 활동을 하는 동안 발생한 어려움을 서술하고 이에 대한 해결 방안을 제시하게 됩니다. 이 경우 자신의 리더십이나 역량 등을 드러낼 수 있습니다.

잘 구성된 보고서라도 전달하는 발표자의 능력에 따라 내용에 대한 청중의 이해 정도가 달라질 수 있기 때문에 발표를 맡은 저는 큰 부담을 느꼈습니다. 작성한 대본에 따라 매일 연습을 하고 조원들 앞에서 여러 차례 연습도 했지만 대회 당일, 너무 긴장한 탓인지 시간 안배에 실패하여 서둘러 발표를 마무리하느라 탐구 내용을 정확하게 전달하지 못하고 우리 조원들에게 큰 폐를 끼치게 되었습니다. 실수하게 된 원인을 찾은 저는 주 1회 매번 탐구한 내용을 발표해야 하는 탐구 동아리 '워너비' 활동에서 비행기의 원리, 태양전지 등을 설명하고 질의응답 과정도 거치면서 친구들에게 저의 단점을 지적해 달라고 요청했습니다.

새로운 방향을 언급하는 경우는 처음부터 어려움 없이 참신한 방법으로 활동을 진행하였음을 표현하는 방법입니다. 이 경우에도 자신의 역량을 잘 드러낼 수 있습니다.

2014 STEAM 생태 환경 체험 마당에서 '바이러스야, 놀자'라는 체험 부스를 운영한 저는 '바이러스의 외형'이라는 생소한 내용을 과자와 비즈를 이용하여 학생들에게 설명하였습니다. 저희는 운영을 마친 후 다른 학교 동아리 체험 부스에서 우리가 페달을 밟아 생산한 전력으로 솜사탕 기계가 작동되는 실험을 하면서 큰 흥미를 느끼고 과학의 개념을 쉽게 전달한다는 것을 직접 체험할 수 있었습니다. 그때의 경험을 바탕으로 우리 동아리는 과학적 개념을 쉽게 설명하기 위한 방안을 다각도로 탐색하였고 2014 **제 '손난로 만들기' 부스를 운영하였고 학교 친구들이 손난로 만들기 실험에 직접 참여하도록 안내하였으며 각자가 만든 손난로를 기념으로 가지고 갈 수 있도록 하는 프로그램을 진행하면서 생활 속의 과학을 알렸습니다.

보통은 어려움과 그 극복 방안을 제시하는 패턴을 사용합니다. 이를 통해서 자신의 리더십을 나타낼 수 있기 때문입니다. 하지만 모든 활동에 어려움이 있는 것은 아니므로, 무조건 어려움을 제시할 필요는 없습니다. 중요한 것은 활동을 주도한 것이 자신이며, 무언가 새로운 내용을 했다는 것을 드러내면 됩니다.

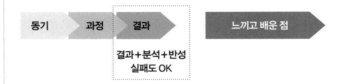

결과 파트는 자신이 한 활동에 대한 결과를 기재합니다.
보통은 성적 상승, 활동의 성공적 마무리, 나(구성원)의 변화, 계획한 목표 달성 등을 표현합니다.

결과: 분석&반성

여기서 중요한 것은 결과 그 자체뿐만 아니라, 결과에 대한 분석과 반성의 내용까지 써야 한다는 것입니다.
결과의 내용이 성공이든 실패든 그 내용물에 대한 분석이 이루어져야 합니다. 활동이 어떠했으며, 성공(아니면 실패)에 있어 무엇이 큰 영향을 끼쳤는지 언급해야 합니다. 여기에 결과에 따른 반성까지 언급하면 좋습니다.

'입학사정관제 확대 시행'이라는 논제로 교내 토론대회가 개최되었을 때 동아리 부원 모두의 참가를 제안해서 동의를 얻었고, 팀장을 맡아 찬반 양측 자료를 정리해서 참가 서류를 작성하는 일을 맡았습니다. 팀원들과 찬성, 반대, 사회자로 역할을 바꾸어 의견을 나누면서 강조할 주장과 근거 자료를 정했고, 모순점을 찾아 보완하는 등의 노력과 협력으로 장려상을 수상했습니다. 그러나 좀 더 독창적인 접근이 필요한 부분에서 자료 활용이 부족했던 점이 아쉬웠습니다. 기존의 자료가 아닌 현실적인 의견을 듣고 싶어 선생님, 학생, 학부모님의 인터뷰를 제안했으나 시간 부족으로 실행하지 못한 것은 특히 아쉬웠습니다. 토론을 진행할 때도 저희가 미리 예측한 반대측 주장에 집중한 나머지 상대방의 의견을 듣고 핵심을 파악해서 반론을 제기하려는 태도가 미숙했습니다.

실패도 OK

활동의 실패 사례를 기재해도 좋습니다. 꼭 성공한 사례만 있을 리는 없을 테니까요. 오히려 실패로 인해 좀 더 자신이 성장한 에피소드라면 좋은 소재가 될 수 있습니다.

이때 왜 실패했는지에 대한 분석과 반성이 반드시 이루어져야 합니다. 또한 과정 파트에서 자신이 최선을 다했다는 것을 언급해야 합니다. 자신의 노력을 언급하지 않으면 실패에 대한 에피소드는 결코 좋은 소재가 되지 못합니다.

Tip & Memo

• 오히려 실패로 인해 좀 더 자신이 성장한 에피소드라면 좋은 소재가 될 수 있습니다.

과학거점학교 물리 실험반에서 매주 토요일 탐구 활동을 하였습니다. LED 전기 회로를 만드는 활동 중, 브레드 보드의 내부 구조를 이용하여 3핀 스위치를 포함한 다양한 스위치들을 함께 연결할 때 회로에 전류가 흐르지 않았습니다. 원인을 찾지 못해 허둥지둥하다가 결국 주어진 시간에 실험을 완수하지 못하고 말았습니다. 다양한 스위치의 기능을 완전히 숙지하지 못한 채 의욕만 앞세워 실험에 임한 제 자신을 탓하며 실패한 실험을 돌아보고 또 돌아봤습니다. 다양한 종류의 스위치 구조를 이해하기 위해 선생님께 질문도 하고 머릿속으로 수차례 회로를 그리며 손으로, 눈으로 가상 실험을 반복했습니다. 그 후 '덕성여대 찾아가는 실험실'이라는 프로그램에 참여한 저는 '센서 선풍기 제작' 활동에서 브레드 보드를 이용한 전기 회로 연결 순서에서 이전의 실패를 하나하나 되새기며 조원들과 의견을 나누면서 주어진 시간에 회로 만들기 실험을 완수하였습니다.

위 학생은 물리 실험 도중 겪었던 실험 실패 사례를 통해서 자신의 부족한 점을 드러냄과 동시에 이를 발판으로 자신의 역량이 성장해 감을 보여 주고 있습니다.

느끼고 배운 점 – 내가 바뀐 모습을 보여 주자

동기　　과정　　결과　　　　　느끼고 배운 점

가장 중요한 부분
성장 포인트
새로운 방향성 제시

• 평가자가 학생의 역량을 알 수 있는 자소서의 핵심 파트입니다.

자기소개서 작성 단계 중 가장 중요한 부분으로 자기소개서의 핵심이라고 할 수 있는 부분입니다. 활동을 통해서 결국 학생은 무엇을 얻었으며, 어떻게 성장했는지를 드러내는 부분입니다. 이를 통해 평가자가 학생의 역량과 성장점을 알 수 있습니다.

분량은 40% 이상

자기소개서의 소재로 사용된 활동들은 분명히 학생에게 큰 영향을 끼친 활동들입니다. 이러한 영향이 학생에게 어떤 역할을 했는지 기재가 되어 있지 않다면 평가자는 그 활동에 대한 진정성을 의심할 수 있습니다. 문제는 많은 학생들이 느끼고 배운 점에 대해서 그리 많은 분량을 쓰지 않는 데 있습니다.

많은 학생들은 활동 과정에 대한 설명에 많은 분량을 할애하고, 정작 가장 중요한 느끼고 배운 점은 1~2줄 정도만 기재하곤 합니다. 이럴 경우 아무리 좋은 활동이라 하더라도 좋은 평가를 얻기 힘듭니다. 평가자가 알고 싶은 건 과정에 대한 설명이 아닌, 학생 자신에 대한 이야기이기 때문입니다. 학생의 미래 가치와 잠재력을 알고 싶은 거지 학생의 과거 행적, 즉 활동이 궁금한 건 아닙니다.

따라서 느끼고 배운 점의 분량은 자기소개서의 40% 이상이 되도록 작성해야 합니다. 그 정도의 양이 되어야 평가자는 학생에 대한 평가를 할 수 있고, 학생의 가치를 알 수 있기 때문입니다.

성장 포인트란 특이한 것이 아닙니다. 활동을 통해서 달라진 점을 그대로 적어 주면 됩니다.

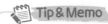
Tip & Memo

• 학생의 미래 가치와 잠재력을 알고 싶은 거지 학생의 과거 행적, 즉 활동이 궁금한 것이 아닙니다.

기록하고 기록하라

앞에서 언급했다시피 모든 활동 후에는 반드시 기록을 남겨야 합니다. 길게는 2년 6개월 전의 활동일 수 있기에, 그 모든 내용을 기억하기란 불가능합니다. 따라서 활동 후에는 기록지에 모든 것을 남겨야 합니다. 특히 활동에 따른 느낌이나 배운 점, 자신의 변화한 점을 세세히 적습니다.

기록하지 않는다면, 활동 직후에 기억할 수 있었던 내용이 자기소개서를 작성하는 시점에서는 간단한 감상이나 느낌 정도로만 남습니다. 진정성 있는 내용보다는 인위적이거나 식상한 표현을 남발할 확률이 높게 됩니다.

기록 ➡ 다양한 느낌

토론 경험도 쌓고 사회 이슈에 대해 생각할 기회를 가지고 싶어 시사 독서 토론 동아리 활동을 하였습니다. 처음에는 논제에 대하여 적절한 때에 의견을 말하는 것이 어려웠지만 토론을 거듭하면서 철저한 자료 조사와 사전 검토를 통해 적극적으로 의견을 주장할 수 있었습니다. 가장 인상 깊었던 주제는 '안락사, 허용해야 하는가?'였습니다. 저는 안락사를 당연히 허용되어서는 안 되는 일종의 살인이라고 생각했습니다. 그러나 인간으로서의 존엄을 지키기 위한 자신의 마지막 결정권일 수 있다는 의견을 듣고 그 또한 타당한 근거가 있다고 느꼈습니다. (느끼고 배운 점) 안락사 허용 여부에 대한 결론은 내릴 수 없었지만 제가 당연하다고 생각했던 의견도 다른 관점에서 보면 전혀 다른 모습을 드러낸다는 것을 배우면서 철학적 사고의 즐거움을 깨달았습니다. 상대팀과 토론을 하면서 의견을 논리적으로 전하는 방법을 고민하고 상대방의 의견을 경청하며 그 관점에서 보는 훈련을 한 것은 또 다른 즐거움이었습니다.

• 기록하지 않는다면, 활동 직후에 기억할 수 있었던 내용이 자기소개서를 작성하는 시점에서는 간단한 감상이나 느낌 정도로만 남게 됩니다.

나열식 X
구체적 글쓰기 O

자기소개서를 쓰면서 가장 많이 하는 실수는 바로 나열식 글쓰기입니다. 자신이 한 활동에 대해서 "과정" 위주의 글쓰기를 하면서 바로 경험에 대한 나열을 합니다. '저는 이러한 활동을 했고, 저러한 활동을 했으며, 또 이런 활동을 했습니다'는 식의 글은 분량만 채울 뿐 평가자를 전혀 감동시키지 못합니다.

제품의 광고를 보더라도, 제품의 성능만을 나열하면 실제 판매에는 효과적이지 않습니다. 왜 블로그나 포스트 등에 나오는 제품 후기는 입소문을 타며 사람들의 구매 의욕을 자극하는 걸까요?

광고가 제품에 대해서 아무리 설명을 잘한다고 해도, 실생활과 관련된 에피소드를 살린 사용기에 비해서 고객들의 마음을 감동시키지는 못합니다.

자기소개서 또한 마찬가지입니다. 자신의 스펙이나 활동의 나열만으로 채워진 자기소개서는 평가관들의 마음을 사로잡지 못합니다. 바로 진정성이 결여되고 공감할 부분이 없기 때문입니다.

> 저는 영어 능력을 키우고자 많은 활동에 참여했습니다. 영자 신문반에 들어가 많은 영어 기사를 썼으며, 다양한 영어 관련 활동에도 참여했습니다. 교내에서 열리는 모든 영어 경시대회에 참여하였고, 수상 실적 또한 우수합니다. 영어 시간에도 영어 교과 부장으로 활약하고 있으며, 매시간 수업에 대한 참여도 역시 높습니다. 여기에 매달 영어 편지 번역 봉사를 해서 제가 가지고 있는 영어 능력을 좋은 곳에 쓰고 있기도 합니다.

위 글은 자신의 영어 관련 역량을 나타내고자 많은 활동에 대해서 나열식으로 전개하고 있습니다. 이러한 글쓰기는 자신이 가지고 있는 표면적인 역량만 나타낼 뿐, 평가자가 알고 싶어 하는 진정한 모습은 드러나지 않습니다.

고등학교에 입학한 후 처음으로 본 영어 말하기 수행평가 성적은 저를 깜짝 놀라게 만들었습니다. 중학교 시절, 영어에 있어서는 누구에게도 뒤처지지 않는다고 생각했었는데, 수행평가 성적은 그야말로 처참했습니다. 어디서부터 손을 대야 하는지 몰랐던 저는 'One Project, One English'라는 방과 후 학교를 수강하게 되었습니다. 영어 관련 프로젝트를 수행하고 발표해야 하는 수업이었기에, 저는 같은 조 친구들과 영어로 학교 근처 맛집에 대한 품평을 쓰기로 했습니다. 외국에 살다 온 친구의 도움으로 문구와 원고를 작성하였고, 저는 발표하는 것을 맡았습니다. 학교 원어민 선생님에게 원고의 녹음을 부탁하였고, 그 녹음을 들으며 매일 발표 연습을 했습니다. 발표 날, 그동안 연습한 대로 무사히 발표를 끝마치게 되었고, 선생님에게 발음이 좋아졌다라는 평을 받게 되었습니다. 이러한 성과는 2학기 영어 말하기 수행평가에서 만점을 받는 쾌거로 이어졌습니다. 언어란 정체된 것이 아니라 나의 노력에 따라 얼마든지 발전할 수 있다라는 교훈을 얻게 되었습니다. 그 뒤로 저는 매일매일 녹음된 원어민의 발음을 듣고 연습하게 되었고, 누구보다 영어에 대한 자신감을 가지게 되었습니다.

위 글에서 학생은 방과 후 학교 프로그램에 대한 에피소드를 통해서 영어에 대한 열정과 역량을 드러내고 있습니다. 좋지 못한 수행평가로 인해 영어 발표 방과 후 학교를 수강했다는 동기가 나오며, 활동의 과정 속에서 자신만의 영어 발음 연습을 보여 주고 있습니다. 그 결과 발음 향상이라는 자신의 성장점을 드러낸 좋은 예시입니다.

> • 에피소드를 통해 자신의 성장점을 드러낸 좋은 예시입니다.

스펙 나열 NO! 에피소드 중심 YES!

평가관들은 교내 활동 등의 스펙은 이미 학교생활기록부를 통해서 알고 있습니다. 굳이 학생부에서 파악한 학생의 스펙을 다시 한 번 자기소개서에서 보기를 원할까요? 자기소개서는 학생부에 대한 소명 자료이며 학생부에 기재된 내용의 뼈대에 살을 붙여 나만의 스토리로 만드는 역할을 합니다.

나열식 글쓰기는 살을 붙이지 않고 계속해서 뼈만 붙이는 상황인데 어떻게 해야 나열식 글쓰기를 피할 수 있을까요? 예시처럼 에피소드 중심의 글쓰기를 하는 겁니다.

> • 자기소개서는 학생부에 기재된 내용의 뼈대에 살을 붙여 나만의 스토리로 만드는 역할을 합니다.

구체적인 활동이나 에피소드를 통해서 그에 대한 반성과 분석, 느끼고 배운 점을 써 주는 겁니다. 활동이라는 뼈대에 평가관들이 알고 싶은 개인의 정보(역량)를 붙인다면 좋은 자기소개서가 됩니다.

자신의 역량을 드러내기 위해서, 각종 대회에 참여하고, 수상 실적을 여러 가지 나열식으로 드러내기보다 하나의 대회를 에피소드로 정하는 편이 낫습니다. 그 경우 보고서를 준비하게 된 동기, 준비 과정, 위기 상황 극복 방법, 결과에 대한 나의 평가, 마지막으로 자신의 성장을 집중적으로 담아야 합니다.

본격적으로 쓰기

한 우물만 파라

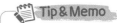

Tip & Memo

자기소개서는 항목마다 묻는 내용이 다릅니다. 학업 역량을 묻는 1번 항목, 교내 활동을 묻는 2번 항목, 인성을 묻는 3번 항목, 독서나 지원 동기, 향후 계획을 묻는 4번 항목 등 각각 다른 활동을 묻고 있습니다.

하지만, 이 항목들이 따로 놀아서는 안 됩니다. 많은 학생들이 각 항목에 딸린 문제를 해결하려고 각 항목별 글쓰기에만 치중합니다. 이러다 보면 각 항목이 아무리 훌륭해도 전체로 봤을 때 무언가 제각기 다른 내용을 이야기하게 되는 우를 범하게 됩니다.

211

각 항목에 나오는 에피소드들은 당연히 달라야 하지만 평가관들이 이야기를 읽고 나서, 모든 이야기들이 하나의 목적지를 향해서 가고 있다는 느낌이 들어야 합니다.

항목	활동	내용
1번 항목 학업 역량	수학 공부법	수학적 사고 방식 협업의 효율성 문제 접근법
2번 항목 교내 활동	시사 독서 토론 동아리	다양한 시사 이슈
	과학 탐구 발표 대회	과학적 사고력
3번 항목 인성	스포츠 데이	적극적 성격으로 변화
	또래 학습 도우미	배려 실천

위 학생은 1번~3번 항목을 보면 제각기 다른 활동을 다루고 있습니다. 이런 활동들을 통해서 어떠한 공통점을 찾을 수 있을까요? [수학-시사 독서 토론-과학 탐구 발표-스포츠 활동-또래 학습 도우미]라는 활동을 하나로 연결하는 건 무엇일까요? 이 학생이 지원한 학과는 '사회과학부'입니다.

이 학생은 인문계열임에도 불구하고 수학 공부법과 과학 탐구 발표 대회라는 활동을 선택했습니다. 인문계열 학생들이 잘 선택하지 않는 활동들을 통해서 사회 과학 연구에 필요한 논리성과 과학적 사고력을 키웠습니다. 시사 독서 토론 동아리를 통해서 여러 가지 다양한 시사적 역량을 키웠고, 스포츠 데이와 또래 학습 도우미를 통해서 사람들과 어울리는 법을 배웠습니다. 이 모든 것들이 사회 과학을 연구하는 데 필요한 요소임을 자기소개서를 통해서 드러내고 있습니다.

이렇듯 각기 다른 지향점을 갖고 있어 보이는 활동으로도 지원 학과 혹은 진로와의 연계성이 모든 항목에 걸쳐 드러나도록 해야 합니다. 특히 모든 항목을 읽고 나서 학생의 지원 동기를 알 수 있게 된다면 잘 쓴 자기소개서라고 할 수 있습니다.

보통 지원 동기는 4번 항목에서 쓰는데, 많은 대학들이 4번 항목을 자율적으로 묻고 있기 때문에 지원 동기를 따로 묻지 않는다면, 그것은 나머지 항목을 통해서 확인하겠다라는 신호입니다. 따라서 항목별로 각기 다른 활동을 쓰더라도, 지원 학생이 왜 이 학과에 지원하게 되었는지 밝혀야 합니다.

그것이 바로, 자기소개서가 추구하는 일관성입니다.

Tip & Memo

• 지원 동기를 따로 묻지 않는다면, 그것은 나머지 항목을 통해서 확인하겠다라는 신호입니다.

본격적으로 쓰기

두괄식이 정답

Tip & Memo

자기소개서를 평가하는 평
가관은 수백, 수천 개의 자
기소개서를 한 달이라는
시간 동안 읽어 봐야 합니
다. 하나하나 소중한 자기

평가관 관심

두괄식

일관성 유지

소개서지만, 평가관들도 사람들이기에, 말하고자 하는 포인트가
뒤에 나오게 되면, 지루함을 느끼며 흥미를 갖기 어렵습니다. 따라
서 처음에 자기가 강조하고 싶은 내용을 쓰는 두괄식 표현이 중요
합니다.

에피소드를 통해 자기가 하고 싶은 말은 앞부분에 배치합니다. 그
래야 글을 읽는 평가관이 학생이 말하고 싶은 것에 주목합니다. 특
히 두괄식으로 글을 쓸 때, 처음은 짧고 명료하게 쓰는 것이 좋습니

• 에피소드를 통해 자기가 하고
  싶은 말은 앞부분에 배치합니다.

다. 첫 문장부터 길어지면 평가관들이 지루해지기 쉽겠죠?

이렇게 하면 자기소개서를 쓰는 학생 본인도 논리적으로 글을 쓸 수 있습니다. 글 맨 앞에 자기가 가장 중요하다고 생각되는 것을 쓰고, 그 뒤에 뒷받침하는 에피소드나 근거를 댈 수 있으므로, 일관성 있는 글을 쓸 수 있습니다.

관찰하고 현상을 분석하여 원인과 결과를 알아내는 과정이 즐거워서 '평생 연구하는 일을 하고 싶다'고 생각했습니다. 처음에는 자연 과학에 관심이 많았지만, 주변 관계로 고민을 하면서 인간의 행동과 반응에 관심이 생겼습니다. 관련 도서와 Hi-이화, 심리학 교실 등의 프로그램에 적극 참여하여 심리학의 다양한 분야와 융합적 매력을 알게 되었습니다. 또한 인간의 마음과 행동, 사회 현상을 연구하는 데 있어 통계적 분석과 수학적, 과학적 사고가 중요하다는 것도 깨달았습니다. 그래서 인문, 사회 교과의 중요성만큼 수학, 과학 교과에도 충실하여 균형 잡힌 사고와 태도를 익히려고 노력했습니다.

위 글은 처음부터 바로 자신의 진로에 대해서 이야기하고 있습니다. 이 자기소개서를 읽는 평가관은 앞으로 전개될 내용이 '사회 과학'과 연관된 활동이 나올 것이다'라는 것을 예측할 수 있게 됩니다. 이렇듯 평가관들의 관심을 끌기 위해서 가장 하고 싶은 말을 맨 앞에 배치하도록 합니다.

Tip & Memo

• 처음은 짧고 명료하게 쓰는 것이 좋습니다.

본격적으로 쓰기
과장하지 말고 솔직하게

Tip & Memo

• 과장되거나 지나치게 후한 글이 아닌 자기 자신에게 솔직한 글을 써야합니다.

학생들은 자신들의 활동이 특별하고 차별성이 있기를 원합니다. 그래야지 식상한 글쓰기를 탈피하게 되고, 평가관들에게 좀 더 좋

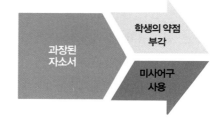

은 평가를 받을 수 있을 거라고 생각하기 때문입니다. 그 결과 상당수의 학생들이 활동을 과장하게 되고, 자기 자신에게 지나치게 후한 평가를 내리는 글을 씁니다.

결론부터 이야기하자면, 자기 자신에게 솔직한 글을 써야 합니다. 고등학교 재학기간 중 있었던 활동 위주로 쓰는 겁니다. 일부 예외적인 상황을 제외하고, 고등학생의 수준이나 활동은 크게 차이가 나지 않습니다.

이런 상황 속에서 학생이 얻을 수 있는 내용들은 한정적입니다. 요즘 각광받는 소논문 역시 고등학생 수준에서는 크게 어필할 만한 내용이 나오지 않습니다. 따라서 활동 결과에 대해서 과장하지 말고, 솔직하게 자신이 느끼고 배운 점 위주로 표현해야 합니다.

과장하지 않으면 지나친 미사여구를 사용할 필요도 없어집니다. 자신의 활동을 과장하기 위해서 사용한 미사여구는 결국 학생이 쓸 내용이 없었음을 드러내는 자충수가 될 수도 있습니다.

또한 학생부에 기록된 내용과 일치하지 않는 내용을 써서도 안됩니다. 자기소개서의 근간은 학생부입니다. 학생부의 내용이 미흡하다면, 왜 미흡한지 설명하면 됩니다. 앞서 이야기했지만, 자기소개서는 학생부의 소명 자료입니다. 자신의 약점을 가리고자 숨기거나 다르게 기재한다면, 이는 오히려 자신의 약점을 더욱 키우는 모양새가 되어 버립니다.

솔직하게 자신에 대한 이야기를 하는 당당한 자기소개서를 쓰도록 하세요.

Tip & Memo 고등 학생 수준에서는 크게 어필할 만한 내용이 나오지 않습니다.

• 자신의 활동을 과장하기 위해서 사용한 미사여구는 결국 학생이 쓸 내용이 없었음을 드러내는 자충수가 될 수도 있습니다.

한눈에 보는 자소서 쓰기

자신의 지원 대학과 지원 학과 선택

지원 대학과 지원 학과의 인재상 파악, 학교 홈피 방문

학생부 분석하기
진로/진학과의 연관 항목 고르기

학생부 항목 배치하기
일관성(하나의 스토리 & 학과)

다른 자소서 참조하여 전체적인 흐름 구상하기

항목별 작성
항목1: 학업-교과와 교내 활동의 연결이 중요
항목2: 교내 활동 2~3개 연결점이 있는 활동
항목3: 봉사/배려-진정성 있어야, 거짓 NO

동기(10%) - 과정(25%) - 결과 및 분석(25%) - 느끼고 배운 점(40%)

첨삭은 선생님과 함께, 최소 10번 이상 확인

제출 전 지원 대학/학과 반드시 확인

자기소개서 실제 쓰기

자기소개서
2.05

[사례] 이화여대 사회학부

1단계 : 학교와 학과 선택 - 이화여대 사회학부

2단계 : 이화여대의 인재상 찾아보기 - 학교 홈페이지에 나온 인재상
파악하기

Tip & Memo

T	H	E
주도하는 인재	**지혜로운 인재**	**실천하는 인재**
주도하는 인재는 전문적 능력을 키우는 **지식탐구역량**을 바탕으로 하여 학문의 경계를 넘어서 배우고 새로운 지식을 창출해 내는 **창의융합역량**을 갖춤.	지혜로운 인재는 문화가 삶에 끼치는 영향과 예술의 가치를 아는 **문화예술역량**을 갖추고 변화하는 세계를 이해하며 열린 사고를 하는 **공존공감역량**을 갖춤.	실천하는 인재는 사회적 약자에게 공감하고 타인과 함께 어우러지는 **공존공감역량**을 갖추고 국제 세계와 소통할 수 있는 **세계시민역량**을 갖춤.

대학교 입학처를 방문하면 웬만한 인재상과 학교의 교육 이념 등이 나와 있으니 꼭 확인해 봐야 합니다. 이 학생의 경우 이화여대가 원하는 인재인 지식 탐구 역량과 창의 융합 역량, 그리고 문화 예술 역량과 공존 공감 역량을 보여 주는 자신의 능력을 보여 주기 위해서 3단계에서 해당 항목을 선택하게 됩니다.

3단계 : 학생부 항목 찾기 – 스토리가 될 만한 항목 뽑아내기

뽑아낸 학생부 내용

4. 수상경력		
구분	수상명	특이사항
교내상	과학 자율 탐구대회	최우수상(1위)
	교내 토론대회	장려상(3위)
	토요 방과 후 학교(스포츠 데이 부문)	최우수상(1위)
	학업종합우수상	3회 수상
	독후활동 부문	우수상(2위)
	학술 경연대회(그림 부문)	장려상(3위)

6. 진로희망 – 3년 내내 심리학자

7. 창의적 체험활동		
학년	영역	특기사항
1	동아리활동	(과학반) 실험 자세가 매우 분석적이고 논리적임. OO청소년 문화 축제에 참가, 과학반 천체 관측 캠프, 교내 과학 탐구 대회에 출품하여 최우수상을 수상함. 서울특별시 과학 동아리활동 발표 대회 우수한 성적을 거둠. (수학 탐구 동아리) 4명씩 한 조가 되어 서로의 부족한 부분을 돕고, 함께 문제를 해결하고자 노력함.
	봉사활동	– 월드비전 후원 및 캠페인 활동

	자율활동	-OO학술 경연대회에 미술 경연대회 부문 참가함. - 교내 토론대회에 '입학사정관제도 지속 및 확대 실시해야 한다'의 논제로 참가함. - 학급회에서 주관하여 모든 급우가 투표에 참여하고 수여하는 '우리반의 노력상'을 수상하였음.
2	동아리활동	(시사 독서 토론반) - 주제 토론에서는 철저한 자료 조사와 주도적인 자세 - 침착하고 진지한 경청 태도 - 폭넓고 깊이 있는 사고와 풍부한 논설 - 교내 토론대회에 조원들과 함께 참여하여 장려상 수상 (토요 스포츠 데이반 : 방과 후 학교 스포츠클럽) - 적극적인 자세로 참여 - 모든 활동이 원활하게 진행되도록 노력하였음.
	봉사활동	월1~2회 OO요양원에서 운영하는 프로그램에 참여
	진로활동	서울역사박물관 제8기 고등학교 인턴제 프로그램에 참여
3	진로활동	음악치료사 OOO 초청 진로 특강에 참가하여 심리학의 역할과 향후 발전 방향에 대해 모색하는 시간을 가짐.
	봉사활동	멘토멘티활동에 참여함.

선택한 내용들을 보면 이화여대가 요구하는 인재상인 지식 탐구역량[과학 자율 탐구대회, 교내 토론대회, 학업종합우수상, 수학 탐구 동아리]/창의 융합 역량[과학반 활동, 진로 특강]/문화 예술역량[학술 경연대회-그림 부문, 독후 활동, 토요 스포츠 데이]/공존 공감 역량[봉사활동, 우리반의 노력상]에 부합하는 내용들로 채워져 있습니다. 이렇게 솎아 낸 자신의 항목들을 이제는 자기소개서 항목에 맞도록 배치합니다.

4단계 : 자기소개서 배치표에 선택 항목 넣어보기

	1번 항목	2번 항목	3번 항목
	학업 관련	교내 활동	배려/나눔/협력/갈등 관리
내용	과학 자율 탐구대회 학업종합우수상 수학 탐구 동아리	과학반 활동 서울시 과학 동아리활동 발표 교내 토론대회 시사 독서토론반	토요 스포츠 데이 또래 봉사활동 요양원 봉사활동

보통 자기소개서 배치표에는 실제 자기소개서에 넣는 항목보다 소재를 '하나 더' 넣는 것이 좋습니다. 스토리를 전개하다가 막힐 때를 대비하는 것입니다.

이 학생의 경우 [사회심리학자]라는 자신의 진로와 [사회과학부]라는 선택 학과의 특성에 따라 선택한 항목 가운데 다음의 소재를 선택하게 됩니다.

1. 학업 관련 : 수학 탐구 동아리 + 자신만의 공부법
2. 교내 활동 : 시사 독서 토론반+교내 토론대회+서울시 과학 동아리활동 발표
3. 배려/나눔/협력/갈등 관리 : 토요 스포츠 데이+또래 학습 도우미 활동

각각의 활동에서 [분석적인 사회심리학자]라는 자신의 목표에 맞는 연결점을 찾고자 노력한 흔적이 보입니다. 문과지만, 과감하게 수학과 과학 관련 활동을 자기소개서의 소재로 선택했고, 사회학부라는 특성에 맞는 시사 관련 부분, 자신의 부족한 점을 메우고자 선택한 스포츠 활동과 봉사활동은 적절한 소재입니다.

이제 실제로 이러한 내용들이 어떻게 자기소개서에 녹아 들어갔는지 살펴보겠습니다.

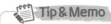

5단계 : 실제 쓰기

학생부에서 선택한 항목을 자기소개서에 실제로 쓸 때 주의할 점은 학생부에 기재된 내용을 그대로 쓰지 말아야 한다는 겁니다. 학생부에서는 소재만 건지고, 내용 자체는 여러분의 글로 재창조하는 것이 핵심입니다. 이 학생의 경우 자기소개서 초벌에서는 학생부의 내용을 그대로 표현했었습니다. 그 후 학생부에서 언급된 표현은 절대 쓰지 않기로 하고 여러 번 고쳐 썼습니다.

> 토론 경험도 쌓고 사회 이슈에 대해 생각할 기회를 가지고 싶어 시사 독서 토론 동아리 활동을 하였습니다. 처음에는 논제에 대하여 적절한 때에 의견을 말하는 것이 어려웠지만 토론을 거듭하면서 철저한 자료 조사와 사전 검토를 통해 적극적으로 의견을 주장할 수 있었습니다. 가장 인상 깊었던 주제는 '안락사, 허용해야 하는가?'였습니다. 저는 안락사를 당연히 허용되어서는 안 되는 일종의 살인이라고 생각했습니다. 그러나 인간으로서의 존엄을 지키기 위한 자신의 마지막 결정권일 수 있다는 의견을 듣고 그 또한 타당한 근거가 있다고 느꼈습니다. 안락사 허용 여부에 대한 결론은 내릴 수 없었지만 제가 당연하다고 생각했던 의견도 다른 관점에서 보면 또 다른 모습을 드러낸다는 것을 배우면서 철학적 사고의 즐거움을 깨달았습니다. 상대팀과 토론을 하면서 의견을 논리적으로 전하는 방법을 고민하고 상대방의 의견을 경청하고 그 관점에서 보는 훈련을 한 것은 또 다른 즐거움이었습니다. (자기소개서 2번 항목 교내 활동)

첫 번째로 시사 독서토론 동아리활동을 내세웠습니다. 어떤 소재를 맨 처음으로 쓸지에 대해서 고민을 했지만, 그래도 사회과학부라는 학과 특성을 고려해서 시사 독서토론 동아리를 선택했습니다. 아쉬운 것은 동기 부분이 빠져 있다는 겁니다. 원래 글에는 동기 부분이 있었지만, 3개의 소재를 선택하면서 활동당 500자라는 글자수 제한으로 빠지게 되었습니다. 이렇게 500자씩 활동 3개를 넣는 경우, 자기소개서에 들어갈 내용이 단순화될 수 있습니다. 2개를 선택하여 700-800자로 갈 건지, 3개를 선택하여 각 500자로 갈 건지 전략에 따른 글쓰기가 필요합니다.

• 3개의 활동을 넣는 경우 글자수 제한에 걸릴 수 있으니 2개를 선택하는 것도 고려해 보세요.

223

'입학사정관제 확대 시행'이라는 논제로 교내 토론대회가 개최되었을 때 동아리 부원 모두의 참가를 제안해서 동의를 얻었고, 팀장을 맡아 찬반 양측 자료를 정리해서 참가 서류 작성하는 일을 맡았습니다. 팀원들과 찬성, 반대, 사회자로 역할을 바꾸어 의견을 나누면서 강조할 주장과 근거 자료를 정했고, 모순점을 찾아 보완하는 등의 노력과 협력으로 장려상을 수상했습니다. 그러나 좀 더 독창적인 접근이 필요한 부분에서 자료 활용이 부족했던 점이 아쉬웠습니다. 기존의 자료가 아닌 현실적인 의견을 듣고 싶어 선생님, 학생, 학부모님의 인터뷰를 제안했으나 시간 부족으로 실행하지 못한 것은 특히 아쉬웠습니다. 토론을 진행할 때도 저희가 미리 예측한 반대 측 주장에 집중한 나머지 상대방의 의견을 듣고 핵심을 파악해서 반론을 제기하려는 태도가 미숙했습니다. 그러나 토론대회 참가로 여러 사람 앞에서 제 주장을 내세울 수 있는 자신감을 가지게 되었고, 잘하지 못할 것이라고 지레 겁먹었던 일에 도전할 수 있는 용기를 가지게 된 계기였습니다.

두 번째 에피소드는 교내 토론대회 참가입니다. 이 활동의 경우 활동의 결과가 제시되어 있습니다. 토론대회 준비 과정과 부족한 점, 결과, 결과에 대한 분석, 자신에 대한 반성이 골고루 들어가 있어 잘 쓴 에피소드라고 볼 수 있습니다.

객관적으로 자료를 분석하고 도출한 결과를 활용, 발전시키는 것은 자연 과학뿐만 아니라 사회 과학에서도 중요하다고 생각합니다. 저는 인문 사회 분야 외에도 자연 과학에 관심이 많아서 관찰과 실험하는 것을 좋아합니다. '대추, 양파의 항균, 항산화, 항암 효능에 관한 탐구'라는 주제로 과학 탐구 발표 대회를 준비한 것은 가설 설정, 실험 방법 계획, 결과 분석을 통해 과학적 사고력을 키울 수 있었던 귀중한 경험이었습니다. 탐구 내용은 건강식품으로 알려진 대추와 양파의 효능이 사실인지 궁금해서 한약재인 인삼과 비교하여 대추와 양파의 항균, 항산화, 항암 효능을 검증하는 실험이었습니다. 적절한 효과가 나타나는 농도를 찾기 위해 실험을 반복해야 했지만 대추와 양파가 동일한 농도에서 인삼과 비슷한 효능이 있음을 밝혔습니다. 탐구 결과를 발표하여 교내 과학 탐구대회에서 최우수상을 수상했고 서울시 동아리 발표 대회에서 입상한 것도 기뻤지만, 심사 위원께서 제 보고서를 보시고 대추차를 끓여 드셨다는 말씀을 하셔서 더욱 보람이 있었습니다.

세 번째 에피소드는 분석적인 자신의 장점을 어필하기 위해서 [과학 탐구 발표 대회] 참가를 소재로 정했습니다. 문과지만, 사회심리학자로서 갖춰야 하는 분석력을 어필하기 위한 소재로 다소 전략적인 선택을 한 에피소드입니다. 물론 활동을 한 다음의 배우고 느낀 점이 부족한 점은 아쉽습니다. 활동에 대한 설명도 중요하지만, 그 활동으로 인해 자신이 성장하고 배운 점을 드러내는 게 더 중요하다는 것을 잊지 마시기 바랍니다.

 **인문계열**

서울대 언론정보학과

1. 고등학교 재학기간 중 학업에 기울인 노력과 학습 경험에 대해서 자유롭게 기술하시오. (1000자 이내)

미디어는 메시지인가?

사회문화 교과서에 등장하는 마셜 매클루언의 '미디어는 메시지다.'라는 말은 단순히 미디어와 메시지의 관계를 나타내는 말이 아닌 것 같아 더 알고 싶었습니다. 교과 선생님으로부터 이 말이 미디어 생태이론을 함축하고 있다는 것을 알게 되었고 이를 계기로 미디어 생태학에 대해 인터넷에서 자료를 찾고 책을 읽으며 알아보았습니다.

미디어는 그저 정보를 전달하는 수단이라고 생각했던 저에게 '미디어가 전달하는 내용보다 미디어 자체에 주목하라'는 매클루언의 주장은 새로움 그 자체였습니다. 미디어가 무의식적으로 사회 환경을 만든다는 매클루언의 논리에 어느 정도 공감할 수 있었지만, 미디어보다 미디어가 전달하는 메시지의 영향력이 더 강하다는 생각이 들었습니다.

궁금증이 풀리지 않던 중, 동아시아사 수업에서 개화기에 등장한 신문이 근대 의식 향상에 도움이 되었다는 사실을 배웠고 이것이 미디어 생태이론의 사례가 아닌가라는 생각이 들었습니다. 내용은 달랐지만, 동아시아 국가에서 독자적으로 근대 의식을 조성한 신문을 보며 '미디어는 메시지다.'란 뜻을 조금은 이해할 수 있었습니다.

이 이론이 우리 역사 속에도 적용된다는 사실에 흥미를 느껴 '미디어 생태이론'책과 국회 도서관의 논문을 읽으며 다른 사례를 찾아보았습니다. 인쇄 미디어의 발달이 지식의 확산과 독점에 모두 영향을 미쳤다는 설명은 현 사회에서 강조되는 미디어의 양면성과 맞닿아 있었습니다. 또한, 전자 미디어가 인간을 수동적, 소비적으로 만든다는 닐 포스트먼의 이론은 마치 현재 우리의 삶을 지적하는 것 같아 놀라웠습니다.

지금까지 미디어를 메시지 전달을 위한 수단이라고 생각했지만, 미디어는 그 자체로 강한 영향력을 가지고 있었습니다. 특히 오늘날 뉴 미디어의 파급력은 우리에게 더욱 많은 힘을 행사하고 있습니다. 이러한 사회에서 미디어를 통해 새로운 의미를 창출해 가는 능동적인 존재로 성장할 필요가 있다고 생각합니다. 다원화된 사회에서 미디어를 통해 더 나은 세상을 열어 가는 주체적인 역할을 하고 싶습니다.

고리원전의 목소리

도서신문부에서 '체르노빌의 목소리'를 읽고 원자력 발전의 양면성에 대한 서평을 작성하며 원자력 발전에 관심을 갖게 되었습니다. 이를 계기로 에너지 지킴이 기자단에 참여하게 되었고 월성, 고리 원자력 발전소를 견학했습니다.

관계자로부터 원자력 발전이 차지하고 있는 발전량, 가압 경수로 방식의 안정성 등에 대해 들으며 원자력 발전의 필요성에 대해 배웠습니다. 하지만 언론 대부분에서 원자력 발전의 필요성에 대한 보도는 적고 위험성, 비판의 목소리가 컸습니다. 언론이 각자의 성향을 유지하는 것은 중요하지만, 기사 대부분이 주제에 대해 부정적인 부분만 부각하는 것은 문제라고 느꼈습니다. 그래서 다음날에 있었던 신문 제작 활동에서는 '원자력 발전소 찬성? 반대?'를 주제로 각 주장에 대해 객관적인 근거를 제시하며 기사를 작성했습니다.

어떤 문제에 대해 명확한 답은 아마 없을지도 모릅니다. 하지만 이 활동을 통해 적어도 언론인이 해야 할 '명확한 답'은 무엇인지 비슷하게나마 느낄 수 있었습니다. 사실과 정보는 전해 주고, 판단은 대중들에게 맡겨야 한다는 것이 제가 얻은 중요한 가치였습니다.

kick a bucket!

'아이스 버킷 챌린지' 행사가 본 취지를 잃고 오락적 행사로 변모하는 모습을 보며 '어떤 트렌드가 진정성 없이도 긍정적으로 평가받을 수 있을까'에 대한 고민을 했고 이를 주제로 사설 기사를 작성했습니다. 행사의 목적, 현 실태 등에 대한 자료를 찾고 학생들을 인터뷰하여 통계 자료를 만들어 행사에 대한 부정적 인식이 커짐을 도출했습니다.

자료를 바탕으로 저는 '아이스 버킷 챌린지'가 사회적 약자를 위한 행사인 만큼 일반적인 트렌드에서 벗어나 진정성 있는 참여가 필요하다는 내용으로 사설 기사를 작성했습니다. 하지만 제 기사는 학교 신문에 게재되지 못했습니다. 처음에는 실망감이 들었지만 이후 다른 학생 기자들의 피드백을 통해 제 기사의 문제점을 찾았습니다. 제 기사는 자료에 의존한 사실 전달의 비중이 압도적이었고 이는 사설 기사의 목적과는 맞지 않았습니다.

좋은 기사란 기사의 목적에 부합하는 것이 우선임을 되새겼고 기자는 기사의 방향에 대한 이해가 있어야 함을 깨달았습니다.

3. 학교생활 중 배려, 나눔, 협력, 갈등 관리 등을 실천한 사례를 들고 그 과정을 통해 배우고 느낀 점을 구체적으로 기술해 주시기 바랍니다. (1000자 이내)

도난, 학급회의, 성공적

2학년 때 저희 반에 도난 사건이 있었습니다. 반장이었던 저는 도난 사건은 개인의 부주의 문제라는 생각을 했습니다. 이때 담임선생님께서 '너희는 같은 반인데도 공동체 의식이 전혀 없는 건가?'라고 말씀하셨습니다.

저는 저의 잘못된 생각을 반성하고 예방 방법을 찾으려 했습니다. 하지만 저 혼자 방법을 찾는 것은 쉬운 일이 아니었습니다. 그래서 모두의 의견을 통하여 좋은 방법을 찾기 위해 학급회의를 열었고 각자의 의견을 모아 도난 예방 십계명을 작성했습니다. '자신의 물건에 이름 쓰기', '사물함 자물쇠 꼭 잠그기' 등 간단한 내용이었지만 모두의 의견을 수렴하여 자율적으로 만든 십계명이었기에 더 책임감을 느끼고 지킬 수 있었습니다.

그 후 도난 사건은 없었고 반 친구들은 서로를 더 신뢰하게 되었습니다. 이를 통해 공동체의 문제에 냉소적이었던 저의 태도를 되돌아볼 수 있었습니다. 또한, 혼자가 아닌 리더가 공동체의 문제에 책임감을 느끼고 모두 함께 문제를 해결할 때 더 발전할 수 있음을 알게 되었습니다.

조금은 천천히 그리고 함께

학교에서 매해 실시하는 지리산 등반 체험학습에서 선생님께서는 제가 체력이 좋으니 안전 요원을 맡기셨습니다. 저는 맨 끝에서 뒤처지는 친구들을 돕는 역할을 맡았습니다. 항상 앞서려고만 했던 저에게 가장 뒤에서 본 세상은 새로웠습니다. 뒤처진 친구들과 함께 한 걸음씩 옮기면서, 체력이 좋은 친구들에게는 기분 좋은 산행이지만, 체력이 약한 친구들에게는 이 등반이 힘든 자신과의 싸움이라는 것을 알았습니다.

저는 친구들이 자신과의 싸움에서 이기길 바랐고 처지는 친구들의 배낭을 대신 메주면서 끝까지 포기하지 말자며 격려했습니다. 같은 길, 같은 시간을 걸으며 고통을 나누고 대화를 하면서 진정으로 서로를 이해할 수 있음을 깨닫게 되었습니다. 앞서려고만 하면서 후미의 노력을 모른 채 뒤처진 학생들은 약자라고 인식하며 정상에 올랐다면 동행의 의미를 몰랐을 것입니다. 동행이란 길이 아닌 마음속을 함께 걷는 것이라 느꼈습니다.

228

4. 고등학교 재학기간(또는 최근 3년간) 읽었던 책 중 자신에게 가장 큰 영향을 준 책을 3권 이내로 선정하고 그 이유를 기술하여 주십시오.
   ▶ '선정 이유'는 각 도서별로 띄어쓰기를 포함하여 500자 이내로 작성
   ▶ '선정 이유'는 단순한 내용 요약이나 감상이 아니라, 읽게 된 계기, 책에 대한 평가, 자신에게 준 영향을 중심으로 기술

〈오늘도 세상 끝에서 외박 중〉 김진만/리더스북

윤리 시간에 선생님이 보여 주셨던 '아마존의 눈물'을 인상 깊게 보고 이를 연출한 김진만 PD의 책을 읽었습니다. 김진만 PD의 촬영기는 지구 먼 곳의 이야기와 그 속의 감동을 보여 주었습니다. 특히 아마존 조에 족의 자연과 하나 된 삶을 보며 급하게만 살아가는 현대인의 삶에 대해 고민해 볼 수 있었습니다. 황제 펭귄들의 허들링을 읽으며 사람들이 배워야 할 공동체의 모습을 느꼈고 자연에 대한 경외감까지 들었습니다. 이렇듯 지구 어딘가의 이야기를 담은 다큐멘터리가 우리에게 주는 메시지는 우리에게 강한 영향을 미치고 있었고 이를 통해 우리 삶에 대해 깊이 생각해 볼 수 있음을 알게 되었습니다. 또한 '내가 기록한 조각들이 시청자들에게 희망, 힘이 되었으면 싶다.'라는 김진만 PD의 말을 통해 언론인으로서 내가 하고 싶은 이야기가 무엇인지 생각해 보았습니다. 감동은 상상이 아닌 우리 삶에 있음을 새기며 훗날 우리의 과거를 다룬 역사 다큐멘터리 제작에 도전해 보고 싶습니다.

〈카타리나 블룸의 잃어버린 명예〉 하인리히 뵐/민음사

도서신문부에서 '언론이 자기 성향을 가지는 것은 옳은가'를 주제로 토론을 준비하며 이 책을 읽었습니다. 언론의 이름으로 보이지 않는 폭력을 행사하는 언론 차이퉁과 기자 퇴트게스를 보며 경악을 금치 못했습니다. 현 사회에도 언론의 주관적인 보도로 인한 문제가 있었으므로 언론은 자기 성향이 없어야 한다고 느꼈습니다. 하지만 역으로 언론이 모두 한목소리인 사회를 상상해 보았을 때 생각은 달라졌습니다. 모든 언론의 관점이 같다면 획일화된 사회와 비판적 사고가 상실된 대중을 만들 수 있다는 생각이 들었습니다. 다양한 관점의 언론을 통해 생각하는 대중이 있을 때 사회가 발전할 수 있다고 생각하여 언론은 각자의 성향을 가져야 한다는 결과에 도달했습니다. 저는 토론 중 '언론은 자기 성향을 가져야 한다. 다만 극단적으로 편향된 구부러진 거울이 되어서는 안 된다.'라고 주장했습니다. 책에 상응하는 부분과 상충하는 부분 모두 고민해 보며 언론의 성향과 책임에 대해 저의 생각을 확립했습니다.

〈한국독립운동사〉 박찬승/역사비평사

'역사? 외울 건 많고 지루한 과목이잖아.'라는 친구들의 말과 달리 '경험할 수 없는 사건들에 대한 이야기'에 매력을 느낀 저는 여러 역사책을 읽었습니다. 그중 이 책은 독립운동을 과정 중심으로 설명하여, 결과 위주로 배운 교과서보다 깊은 공부를 할 수 있었습니다. 특히 대공황 이후에 진행된 정당 중심의 독립

운동과 2차대전 중 연합국의 독립 지지를 설명하는 부분에서는 특정한 역사적 사실을 국내에 국한하지 않고 바라보는 세계사적 시각을 가질 수 있었습니다. 더불어 조국의 독립을 위해 저항하신 많은 분들에 대한 감사함도 느꼈습니다. 하지만 이분들의 노력이 점차 잊혀 가고 있음은 우리 모두가 고민해야 할 사회 문제였고 지금부터 인식적, 제도적 변화가 있어야 한다고 느꼈습니다. 책을 읽고 국민들의 역사인식 재고를 위한 저의 역할을 고민해 볼 수 있었습니다. 언론 공부와 역사 공부의 조화를 통해 훗날 언론인으로서 국민의 역사 인식을 높이는 데 기여하고 싶습니다.

서울대 심리학과

1학년 때 수학을 공부하면서 문제를 분석적으로 해결하는 방법을 배울 수 있었습니다. 문제를 파악하는 능력을 기르기 위해서는 꼼꼼히 풀이하는 습관이 필요하다고 생각하게 되었고, 연습장에 아무렇게나 계산하던 방식을 바꿔 100문제를 노트에 옮겨 적고 해설집처럼 깔끔하게 풀이하는 연습을 하였습니다. 단순히 기계적인 풀이에 머무르지 않고 '왜 케일리 해밀턴의 역이 성립할 조건이 A≠kE일 때인가?', '무한등비수열이 수렴할 조건을 좌표평면을 이용해서 개형으로 나타낼 때 정확한지 어떻게 알 수 있나?' 등 수학의 근본적인 원리를 깨닫기 위해 시간이 오래 걸리는 증명 문제에 파고들었습니다. 처음에는 시간이 오래 걸려 초조했지만 문제를 풀기 전에 어떤 문제인지 분석하는 습관이 생겨 결과적으로 풀이에 드는 시간을 줄일 수 있었습니다. 조금 느리더라도 나의 상태를 제대로 파악하고 원인에 맞게 대응하려는 태도는 다른 과목 공부에도 많은 도움이 되었습니다.

사회 과목을 공부하며 계열화와 스키마 구조의 중요성을 깨달았습니다. 사회탐구는 '시간을 잡아먹는 과목'이라고 불릴 만큼 외워야 할 개념이 많아서 교과서를 여러 번 읽어야 했습니다. 저는 보다 효율적인 학습을 위해 교과서 맨 앞의 '차례'에 주목했습니다. 대단원 목차를 먼저 책상 앞에 붙여 암기하고, 그 아래 중단원과 소단원 목차를 익힌 뒤 세부 내용을 파악했습니다. 마지막으로 목차만 보면서 해당하는 내용을 떠올려 적어 보았습니다. 이렇게 큰 그림에서 작은 그림으로 체계적인 시스템으로 공부하면서 짧은 시간에 내용을 더 튼튼하게 연결할 수 있었고, 거꾸로 문제를 풀 때 그 출제 단원을 파악하기 쉬워졌습니다. 이것을 통해서 기본 중의 기본인 '차례'가 사실은 학습의 핵심이었다는 것을 알게 되어 기본에 충실한 태도의 중요성을 깨달았습니다. 한편, 약간의 체계화가 기억에 큰 효과를 미친다는 것을 체험하고 나자 기억이 작동하는 방식에 대해서 궁금증을 가지게 되었고, 심리학을 바탕으로 효과적인 학습 방법을 연구하고 싶어졌습니다.

- 학교에서 듣게 된 다중지능에 대한 강연을 통해 진로를 탐색할 수 있었습니다. 소장님의 강연을 들으면서 사람의 지능이 다방면에서 평가될 수 있고 자신의 특성을 파악하는 데 도움이 된다는 것을 알게 되었습니다. 진로 계획이 확실하지 않아 고민하던 저는 다중지능을 이용해 보기로 마음먹었습니다. 그래서 언어, 논리적 사고력, 대인관계 지능에 관련된 여러 학과를 알아보기로 했습니다. 그러던 도중 커리어넷에서 심리학과 교수님의 인터뷰를 접하게 되었고 심리학이 인간에 대한 관심을 논리적, 과학적으로 탐구하는 학문이라는 것을 알게 되었습니다. 2학년이 되어 윤리와 사상 교과에서 인간에 대해 호기심을 갖고, 수학의 논리적 사고에도 빠져들고 있던 저는 여기에 흥미를 느꼈습니다. 이후 '마음'을 다시 읽고 인지과학 교수님의 홈페이지에 방문하면서 심리학을 전체적으로 공부해 보고 싶다고 생각하게 되었습니다. 하워드의 다중지능이 저의 진로를 탐색하는 데 큰 도움을 주었듯 저도 연구 내용을 실제 의사결정에 도움이 되는 방향으로 활용하겠다는 목표를 갖게 되었습니다.

- 영어 토론 동아리활동을 통해 진정한 지식의 의미를 깨닫게 되었습니다. 1학년 말 고등학생들의 영어 토론 동영상을 보고 학교에서 배운 영어를 활용하자는 목표 아래 마음이 맞는 친구들끼리 동아리를 결성했지만 첫 시간부터 문제가 생겼습니다. 발언 순서가 되자 모두들 미리 써둔 종이를 들고 읽기 시작한 것입니다. 게다가 사전을 찾아 어려운 어휘를 많이 사용해 서로 알아들을 수가 없어서 토론이 이루어지지 않았습니다. 저는 첫 토론의 실패로 실망한 부원들을 설득해 점심시간 소모임을 만들었습니다. 자신의 생각을 표현한다는 목표부터 이루기 위해서였습니다. 익숙한 주변 주제에 대해 말하면서 서서히 사전 없이 입을 트게 되었고 참여 회원도 점점 늘어나게 되었습니다. TV처럼 화려한 토론은 아니었지만 쉬운 말 한마디라도 수다를 떨면서 활용할 수 있게 되었다는 점에서 무엇보다도 귀중한 경험이었습니다. 활용할 수 있는 지식이 참지식이라는 말을 깨닫게 되었고 나아가 3학년 때는 해외 칼럼을 분석하는 동아리를 만들어 실제로 쓰이는 영어를 익히기 위해 노력했습니다.

- 서평지 발행 활동은 인간의 인지 구조의 다양성에 대해 저의 시야를 넓혀 주었습니다. 서평은 독서 감상문에서 한 발 나아간 낯선 일이었고 인문계와 자연계 학생들의 사고방식이 달라 부장으로서 어려움을 느꼈습니다. 대체로 인문계 학생의 사고방식은 장의존적이었고 자연계 학생은 장독립적이었습니다. 이 생각의 시작은 '혁명'이라는 주제어 아래 세 개의 서평을 묶게 되었을 때부터였습니다. 인문계 학생들은 세 가지 서평이 전체적인 메시지의 흐름에 어울리는지에 주목한 반면, 자연계 학생은 작위적인 연결보다 신석기 혁명, 과학 혁명, 시민 혁명처럼 독립된 소재를 통해 다면적인 시각을 제시하는 것이 좋다고 생각했습니다. 사고방식의 차이가 갈등으로 이어질까 걱정했지만, 의외로 두 가지는 서로 대립하는 것이 아니라는 점에 주목하자 문제를 해결할 수 있었습니다. 세 편의 독립적인 글을 쓰되 제시되는 순서를 조정하고 서문을 통해 전체적 흐름을 밝히면서 다양성과 일관성이라는 두 마리 토끼를 모두 잡으려고 노력했습니다. 이 경험을 통해 서로 다른 인지 방식이 사고에 큰 영향을 미친다는 것을 알게 되었고, 나아가 인간이 지식을 받아들이는 방식에 대해 공부하고 싶다는 마음을 갖게 되었습니다.

心봉사, 봉사에 눈을 뜨다

자발적인 교실 청소를 통해 마음에서 우러나오는 봉사는 전염된다는 것을 배웠습니다. 3학년이 되자 반 아이들은 모두 교실에서 열심히 공부했습니다. 저도 아침에 등교하면 조용한 분위기에 말없이 자습을 시작하곤 했습니다. 그런데 며칠이 지난 아침 쓰레기가 여기저기 떨어져 있는 것을 발견하게 되었고 공기도 답답하게 느껴졌습니다. 밤늦게까지 많은 인원이 한 공간에 있으니 쓰레기가 어느 정도 생길 수밖에 없는데, 청소하는 시간은 오후에 하루 한 번 20분이 전부였던 것입니다. 누구 하나 나서서 치울 생각은 해 보았겠지만 학기 초 서로 어색한데다 고요한 자습 분위기를 어수선하게 만들고 싶지 않아 개선되지 않았습니다. 그래서 학교 가까이 사는 저는 아침 열쇠 당번을 자청했고, 가장 먼저 교실에 도착해 창문을 열고 교실을 빗자루로 쓸었습니다. 시간은 얼마 걸리지 않았지만 뿌듯한 마음을 느낄 수 있어 며칠을 계속했습니다. 그런데 어느 날 일찍 도착한 친구가 저를 보고 같이 하자며 청소 도구를 꺼내 들었고, 다른 친구들도 동참해 다 함께 청소를 하게 되었습니다. 이런 일이 몇 번 반복되자 누가 먼저 오든 상관없이 청소하는 분위기가 생겼고, 반 아이들은 깨끗한 교실에서 공부할 수 있었습니다. 작은 행동이지만 생각을 행동으로 옮기는 것에 자극이 되어 긍정적인 동조 효과를 일으켰다는 점에서 보람을 느낄 수 있는 경험이었습니다.

공연은 아우 먼저, 배려는 형님 먼저

2학년 축제 때 동아리 부스 활동을 통해 양보와 배려를 실천한 경험이 있습니다. 신 나는 축제가 되겠다는 생각에 들떠 이것저것 준비했는데 축제 당일 문제가 생겼습니다. 동아리에서 먹을거리 부스를 운영했는데 주문이 폭주하는 바람에 오전 시간을 맡은 부원들이 오후에도 얼마간 함께 남아 있어야 했던 것입니다. 오전반 부원들은 대부분 교대 후 전시를 구경하고 반별 무대 연습에 가려고 했기 때문에 당황할 수밖에 없었습니다. 한두 명은 빠져도 괜찮은 상황이었지만 모두 가고 싶어 하는데 누군가를 정하기가 곤란했습니다. 모든 부원이 돌아가며 다녀오기에는 시간이 모자랐기 때문에 저는 작년에 축제를 보지 못한 1학년을 먼저 보내고, 대신 다녀온 사람은 뒷정리를 담당하도록 하자고 제안했습니다. 비록 축제 전시는 구경하지 못했지만 그보다 더 멋진 양보와 배려의 모습을 구경할 수 있어서 조금도 아쉽지 않았습니다. 부원들이 서로 배려하는 마음을 가지고 분담한 역할에 충실히 임했기 때문에 갈등을 미리 막을 수 있었다고 생각합니다. 이 경험을 통해 모두 같은 위기 상황에 놓여 있을 때 먼저 약간씩 배려하는 마음으로 양보한다면 갈등을 예방하는 것은 물론 더 친밀한 관계로 발전할 수 있는 가능성을 열 수 있다고 생각하게 되었습니다.

4. 고등학교 재학기간 (또는 최근 3년간) 읽었던 책 중 자신에게 가장 큰 영향을 준 책을 3권 이내로 선정하고 그 이유를 기술하여 주십시오.
   ▶ '선정 이유'는 각 도서별로 띄어쓰기를 포함하여 500자 이내로 작성
   ▶ '선정 이유'는 단순한 내용 요약이나 감상이 아니라, 읽게 된 계기, 책에 대한 평가, 자신에게 준 영향을 중심으로 기술

〈마음〉

초등학생 때 KBS 다큐멘터리 〈마음〉을 통해 처음으로 인간의 정신에 대해서 생각해 보게 되었습니다. 무의식의 영향력에 대해 강한 인상을 받았던 저는 고등학생이 되어 이 책을 다시 한 번 정독함으로써 진로를 결정하는 데 큰 영향을 받았습니다. 이 책을 통해 기존의 통계나 이론을 통해 마음을 분석하는 방식의 여러 사례들을 접할 수 있었고, 더 나아가 뇌와 신경 화학 물질 등이 신체에 영향을 미쳐서 의식 작용이 일어나게 한다는 것을 새로이 알게 되었습니다. 이것이 제가 사실 본격적으로 심리학 공부에 관심을 갖게 된 계기가 되었습니다. 특히 심리학의 영역이 최면부터 광고까지 무궁무진하지만, 가장 중요한 것은 전체적으로 인간의 상처를 치료하고 더 편안한 삶을 살 수 있도록 도울 수 있다는 점이라고 생각하게 되었습니다. 또 물질적 가치가 중시되고, 기술이 인간을 압도하는 등의 부작용이 만연한 현대 사회에서 그 초점을 다시 인간의 마음으로 돌릴 필요가 있다는 생각을 하는 계기가 되기도 했습니다.

〈심리 게임〉

〈심리 게임〉은 어느 잡지에 실린 서평을 보고 마음에 쏙 들어 읽게 된 책입니다. 저는 인간이 이성적으로 행동하지 않을 때, 그 이유에 대해 항상 궁금증을 가지고 있었습니다. 저자는 이 책에서 인간 행동의 동기를 상호 작용에 대한 욕구로 보고 나타나는 행동 유형을 분석해 제시하였는데, 저는 여기에 상당한 설득력이 있다고 생각했습니다. 책에서 등장하는 '이러면 어떨까요? - 맞아요, 그런데' 게임을 읽으면서 친구들과 대화할 때 제가 말하는 방식을 곰곰이 생각해보니, 이것과 매우 유사하다는 것을 알게 되었습니다. 저에게도 그러한 유형이 있음을 인식하고 나서부터는 최대한 다른 방식으로 대화하기 위해 노력하게 되었습니다. 여기에 〈마음에 박힌 못 하나〉라는 책을 함께 읽으면서 어떤 행동이 결과로 나타났을 때, 그 이면의 원인과 동기를 파악하는 것에 대해서도 호기심을 갖게 되었습니다. 그리고 그 원인을 파악하는 것이 행동을 바꾸고 관계를 개선하는 데 도움이 된다는 것도 느낄 수 있었습니다.

〈직관 수학〉

저는 수학 공부할 때 문제집보다 책에서 많은 도움을 얻었습니다. 〈수학자가 들려주는 수학 이야기〉처럼 쉬운 수학책을 읽으며 고등 수학과 연관되는 중학교 개념부터 다시 짚어볼 수 있었고, 2학년 때 〈직관 수학〉을 읽었습니다. 책을 읽으면서 교과서를 공부할 때 무작정 외우거나 크게 관심을 두지 않았던 개념

부분에 한 번 더 주목할 수 있었습니다. 특히, 행렬의 계산 방법과 적분의 개념을 익히는 데 큰 도움을 받았습니다. 그러나 가장 영향을 받은 것은 수학이 아니더라도 해결하기 어려운 문제를 만났을 때 이를 기반으로 여러 가지 방식으로 생각하는 습관이 생기게 되었다는 점입니다. 서평 동아리를 하면서 다면적인 사고가 중요하다는 것을 느껴 자연과학 책을 접하려고 노력했는데 수학이 이해가 되지 않으면 학문의 연결 고리가 해결되기 어려운 부분이었습니다. 이 책을 포함한 수학책들은 제게 학업적인 성과 외에도 다양한 분야를 적용해서 사고하는 방식을 배울 수 있게 해 주었습니다.

서울대 윤리교육과

고등학교에 다니면서 제가 가장 큰 위화감을 느꼈던 과목은 바로 영어였습니다. 어렸을 때부터 사교육과 해외 어학연수를 다녀온 친구들이 대다수였던 심화반에서 저는 수업을 따라가는 데 어려움이 있었을 뿐만 아니라, 영어는 부유한 집안의 친구들에게만 유리한 과목이라는 생각이 들어서 영어를 싫어하게 되었습니다. 그런 제가 영어에 자신감을 가지고 영어를 좋아하게 된 것은 실생활에서 영어를 자주 사용하도록 노력한 덕분이었습니다. 특히 팝송을 좋아하는 저는 영문법에서 가정법을 공부하면서 Beyonce의 'If I were a boy'라는 노래를 떠올렸고, 반대로 한국 노래 가사를 영어로 번역하면서 계속해서 영어와 친해지도록 노력하였습니다. 그 결과 영어 독해 속도도 빨라지고 실력도 향상되었으며, 무엇보다도 영어를 두려워하지 않고 즐기게 되었습니다. 영어 공부 중에서도 저는 영문법 공부에 가장 흥미를 느꼈습니다. 왜냐하면 배운 개념들을 규칙 삼아 문제에 적용하는 과정이 마치 게임을 하는 것처럼 재미있었기 때문입니다. 그래서 저는 컴퓨터 게임 공략집을 편찬하듯이 각 개념마다 제가 스스로 터득한 문제를 푸는 노하우나 개념 이해에 도움을 주는 팁을 상세히 적어서 저만의 영어 어법 교재를 만들었습니다. 이 과정을 통해 이미 알고 있다고 생각했던 내용 중에서도 제대로 몰랐던 부분들을 정확히 찾아내 다시 공부할 수 있었고, 공부의 깊이를 계속해서 심화시킬 수 있었습니다. 또한 개념의 범주화 작업을 하면서 문장 내 단어들의 구조를 잘 파악할 수 있게 되면서 어려운 영어 구문 독해는 물론이고, 국어 문법과 일본어 문법을 배울 때에도 쉽게 공부할 수 있었습니다.

영어를 실생활에서 응용하고, 또 저만의 방식으로 정리하는 과정을 통해 영어에 흥미를 가질 수 있게 되었습니다. 영어를 즐길 수 있게 되면서 영어 성적은 저절로 상승하게 되었고, 영어에 자신감을 갖게 되면서 더 열심히 공부하게 되었습니다. 영어뿐만 아니라 일본어 과목을 공부할 때에도 일본어가 우리말과 어순이 같다는 점을 이용하여 다양한 예문들을 일본어와 한국어로 번역하면서 공부하였고, 1년 내내 과목 최우수상을 받을 수 있었습니다. 공부 방식을 바꾸면서 교과 과목에 대한 이해도가 깊어졌고, 그 결과 성적이 1학년 때 하락한 이후 2학년 때 2등, 3학년 때 전교 1등을 차지하며 꾸준히 향상될 수 있었습니다.

제가 교사의 꿈을 가지게 된 것은 친구들이 제 설명을 듣고 난 뒤 문제를 스스로 잘 풀어 나가는 모습을 보면서 큰 보람을 느꼈기 때문이었습니다. 그래서 매주 토요일마다 학교에 가서 자습을 할 때에도, 친구들의 질문을 받고 설명해 주는 멘토 역할을 하였습니다. 그러던 어느 날, 친구에게 수학 문제를 열심히 설명해 주고 있었는데, 그 친구가 옆에서 졸고 있는 모습을 보고 충격을 느꼈습니다. 저는 저 스스로 설명을 잘한다고 생각했기 때문에 친구의 반응을 보고 놀랐고, 저의 교수법을 되돌아보게 되었습니다. 제가 가진 문제는 친구에게 일방적으로 설명만 해 줬을 뿐 어느 부분이 이해가 잘 안 되는지, 그 문제를 어떻게 생각했는지 물어보지 않았다는 것이었습니다. 그 뒤로는 질문하는 친구가 문제를 어떻게 생각하고 풀었고, 어떤 부분이 이해가 어려운지 설명하게 하였고, 문제를 설명해 준 뒤에는 그것을 저에게 다시 설명하도록 하였습니다. 특히 두드러진 효과를 본 과목은 수학과 윤리였습니다. 수학의 경우에는 친구들이 저에게 설명하는 과정에서 스스로 풀 방법을 생각해 내는 경우가 많았고, 모르는 부분을 찾아내 중점적으로 설명해 줄 수 있어서 효율적이었습니다. 윤리의 경우, 헷갈리는 문제의 선택지마다 사상가와 사상에 대해 설명을 하도록 하였는데, 대부분의 친구들이 대략적인 맥락은 잘 파악하고 있었지만 부분적으로 잘못 알고 있는 점들이 있다는 것을 알 수 있었습니다. 그래서 잘못된 내용을 그때그때 교정해 주었고, 중간고사 때 윤리 점수가 낮았던 친구들이 기말고사 때에는 좋은 성적을 받아서 매우 뿌듯했습니다. 친구들을 가르치는 과정에서 저 또한 잘못 알고 있던 내용들을 고칠 수 있었고, 윤리 과목에서 과목 최우수상을 받을 수 있었습니다. 친구들의 모습을 보면서 저는 나중에 교직에 나가면 학생들의 말을 잘 들어주는 교사가 되어, 학생들이 능동적인 학습을 할 수 있도록 격려해 주어야겠다고 마음먹게 되었습니다.

뉴스를 보던 중 요즈음 초등학교에는 다문화 가정이 많아지고 있지만 관련된 제도가 얼마 없어 혼란이 생기고 있다는 기사를 접했습니다. 다문화에 관심이 많은 저는 서울대학교와 무지개 청소년 센터에서 주관하는 '다문화 사회 정착을 위한 청소년 사회통합포럼'에 참가하여 학교 교육과 다문화를 주제로 조사하게 되었습니다. 이주배경 청소년들이 한국의 학교 교육을 받으면서 겪는 어려움을 조사하면서, 요즈음 이슈가 되고 있는 왕따 문제와 이주배경 청소년들의 어려움이 연결된다는 것을 알 수 있었습니다. 그것은 바로 서로를 이해하는 관용의 자세의 부재에서 비롯된다는 점이었습니다. 비록 포럼에서 주로 다루었던 다문화는 이주배경 청소년들의 학교 교육에 관한 것이었지만, 저는 다문화란 이것 외에도 학교에서 다른 친구들이 각자 가지고 있는 생각들의 차이 역시 포함될 수 있다고 생각하였습니다. 그리고 모든 학생들이 서로의 입장에서 서로를 바라보게 될 때 진정한 의미의 다문화 사회가 실현될 수 있음을 깨닫게 되었습니다. 또한, 포럼 자료를 조사하면서 다문화 교육에 있어 교사가 가진 역할의 중요성을 다시 한 번 느낄 수 있었습니다. 그래서 제가 나중에 교사가 된다면, 다문화 사회에서 아이들이 무엇보다도 서로를 이해하는 법을 가르쳐야겠다는 생각을 가지게 되었습니다.

3. 학교생활 중 배려, 나눔, 협력, 갈등 관리 등을 실천한 사례를 들고 그 과정을 통해 배우고 느낀 점을 구체적으로 기술해 주시기 바랍니다. (1000자 이내)

저희 학교에서는 월드비전을 통해 탄자니아 레이크에야 시의 모헤다규 초등학교와 결연을 맺어, 매달 반별로 3만원씩을 걷어 기부를 하고 있습니다. 저는 2학년 때 이 프로그램에 저희 반 대표로 참가하여 후원금을 모금하였고, 반 친구들 앞에서 세계 시민 교육을 진행하였습니다. 처음에는 매달 천 원씩 돈을 내는 일에 반 친구들은 조금 귀찮아하기도 했고, 돈을 아까워하기도 하였습니다. 그런 아이들을 보고 저는 아이들이 나눔을 실천하기 위해서는 우선 나눔에 익숙해질 필요가 있다고 생각했습니다. 그래서 저는 저희들의 기부금을 받아 학교를 다니며 웃고 있는 모헤다규 학생들의 사진을 교실의 게시판에 붙여, 반 아이들이 자신들의 행위에 자부심을 가질 수 있도록 하였습니다. 또한 월드비전에서 보내온 세계 시민 교육 프로그램 자료들 중에서 사진이나 만화같이 학생들의 주의를 쉽게 끌 수 있는 자료를 프린트하여 게시판에 붙였고, 아이들이 지나가다가 게시판을 보면서 자연스럽게 세계 문제에 관심을 가질 수 있도록 하였습니다. 처음에는 협력 활동에 무관심했던 아이들이었지만, 저의 적극적인 홍보 활동을 본 뒤 자발적으로 기부금을 내는 등 나눔에 적극적인 모습을 보여 주는 것을 보고 매우 뿌듯했습니다. 나눔에 있어서는 보채는 것이 아니라 자발적인 동기에 의해서 할 수 있도록 격려해 주어야 한다는 것을 알게 되었습니다.

나눔은 가까이 있는 사람에게 먼저 해야 한다는 생각을 하였습니다. 그래서 저는 외부 모금 활동뿐만 아니라 제가 받은 성적우수 장학금을 급식비를 내지 못해 점심을 굶는 저희 학교의 친구들을 위해 기부하였습니다. 성적을 올리기 위해 학업에 정진하다 보면 학급 활동에 소홀해질 수밖에 없어 학급 임원직에도 나서지 않았던 제가 학교 친구들을 위해서 가장 현실적인 도움을 줄 수 있는 방법이 바로 이것이라고 생각했기 때문입니다. 저에게는 친구들과 함께 급식을 먹으며 즐겁게 수다를 떨던 기억이 큰 추억으로 남아 있기에, 모든 친구들이 학창 시절에 그런 행복한 기억을 가졌으면 했습니다. 평소에 하던 봉사활동들은 모두 외부에서, 나와 먼 곳에 있는 사람들을 위해 했었던 것들이었는데, 저와 가장 가까이에 있는 친구들에게 기쁜 마음으로 도움을 줄 수 있어서 즐거웠습니다.

4. 고등학교 재학기간 (또는 최근 3년간) 읽었던 책 중 자신에게 가장 큰 영향을 준 책을 3권 이내로 선정하고 그 이유를 기술하여 주십시오.
   ▶ '선정 이유'는 각 도서별로 띄어쓰기를 포함하여 500자 이내로 작성
   ▶ '선정 이유'는 단순한 내용 요약이나 감상이 아니라, 읽게 된 계기, 책에 대한 평가, 자신에게 준 영향을 중심으로 기술

〈초원의 집〉

이 책은 제가 초등학교 5학년 때 담임선생님께서 추천해 주신 이후로 전 시리즈를 4번 정독했을 정도로 가장 좋아하는 책입니다. 힘이 들 때마다 저와 비슷한 성격을 가진 로라의 입장에서 로라 가족과 이웃들의 따뜻한 이야기를 듣다 보면 자연히 힘을 얻을 수 있었고, 마음도 편안해졌습니다. 이 책에서 가장 인상 깊었던 것은 로라가 학생 시절에 선생님을 바라보는 관점과, 교사가 된 뒤 학생들을 바라보는 관점에서 차이를 보이는 점이었습니다. 저도 로라처럼 가끔씩 선생님께서 저를 이해하지 못하시는 것 같아 서운하고 답답했던 경험이 있었습니다. 그런데 이 책을 읽고 나서는 선생님의 입장에서도 문제를 바라보게 되었고, 문제 상황에서 아이들의 마음을 알면서도 아이들을 훈계해야 했던 선생님의 난처한 상황을 이해할 수 있었습니다.

〈앵무새 죽이기〉

여고를 다니는 저는 영화나 드라마에 나오는 것과 같은 폭력을 경험하지는 않았지만, 여학생들 사이의 따돌림의 현장은 자주 목격하였습니다. 물론 따돌림을 당하는 학생들이 아무런 잘못도 하지 않은 것은 아니었지만, 사소한 실수에도 그것을 이해하기보다는 배척하려고만 하는 가해자 친구들을 보면서 답답한 마음이 들었습니다. 이 책에는 제가 학교에서 경험했던 배척과 소외의 문제가 나타나고 있습니다. 주인공 스카웃과 오빠 젬은 이해심 많은 아버지 밑에서 사람들을 이해하는 법을 배우면서 성장하게 됩니다. 학교에서 벌어지는 따돌림의 문제도, 팔레스타인에서 발생하고 있는 종교 갈등 문제도 모두 서로를 이해하려는 윤리 의식의 부재에서 비롯된 것입니다. 그래서 저는 이 책을 읽고 스카웃의 아버지 같은 윤리 교사가 되어 아이들이 서로를 이해할 수 있는 성인으로 자라날 수 있도록 교육하고 싶다는 꿈을 가지게 되었습니다.

고려대 국문학과

1. 고등학교 재학기간 중 학업에 기울인 노력과 학습 경험에 대해서 자유롭게 기술하시오. (1000자 이내)

소설가라는 꿈을 위해 가장 많은 관심을 기울인 부분은 글쓰기 능력의 향상이었습니다. 수업시간에 배운 작문 지식만으로는 부족하다고 느껴 문예 동아리 '옥돌'에 가입해 글쓰기의 기초를 다졌습니다. 옥돌은 운문부와 산문부로 나누어 문예 창작 이론 스터디를 진행하였습니다. 제가 속한 산문부는 〈안정효의 글쓰기 만보〉를 교재로 삼고 단락 · 인물 · 전개와 같은 소설의 기초적인 요소, 개요부터 퇴고까지의 과정, 그리고 글쓰기에 임하는 자세에 관해 공부했는데 이는 그동안 펜이 가는 대로 글을 써 오던 제가 본격적으로 소설 창작에 입문하는 계기였습니다. 스터디를 통해 저는 글에서 습관적으로 나타나던 만연체와 군더더기 문장을 고치고 보다 생동감 있는 문장을 쓰기 위해 노력하였습니다. 또한 독자를 사로잡는 첫 문장의 중요성을 깨닫고 궁금증을 불러일으키는 첫 문장을 쓰기 위해 고민하기도 했습니다. 창작 이론을 공부하며 좋은 단어와 문장에 관해 알아 갈수록 글쓰기라는 작업에 더 많은 흥미를 느꼈고 꿈에 대한 확신을 가질 수 있었습니다.

1학년 때 접한 한 책을 통해 공부 슬럼프를 극복했고, 역사와 심리학을 접목한 강현식 작가님의 저서를 읽으며 심리학의 응용 가능성에 주목하게 되었습니다. 이를 계기로 흥미를 느낀 저는 관련 분야의 책을 읽으며 본격적으로 심리학을 공부했습니다. 여러 갈래로 세분화된 심리학의 각 분야를 알아 가는 것도 좋았지만, 인간군상에 대한 깊은 이해가 좋은 소설의 선결 조건이라 생각했기에 특히 성격 심리학에 관심을 두고 학습하며 글쓰기에 도움이 될 만한 부분들을 저만의 방식으로 요약하였습니다. 타인에 대한 이해를 위해 시작한 공부였으나 여러 학자의 연구 결과와 이론들은 오히려 저 자신을 이해하는 데 더 큰 도움이 되었고 이를 통해 마음에 들지 않았던 스스로의 모습들도 받아들일 수 있었습니다. 혼자 해 온 공부라 아쉬운 점도 많았지만 심리학과의 만남은 타인과 자신을 바라보는 새로운 눈을 열어 주었으며 창조적인 글쓰기를 위해 학문적으로 넓은 시야를 가져야 한다는 깨달음을 주었습니다.

2. 고등학교 재학기간 중 본인이 의미를 두고 노력했던 교내 활동을 3개 이내로 기술하고, 이를 통해 배우고 느낀 점을 기술해 주시기 바랍니다. 단, 교외 활동 중 학교장의 허락을 받고 참여한 활동은 포함됩니다. (1500자 이내)

옥돌 프로젝트

문학 창작이론 스터디를 통해 습득한 지식을 작품에 실제로 적용해보기 위해 옥돌에서는 2주에 한 번, 자신만의 글을 써서 함께 읽어 보고 의견을 나누는 '옥돌 프로젝트'를 실시했습니다. 저는 프로젝트를 위해 〈詩가 부른다〉라는 연작 소설을 창작하면서 시의 시적 상황, 화자의 처지, 주제나 소재 등에서 착상하여 이를 산문으로 표현하거나 저의 상상력을 가미하여 완전히 새로운 글을 창작하기도 했습니다. 교과서 밖의 여러 시를 감상하고 상상을 통해 창작하는 과정은 저에게 무엇과도 바꿀 수 없는 즐거움이었고, 제 자신과 주변의 삶을 돌아보는 기회를 마련해 주었습니다. 꾸준한 습작과 동아리 회원과의 피드백을 통해 저는 글쓰기 실력을 입학할 때와는 비교할 수 없을 만큼 향상시킬 수 있었고 많은 백일장에 참여하여 좋은 성적을 거두기도 하였습니다. 특히, 임란의사 추모 백일장에서의 '백일장 주제와는 관계없어 보이는 제목으로 창의적인 글을 썼다'는 심사평은 옥돌 프로젝트를 통해 거둔 결실이었다고 생각합니다.

교내 독서 축제

독후감 우수자에 선정되어 친구와 후배들 앞에서 독후감 발표를 할 자격을 얻게 되었을 때, 상당한 부담을 느꼈습니다. 청중 앞에서 공식적으로 말을 할 때 손을 떨거나 목소리가 잘 나오지 않는 버릇 때문이었습니다. 하지만 힘들게 준비한 만큼 좋은 결과를 내고 싶었기에 〈유정아의 서울대 말하기 강의〉라는 책을 읽으며 화법에 대한 지식을 구했습니다. 책을 통해 말하기 울렁증을 극복하기 위한 유일한 방법은 진정성 있는 자세와 치밀한 준비라는 결론을 내린 저는 독자가 아닌 청자들에게 제가 전하고자 하는 메시지를 잘 전달할 대본을 쓰기 위해 여러 번 고쳐 쓰기를 반복했습니다. 또한 말하고자 하는 내용 사이에 적당한 휴지를 두라는 책의 조언은 발표할 때 침착한 마음을 유지하도록 도와주었고 이에 힘입어 강당을 가득 메운 학생들 앞에서 떨지 않고 진정성 있게 메시지를 전달할 수 있었습니다. 청중과의 상호 작용에 대한 부담감을 극복했던 독후감 발표는 오랫동안 지녔던 약점 또한 노력으로 극복할 수 있다는 자신감을 안겨 주었습니다.

영어 심화반 수업

3학년 때 수강한 영어심화작문 수업은 늘 부족함을 느꼈던 영어 작문 실력을 향상시키고, 입시에만 치중하기 쉬운 시기에 사회 전반과 저 자신에 관심을 기울였던 의미 있는 시간이었습니다. 수업을 통해 우리나라의 글쓰기와 달리 형식성과 실용성이 중요시되는 essay의 전개 방식에 대해 알 수 있었고 논설문, 서간문, 이력서를 비롯한 다양한 양식의 글을 쓰며 제가 사용한 표현과 실제 영어권에서 사용되는 자연스러운 표현과의 차이를 깨달았습니다. 선생님과 친구에게 교정을 받는 과정에서는 문법 지식의 중요성과 영한사전이 아닌 영영사전의 의미와 뉘앙스를 파악하는 것이 올바른 단어 사용의 첫걸음임을 느꼈습니다. 수업시간에 쓴 definition essay에서는 예술가와 수용자 간의 올바른 관계와 예술이 예술로서 인정받기 위한 조건에 관해 생각해 보았고 선생님과의 대화를 통해 저의 생각을 면밀히 가다듬을 수 있었습니다.

2학년 중국어 수행평가는 조별 발표였습니다. 저는 팀에서 주도적으로 역할을 분담하였는데, 아무도 하지 않으려 했던 파워포인트 파일 제작을 맡았습니다. 자료 조사, 파워포인트 파일 제작, 대본 작성 그리고 발표까지 역할을 모두 나눈 뒤 저희 팀은 본격적으로 수행평가 준비를 시작했습니다.

순탄히 진행될 줄로만 알았던 조별 과제는 조금씩 엇나가기 시작했습니다. 친구가 조사한 자료가 파일을 만들기엔 절대적으로 부족했던 것입니다. 당황스럽고 화도 났지만, 대본을 맡은 친구에게 빨리 파일을 보내야 했던 저는 파일을 만드는 동시에 부족한 자료를 보충했습니다. 다음 날, 저는 자료 담당 친구에게 어떻게 된 일이냐며 물었고 친구는 미안하다며 자신이 더 많은 분량을 발표하겠다고 했습니다. 계획한 대로 일이 진행되지 않자 저는 불안해졌고 과연 친구들을 믿을 수 있을까 하는 마음마저 들었습니다. 하지만 친구들은 제가 가졌던 걱정이 기우에 불과했음을 보여 주었습니다. 한 친구는 예상을 뛰어넘는 좋은 대본을 써 왔고 자료 조사가 미흡했던 친구는 뛰어난 발표 실력으로 자신의 실수를 만회했습니다.

이 경험은 조별 과제에서 남들보다 많은 일을 자청해 맡아 왔던 저 자신의 모습을 되짚어 보게 했고, 책임감이라는 명목으로 해 왔던 많은 역할들이 사실은 조원들에 대한 불신과 '혼자서도 잘할 수 있다'는 자만심으로부터 비롯된 것이었음을 인식하게 되었습니다. 이러한 반성은 곧 사람들마다의 특기와 재능을 잘 파악하고 그것을 적재적소에 활용하는 리더십과 조원들에 대한 신뢰의 중요성을 절감하는 계기가 되었습니다.

3학년, 사회문화 시간에 진행했던 조별 토론 수업에서 이러한 깨달음을 실천할 수 있었습니다. 같은 실수를 반복하지 않기 위해 역할 배분에 앞서 조원들과 충분히 대화하며 저마다의 장단점을 이해하려 노력했고 저와 조원들의 의견차를 좁혀 나갈 수 있었습니다. 이를 통해 저희 조원들은 각자가 가장 잘할 수 있는 역할을 맡아 충실히 임했고 스스로가 만족할 만한 과정을 거쳐 최선의 결과를 낼 수 있었습니다.

이화여대 사회과학부

관찰하고 현상을 분석하여 원인과 결과를 알아내는 과정이 즐거워서 '평생 연구하는 일을 하고 싶다'고 생각했습니다. 처음에는 자연과학에 관심이 많았지만, 주변 관계로 고민을 하면서 인간의 행동과 반응에 관심이 생겼습니다. 관련 도서와 Hi-이화, 심리학교실 등의 프로그램에 적극 참여하여 심리학의 다양한 분야와 융합적 매력을 알게 되었습니다. 또한 인간의 마음과 행동, 사회 현상을 연구하는 데 있어 통계적 분석과 수학적, 과학적 사고가 중요하다는 것도 깨달았습니다. 그래서 인문, 사회 교과의 중요성만큼 수학, 과학 교과에도 충실하여 균형 잡힌 사고와 태도를 익히려고 노력했습니다.

가장 어려워했던 수학은 심화반 수업을 적극 활용했습니다. 이 수업은 4명씩 한 조가 되어 각 그룹 안에서 부족한 부분을 도우며 함께 문제를 해결하는 방법으로 진행되었습니다. 가장 많은 시간을 공부했지만 수학이 부담스럽던 제게 이 방법은 큰 도움이 되었습니다. 친구들에게 설명하면서 풀이 과정을 간략하게 정리하였고, 왜 그런 접근을 적용해야 하는지 고민하게 되었습니다. 또, 같은 문제라도 다른 풀이 방식을 통해 여러 응용 방법을 배울 수 있었습니다. 혼자 많이 풀어 보는 것이 좋은 공부 방법이라고 생각했었는데 이 수업을 통해 협업의 효율성을 깨달았습니다. 그래서 막히는 문제가 있을 땐 친구들의 풀이법을 적극 수용하여 익힌 후, 최적화된 방법을 찾고, 설명하듯이 문제를 풀며 부족한 부분을 보완했습니다. 이런 노력으로 70점대였던 모의고사 점수가 90점대로 향상되었고 수능 1등급을 목표로 공부하고 있습니다.

문제에 접근하는 방법을 고민하는 태도는 다른 교과 공부에도 큰 도움이 되었습니다. 국어 교과는 출제자가 의도한 바를 찾기 위해 객관적으로 독해하고 분석하는 습관을 익혔습니다. 사회 교과는 정리와 분류를 활용하여 학습 내용을 교과서 목차, 유사-대조 관계, 시대순 등으로 정리하여 흐름을 파악하는 것이 효율적이었습니다. 이런 노력으로 전 교과에서 좋은 성적을 거두었고, 성적 향상에 자신감을 가질 수 있었습니다.

토론 경험도 쌓고 사회 이슈에 대해 생각할 기회를 가지고 싶어 시사 독서 토론 동아리활동을 하였습니다. 처음에는 논제에 대하여 적절한 때에 의견을 말하는 것이 어려웠지만 토론을 거듭하면서 철저한 자료 조사와 사전 검토를 통해 적극적으로 의견을 주장할 수 있었습니다. 가장 인상 깊었던 주제는 '안락사, 허용해야 하는가?'였습니다. 저는 안락사를 당연히 허용되어서는 안 되는 일종의 살인이라고 생각했습니다. 그러나 인간으로서의 존엄을 지키기 위한 자신의 마지막 결정권일 수 있다는 의견을 듣고 그 또한 타당한 근거가 있다고 느꼈습니다. 안락사 허용 여부에 대한 결론은 내릴 수 없었지만 제가 당연하다고 생각했던 의견도 다른 관점에서 보면 또 다른 모습을 드러낸다는 것을 배우면서 철학적 사고의 즐거움을 깨달았습니다. 상대팀과 토론을 하면서 의견을 논리적으로 전하는 방법을 고민하고 상대방의 의견을 경청하며 그 관점에서 보는 훈련을 한 것은 새로운 즐거움이었습니다.

'입학사정관제 확대 시행'이라는 논제로 교내 토론대회가 개최되었을 때 동아리 부원 모두의 참가를 제안해서 동의를 얻었고, 팀장을 맡아 찬반 양측 자료를 정리해서 참가 서류 작성하는 일을 맡았습니다. 팀원들과 찬성, 반대, 사회자로 역할을 바꾸어 가며 의견을 나누면서 강조할 주장과 근거 자료를 정했고, 모순점을 찾아 보완하는 등의 노력과 협력으로 장려상을 수상했습니다. 그러나 좀 더 독창적인 접근이 필요한 부분에서 자료 활용이 부족했던 점이 아쉬웠습니다. 기존의 자료가 아닌 현실적인 의견을 듣고 싶어 선생님, 학생, 학부모님의 인터뷰를 제안했으나 시간 부족으로 실행하지 못한 것은 특히 아쉬웠습니다. 토론을 진행할 때도 저희가 미리 예측한 반대 측 주장에 집중한 나머지 상대방의 의견을 듣고 핵심을 파악해서 반론을 제기하려는 태도가 미숙했습니다. 그러나 토론대회 참가로 여러 사람 앞에서 제 주장을 내세울 수 있는 자신감을 가지게 되었고, 잘 하지 못할 것이라고 지레 겁먹었던 일에 도전할 수 있는 용기를 가지게 된 계기였습니다.

객관적으로 자료를 분석하고 도출한 결과를 활용, 발전시키는 것은 자연과학뿐만 아니라 사회과학에서도 중요하다고 생각합니다. 저는 인문사회 분야 외에도 자연과학에 관심이 많아서 관찰과 실험하는 것을 좋아합니다. '대추, 양파의 항균, 항산화, 항암 효능에 관한 탐구'라는 주제로 과학탐구 발표대회를 준비한 것은 가설 설정, 실험 방법 계획, 결과 분석을 통해 과학적 사고력을 키울 수 있었던 귀중한 경험이었습니다. 탐구 내용은 건강식품으로 알려진 대추와 양파의 효능이 사실인지 궁금해서 한약재인 인삼과 비교하여 대추와 양파의 항균, 항산화, 항암 효능을 검증하는 실험이었습니다. 적절한 효과가 나타나는 농도를 찾기 위해 실험을 반복해야 했지만 대추와 양파가 동일한 농도에서 인삼과 비슷한 효능이 있음을 밝혔습니다. 탐구 결과를 발표하여 교내 과학탐구대회에서 최우수상을 수상했고 서울시 동아리 발표대회에서 입상한 것도 기뻤지만, 심사 위원께서 제 보고서를 보시고 대추차를 끓여 드셨다는 말씀을 하셔서 더욱 보람이 있었습니다.

3. 학교생활 중 배려, 나눔, 협력, 갈등 관리 등을 실천한 사례를 들고 그 과정을 통해 배우고 느낀 점을 구체적으로 기술해 주시기 바랍니다. (1000자 이내)

　조용한 성격을 개선하고 체력도 기르기 위해 2학년 때 '○○토요 스포츠데이'라는 프로그램에 참여했습니다. 그런데 생각보다 상당한 실력을 가진 친구들이 많이 참여하는 활동이었습니다. 운동을 잘하는 편이 아닌 저는 단체 경기에서 잦은 실책을 범했고, 그런 저를 불편하게 생각하는 친구도 있었습니다. '괜히 참여했나, 친구들에게 피해가 된 건 아닐까' 속상했지만, 활동 후 뒤풀이에 모인 친구들에게 용기를 내어 제 마음을 솔직하게 말했습니다. 비록 실력은 많이 부족하지만 함께 활동하면서 친해지고 싶고, 열심히 참여할 것이니 도와 달라고 부탁했습니다. 모든 경기에서 최선을 다해 뛰고, 친구들과 소통하기 위해 노력하니 친구들도 차츰 마음을 열어 주었습니다. 실책을 다그치지 않으며 격려해 주었고, 학교 대항 경기에 참가하여 우승하는 기쁨도 함께 누렸습니다. 이에 힘입어 저는 일 년 동안 한 번도 거르지 않고 활동에 참가했고, 그 노력을 인정받아 학년 말에 활동우수상을 수상했습니다.

　이 경험을 통해 저는 부족한 점을 솔직하게 인정하고 적극적으로 소통하려고 노력하면 비록 잘하지 못하더라도 즐겁게 참여할 수 있다는 것을 배웠습니다. 그래서 예전이라면 못한다고 물러섰을 일에도 적극 도전합니다. 또, 상대방에 대해 제대로 이해하려고 관심을 갖습니다. 제가 최선을 다해 뛰어도 공을 놓쳤던 것처럼 성의가 부족한 것이 아니라 온 힘을 다해도 결과가 그 정도일 수 있음을 알기에 세심히 살피고 격려하려고 노력합니다.

　3학년 때 또래 학습 도우미 활동을 하면서 이런 깨달음을 실천했습니다. 모르는 문제를 물어보는 친구의 반응을 살피며 쉽게 설명하려고 애썼고 이해될 때까지 여러 예시를 들어 주며 격려했습니다. 또, 그 친구가 잘하는 부분은 도움을 청하고 감사한 마음을 적극 표현했습니다. 다른 사람들에게 관심과 감사함을 표현하는 것이 처음에는 쑥스러웠습니다. 그러나 제가 받은 배려를 실천한다는 마음으로 노력하니 친구들과 더 잘 지낼 수 있었고, 저도 친구들에게 따뜻한 메시지를 받아 행복했습니다.

경희대 국제학부

"Hi, Teacher. Can I ask something?" 저는 영어로 소통할 때 엔도르핀을 느낍니다. 그래서 고등학교에 올라온 후, 저는 원어민 선생님을 따라다니고 많은 대화를 통해 저의 영어 회화 실력을 향상시키려고 노력했습니다. 그러나 저는 제한적인 대화의 범위를 느꼈고, 원인은 저의 부족한 어휘 실력 때문이라고 생각했습니다. 수십 편의 미국 하이틴 영화를 보며 다양한 어휘를 접했고, 다른 과목을 공부할 때에도 영어로 간단히 정리하는 습관을 만들었습니다.

마침 1학년 겨울 방학 때 중국 자매 학교인 센샤 고등학교에 교환 학생으로 가게 되었고, 개선된 저의 영어 실력을 점검해 볼 수 있는 기회라고 생각하였습니다. 다양한 어휘를 사용하는 데에는 성공하였지만, 뜻밖에 마주하게 된 저의 문제점은 소통 능력 부족이었습니다. 중국 친구에게 배려적인 대화를 시도하기보다는 저의 일방적 전달이 문제를 불러일으켰다고 깨달았습니다. 문제점의 해결을 고민하던 중 제가 행운처럼 부탁받은 소식은 저희 학교 '제1회 영어 말하기 대회' 사회자였습니다. 저의 영어 실력과 전달력으로 많은 학생들, 선생님들, 학교에 오신 손님들 앞에서 평가받기에 두려움도 있었지만, 용기 있게 도전했습니다. 저는 사회를 보면서 발표자와 청중의 상태를 이해하고 연결시킴으로써 양방향 소통 능력을 배울 수 있었습니다. 또한 대회에 참가하는 친구들을 보며 영어 공부에 더욱 의욕을 붙였습니다.

3학년이 된 후 모의고사 전날 1, 2학년 후배들의 말하기 대회에 또 다시 사회를 제안받으며 능력을 인정받았고, 선생님들로부터 칭찬도 받았습니다. 저는 저만의 학습 경험 여정을 통해서 주체적인 태도와 자신감이 값진 결과를 만든다는 가르침을 얻었습니다. 노력의 결실에 흥미를 느껴 야간자율학습과 토요방과후학교 수업에 빠짐없이 참여하였고, 매일 6시 50분에 등교하여 영어 내신도 3등급에서 1등급으로 향상시켰습니다.

웃고 있는 소녀

1학년 때 학급 교실 뒤쪽 액자 안에는 어느 한 소녀가 1년 동안 환하게 웃고 있었습니다. 학급에서 후원하는 아프리카 친구였습니다. 그 친구에게 영어로 편지를 쓰는 학생이 각 반 1명씩 필요했기에 부족하지만, 도움을 줄 수 있을 것 같아 제가 나섰습니다. 저는 아프리카 후원이란 많은 돈으로 하는 것이라고 생각했습니다. 하지만, 저의 작은 편지가 힘이 되었다는 친구의 답장을 보면서 변화했습니다. 작은 능력이지만 큰 마음을 가지면 결국 감동을 전하게 되고 저에게 다시 기쁨으로 돌아온다는 것을 깨달았습니다. 또한 멀리 떨어져 있지만 '영어'로 하나 되는 모습에 아름다움을 느꼈습니다. 주고받으며 문화를 배우는 과정이 재미있어서 2학년이 되어서도 계속 후원금을 모아 전달했습니다. 그 결과 자매 학교 관계자분이 직접 학교에 오셔서 감사패를 주셨습니다. 저는 세상을 더 넓게 보고, 많은 사람들과 소통하며 감동과 용기를 전달하는 사람이 되어야겠다고 꿈꾸기 시작했습니다.

경청의 힘

1학년 때 했던 시사토론부의 흥미로웠던 수업이 계기가 되어 2학년 때 '영어시사토론부'에 들어갔습니다. 부원들과 전 세계 청소년의 귀가 시간, 범죄 처벌, 채식주의, 사교육과 같은 세계적 흐름에 초점을 맞추고 의견을 나누었습니다. 찬반 토론에서 어떤 한 주장이 옳다는 결과가 나오지 않더라도, 대화하며 깊어지는 사고력과 넓어지는 이해력이 중요하다는 것을 알았습니다. 팀 내에서 저의 역할은 의견을 에세이 형태로 영작하며 정리하고 토론을 기획하는 것이었습니다. 이 활동을 통해서 다른 사람의 의견에 귀 기울이게 되었고, 다른 사람들과 일을 할 때 중요한 상대주의적 태도와 경청의 가치를 배우게 되었습니다.

맨땅에 헤딩, 영어 뮤지컬

영미 문화를 더 알고자 하는 호기심과 평소 공연에 대한 애정이 영어 뮤지컬 동아리 "Hair Spray"에 가입하게 되는 계기로 이어졌습니다. 교내 최초 영어 뮤지컬 동아리이기에 좋은 발판을 마련하고자 단원들과 여기저기 뛰어다니며 무대 설치라든가 대본 완성 등의 도움을 얻었습니다. 대본에서부터 무대 구성, 분장에 이르는 모든 것이 처음이었기에 시행착오도 많이 겪었습니다. 무대 구성에 관해 구성원들 간의 의견 불일치가 있었는데, 이로 인해 감정이 격해 있을 때 저는 갑자기 피아노를 치기 시작하며 'You can't stop the beat'를 불렀습니다. 감정이 상해 있던 친구들이 하나둘씩 노래를 부르기 시작하더니 결국에는 다 같이 부르며 눈물을 흘리고 있었습니다. 이후 저희는 다시 힘을 내었고, 공연을 무사히 마칠 수가 있었습니다. 막이 내리는 순간 해냈다라는 생각에 벅차 흐르는 뜨거운 눈물을 느낄 수가 있었습니다. 이후 저희 뮤지컬은 학교를 대표하는 행사로 자리매김할 수 있었고, 강서영어도서관으로부터 공연 초청을 받기도 했습니다. 공연과 같은 구성원의 소통이 중요한 활동에서는 자신의 의견을 내세우기보다는 서로의 의견을 조율하고 더 나은 방법을 찾는 것이 얼마나 중요한지를 알게 되었습니다. 더불어 무언가를 시작한다는 것은 얼마나 많은 준비 과정이 필요하고 철저한 계획과 돌발 상황에 대한 대처가 필요하다는 것을 알게 되었고, 무엇보다 중요한 것은 한번 해 보자는 도전 정신이다라는 걸 깨닫게 되었습니다. 미국 브로드웨이와 영국의 웨스트엔드에서 뮤지컬을 만들겠다는 저의 꿈을 위한 소중한 시간이었습니다.

3. 학교생활 중 배려, 나눔, 협력, 갈등 관리 등을 실천한 사례를 들고 그 과정을 통해 배우고 느낀 점을 구체적으로 기술해 주시기 바랍니다. (1000자 이내)

제가 봉사의 의미를 배웠던 공간은 학교 밖이었습니다. 2013년 10월 저희 학교 친구들은 신나는 레크리에이션을 포기하고 뜻깊은 추억을 위해 꽃동네로 봉사활동을 떠났습니다. 처음에는 '내가 가서 뭘 할 게 있지?'하고 단순히 생각했습니다. 하지만, 그곳에서 만난 많은 사람들을 통해 자신이 가지고 있는 능력을 필요한 곳에 도움 주는 것, 진심으로 도움 주길 원할 때에 이루어지는 것이 진정한 나눔이라는 것을 깨달았습니다.

꽃동네에서 봉사를 하기 전 제가 맞닥뜨린 상황은 친구들 간의 봉사 대상자 선택이었습니다. 모두 좀 더 손쉬운 어린아이 돌보기를 선호하였고, 연세가 많으신 어르신들을 돕겠다고 나서는 친구들이 없었습니다. 이런 차이로 인해서 친구들은 서로 눈치를 보며 미묘한 신경전을 펼쳤습니다. 이때 저는 학급 회장으로 솔선수범하여 힘든 일은 먼저 선택하였습니다. 눈치를 보던 친구들은 하나둘씩 저를 따라 어르신 봉사활동을 선택하게 되었습니다. 어린아이 돌보기로 떠났던 친구들도 미안했던지 하던 일을 마치자마자 저희를 도와주러 왔습니다.

특히 기억하는 것은 제가 맡게 된 머리와 몸은 아프지만, 마음이 따뜻한 장미 언니였습니다. 처음에는 음식물을 흘리지 않게 밥을 먹여 드리는 것부터 시작했습니다. 처음에 냉담했던 언니는 조금씩 저에게 마음을 여셨고, 나중에는 숨겨 두었던 과자를 주실 정도로 저에게 살갑게 대하셨습니다. 이때 저는 돌아가신 할머니가 생각났습니다. 어린 시절 저를 부모님 대신 돌보아 주셨던 할머니셨습니다. 그동안 잊고 있었다는 사실에 저는 너무 슬펐습니다. 그래서 더욱 어르신들을 챙겨 드리고자 노력했습니다. 인성 수련 마지막 날 대표로 장미 언니와 어르신들과의 추억을 이야기하며 친구들에게 배려와 나눔에 대해서 다시 생각해 보자고 권유했습니다. 저의 도움이 필요로 하는 곳에 도움을 주는 나눔의 자세를 잊지 않고자 노력하고 있습니다.

서울대 식물생산과학부

1. 고등학교 재학기간 중 학업에 기울인 노력과 학습 경험에 대해서 자유롭게 기술하시오. (1000자 이내)

　　1학년 때 '전자기장'을 공부하면서 흥미를 느낀 저는 과학거점학교 물리실험반에 지원, 선발되어 탐구 실험 활동을 하였습니다. 스스로 탐구 주제를 정하고 실험을 하는 거점학교 활동을 하면서 2학년 물리1에 대한 저의 공부 방식에 대해 고민하게 되었습니다. 그 결과, 수업 시간에 배운 내용과 교과서에 제시된 개념을 무조건 외웠을 뿐인데 원리를 이해한 것으로 착각했었음을 알게 되었습니다. 1학년 때 손 발전기로 전구에 불을 켜는 활동에서 '발전기'를 공부할 때, 개념을 설명하는 기본 원리인 '전자기 유도 현상'을 제대로 이해하지 않은 채 교과서와 필기 내용을 암기했고 다행히 1학년 때는 별다른 문제점을 느끼지 못했는데 결국 2학년 이공 과정에서 물리 과목을 공부하면서 수업 내용들이 연결되지 않음을 알게 되었습니다. 그래서 지금까지의 과학 공부 방식을 반성하면서 고민하던 중 궁금증이 생길 때마다 접착 메모지에 의문점을 단어든, 문장이든 자유롭게 기록하기로 하였습니다. 의문 나는 것이 나올 때마다 기록한 메모지를 보면서 물리 선생님께 질문을 하였고 또 질문을 하다 보니 질문하는 습관도 기르게 되었습니다. 신이 난 저는 과목별 '질문 노트'를 만들었고 아주 사소한 것이라도 기록하고 질문하면서 처음부터 다시 시작하는 거라고 다짐했습니다. 저만의 학습법은 2학년 1학기 중간고사 물리 1등이라는 결과를 거두었고 물리 선생님은 저를 친구들의 질문에 답하는 작은 선생님으로 이름 붙여 주셨습니다. 자신감을 얻은 저는 다른 친구들에게 설명하기 위해 더욱 열심히 수업을 받았고 배우는 동시에 친구들에게 설명하기 위한 사례도 떠올렸는데 다른 친구들을 염두에 둔 저의 행동과 수업 태도가 교과 내용을 더 완전하게 제 것으로 만든다는 것을 느꼈습니다. 학교생활의 수많은 활동 중에서 제가 주도하고 직접 행동한 것만이 온전하게 제 것으로 남게 된다는 것을 알게 되었습니다. 제 인생에서 모든 것은 제가 고민하고 선택해야 하고 설사 그 결과가 실망스럽더라도 아쉬움은 남겠지만 후회는 하지 않을 것을 몸소 느꼈습니다.

　　특히 '직류 전동기가 발전기 역할을 할 수 있을까?'라는 질문과 선생님의 설명을 통해 제가 '직류'라는 단어에 집중하느라 전동기와 발전기의 구조가 동일하다는 중요한 전제를 간과했음을 깨닫게 되면서 전자기 유도 현상과 앙페르 법칙의 차이를 정확히 알게 되었습니다. '전기 그네가 알려 주는 전자기력'을 과제 연구 주제로 설정한 저희 조는 결론을 도출하기 위해 각각 전압과 코일의 감은 횟수를 조작변인으로 한 2가지 대조 실험을 진행하였고 전압의 크기와 코일의 감은 수에 비례하여 전자기력이 커지는 결과를 얻었습니다. 보고서 작성을 담당한 저는 여러 자료를 수집하던 중, '플레밍의 왼손 법칙'을 새롭게 알게 되었고 굉장히 신기했지만 실험 결과와 도출된 결론을 재검증하는 방식의 실험을 해야 하기에 플레밍의 왼손 법칙에 대한 것은 탐구하지 못해 아쉬웠습니다.

교내 과학 탐구 발표 대회에 '곰팡이의 분해자 역할'이라는 주제로 참가했을 때의 경험은 실패를 두려워했던 제가 탐구심이 강한 현재의 저로 달라질 수 있게 만들었습니다. 잘 구성된 보고서라도 전달하는 발표자의 능력에 따라 내용에 대한 청중의 이해 정도가 달라질 수 있기 때문에 발표를 맡은 저는 큰 부담을 느꼈습니다. 작성한 대본에 따라 매일 연습을 하고 조원들 앞에서 여러 차례 연습도 했지만 대회 당일, 너무 긴장한 탓인지 시간 안배에 실패하여 서둘러 발표를 마무리하느라 탐구 내용을 정확하게 전달하지 못하고 우리 조원들에게 큰 폐를 끼치게 되었습니다. 실전 연습도 중요하지만 실제 발표에서 발표자에게 가장 중요한 것은 자신감과 여유라는 것을 새삼 느꼈습니다. 실수하게 된 원인을 찾은 저는 주 1회 매번 탐구한 내용을 발표해야 하는 탐구 동아리 '워너비' 활동에서 비행기의 원리, 태양 전지 등을 설명하고 질의응답 과정도 거치면서 저는 친구들에게 저의 단점을 지적해 달라고 요청했습니다. 조금씩 나아지는 저를 발견하면서 준비한 내용을 무리 없이 전달하면서도 청중의 반응을 살피는 여유와 자신감을 얻었습니다.

과학반 동아리 활동을 하면서 다양한 과학 실험 관련 축제에 참여할 기회가 많았습니다. 2014 STEAM 생태환경 체험마당에서 '바이러스야, 놀자!'라는 체험 부스를 운영한 저는 '바이러스의 외형'이라는 생소한 내용을 과자와 비즈를 이용하여 학생들에게 설명하였습니다. 우리는 운영을 마친 후 다른 학교 동아리 체험 부스에서 우리가 페달을 밟아 생산한 전력으로 솜사탕 기계가 작동되는 실험에 참여했습니다. 직접 참여한 실험이 큰 흥미를 느끼게 하고 과학의 개념을 쉽게 전달한다는 것을 직접 체험할 수 있었습니다. 그때의 경험을 바탕으로 우리 동아리는 과학적 개념을 쉽게 설명하기 위한 방안을 다각도로 탐색하였고 2014 덕원제 '손난로 만들기' 부스를 운영해서 학교 친구들이 손난로 만들기 실험에 직접 참여하도록 안내하였습니다. 또 각자가 만든 손난로를 기념으로 가지고 갈 수 있도록 하는 프로그램을 진행하면서 생활 속의 과학을 알렸습니다. 그 후 과학반과 거점학교 등에서 실험한 내용은 반드시 학급 게시판을 통해 친구들에게 안내하였고 HR시간을 통해 설명하면서 과학 선생님들께 수업 태도가 가장 좋은 학급이라는 평을 받기도 했습니다.

과학거점학교 물리 실험반에서 매주 토요일 탐구 활동을 하였습니다. LED 전기 회로를 만드는 활동 중, 브레드 보드의 내부 구조를 이용하여 3핀 스위치를 포함한 다양한 스위치들을 함께 연결할 때 회로에 전류가 흐르지 않았습니다. 원인을 찾지 못해 허둥지둥하다가 결국 주어진 시간에 실험을 완수하지 못하고 말았습니다. 다양한 스위치의 기능을 완전히 숙지하지 못한 채 의욕만 앞세워 실험에 임한 저 자신을 탓하며 실패한 실험을 돌아보고 또 돌아봤습니다. 다양한 종류의 스위치 구조를 이해하기 위해 선생님께 질문도 하고 머릿속으로 수차례 회로를 그리며 손으로 눈으로 가상 실험을 반복해서 했습니다. 그 후 '덕성여대 찾아가는 실험실'이라는 프로그램에 참여한 저는 '센서 선풍기 제작' 활동에서 브레드 보드를 이용한 전기 회로 연결 순서에서 이전의 실패를 하나하나 되새기며 조원들과 의견을 나누면서 주어진 시간에 회로 만들기 실험을 완수하였습니다. 의욕이란 준비되지 않은 자에게는 욕심에 불과하다는 것을 새삼 느꼈으며 미래에 실력 있는 열정적인 공학도가 되기 위해 저는 더욱 열심히 공부해야겠다고 다짐하였습니다.

저는 1학년 때 어려운 일을 겪게 되었고 저희 가족 모두 지금까지와는 너무 다른 상황에 처하게 되자 허둥지둥했습니다. 주변 친척들에 대한 원망과 섭섭함으로 아주 작은 일에도 상처를 많이 받았습니다. 제 사정을 알 리가 없는 친구들은 이해할 수 없는 제 행동에 거리감을 느끼기도 했을 것입니다. 퇴근 후 무슨 일이 있어도 10분이라도 매일 대화해야 한다고 하신 어머니의 사랑과 학교 선생님들의 따뜻한 배려와 도움으로 지금의 처지를 원망하기보다는 제 자신의 미래를 위해 주어진 환경에서 최선을 다해야 한다는 마음을 갖게 되었습니다. 또 교육비 지원과 자유수강권 덕분에 제가 하고 싶은 학교의 모든 활동에 참여하고 바쁘게 활동하면서 아픔을 조금씩 이겨 나갈 수 있었습니다. 그리고 삼성 꿈 장학생으로 선정되어 책도 구입하고 온라인 강의도 수강할 수 있어 부족한 공부도 채울 수 있었습니다.

국가와 학교, 선생님, 그리고 기업으로부터 후원을 받고 있는 저는 제 미래를 그려 보고 그 꿈을 이루기 위해 노력하고 있었기에 저도 누군가에게 꿈을 그리게 만드는 존재가 되고 싶었습니다. 제가 할 수 있는 일이 무엇일까 궁리하다가 저소득층 아동 교육 봉사 동아리 '멘토스'에 가입하여 활동하게 되었습니다. 매주 '새하늘 아동센터'에서 멘토링 활동을 하던 중 구의 겉넓이 공식을 질문한 은정(초6)에게 중학교 때 귤껍질을 이용하여 구의 겉넓이 공식을 배웠던 기억을 떠올리며 귤 대신 종이공을 만들어 공식을 가르쳐 주었습니다. 은정이는 구의 개념을 충분히 이해하여 축구공부터 지구본에 이르기까지 다양한 사례에 적용하기도 하며 즐거워하였습니다. 저는 또 센터를 방문할 때마다 과학반 활동 내용을 설명하였습니다. 특히 자율동아리 '워너비' 활동 중 만든 'DNA 자외선 팔찌'를 아이들이 가장 좋아하였고 아이들에게 팔찌를 통해 자외선이 어디에나 존재한다는 사실을 설명해 주면서 과학은 생활이고, 우리의 실생활에 가장 밀접한 학문이라는 것을 느끼게 해 주었습니다. 경제적, 사회적으로 소외된 아동들의 학습 도우미 역할의 교육 봉사 활동은 나도 누군가에게 힘이 될 수 있다는 것을 느끼게 해 준 소중한 경험이었습니다.

〈공학이란 무엇인가〉

　2학년 때 담임선생님께서는 늘 수학과 과학이 인류의 삶에 끼친 영향을, 특히 현대 사회의 핵심은 공학이라고 강조하셨고 저는 〈공학이란 무엇인가〉를 찾아 읽었습니다. 녹색교통공학, 건설 및 환경공학 등 다양한 분야의 공학에 대해 알 수 있었습니다. 특히 제가 앉아 있는 공간과 생활하는 환경에 대해 연구하는 '건설 및 환경공학'이 매우 흥미로웠습니다. 인간에게 가장 중요한 의식주에서 '주'를 대상으로 자연의 소비를 최소화하고 현재의 환경을 보존하면서 인류의 삶의 질을 높인다는 학문적 목표가 제 마음을 끌었습니다. 공업화 이전에는 공기와 물, 채소, 생선 등의 식재료는 모두가 누릴 수 있는 자연의 선물이었지만 현재, 심각한 환경 오염으로 인하여 깨끗한 공기와 물로부터 빈곤층은 소외되고 이에 따른 질병의 발생 등 또 다른 고통으로 이어진다는 사실도 떠올랐습니다. 빈부에 상관없이 누구나 삶의 질을 높일 수 있는 쾌적한 공간이란 불가능한 것일까라는 의문에서 환경공학에 대한 탐구심이 더 생겼습니다.

〈환경을 알면 돈이 보인다〉

　지구과학 시간에 세상에서 가장 큰 구멍은 오존이며, 인간들이 무한정 방출하는 프레온 가스로 인해 남극 상공에 떠 있는 오존은 점점 더 커지고 있음을 배웠습니다. '위기의 지구' 단원에서 자원의 고갈, 대기 오염 등을 체감한 저는 우리의 공간에서부터 무언가 변화가 있어야겠다고 생각했습니다. 무지했던 저 자신을 부끄러워하며 〈환경을 알면 돈이 보인다〉를 읽었습니다. 여러 가지 환경 문제를 인식하면서 생활 속에서 실천할 수 있는 일들, 쓰레기 분리 배출하기, 특별실 수업 시 나가기 전 전등과 냉방기 끄기, 자습실로 이동하기 전 3학년 교실 전체 소등하기 등 하나씩 해 나갔습니다. 친구들은 저에게 할머니 같다고 놀렸지만 이제는 모두들 익숙해졌습니다. "에너지, 절약하거나 적극 이용하거나"를 다룬 내용을 통해 에너지를 최대한 효율적으로 이용하는 것도 환경을 지키는 길이라는 것을 알았습니다. 인간과 자연이 공존하는 사회에 대해 생각하면서 공학도로서 할 수 있는 것은 무엇일까 고민해 보았습니다.

〈자연은 위대한 스승이다〉

　1학년 영어 교과서에서 생체모방을 본 후 추천 도서 〈자연은 위대한 스승이다〉를 읽었습니다. 생체모방의 다양한 사례-연잎 표면의 과학, 얼룩말 무늬에 숨겨진 통풍 효과, 흰개미집의 환기 시스템 등 신비로운 자연의 섭리를 접하면서 저는 자연을 기본으로 한 공간을 상상하면서 수명산 속에 앉아 있는 우리 학교를 떠올렸습니다. 3학년 건물 뒤로 만들어진 산책로, 나무가 손에 잡힐 듯한 자습실은 제가 가장 좋아하는 공간입니다. 천방지축 신입생들이 수명산의 정기를 받아 차분한 여학생이 되었다고 선생님들께서 말씀하실 때 피식 웃었지만 색색의 꽃이 가득한 교정에서 맑은 공기와 나무 아래에서 사색도 하고 석양 속에서 산책도 하면서 알게 모르게 자연을 닮은 것이 아닐까 생각하였습니다. 자연스럽다는 뜻을 새기며 자연을 본 떠 평온과 안정을 추구하는 생체모방 기술에도 관심을 갖게 되었고 도시와 건물의 시스템을 설계할 때 자연의 모습을 본 뜬 미래 복지 사회를 디자인하는 공학도의 꿈을 꾸게 되었습니다.

서울대 응용생물화학부

고등학교에 입학할 때 거의 선행이 되어 있지 않았지만, 마음가짐이 더 중요하다는 믿음으로 열심히 공부했습니다. 덕분에 시험에서 높은 성적을 받아 쓰쿠바 Science Edge 국제대회를 참관할 기회를 얻었습니다. 일본에서 지내는 동안 많은 출품작을 보며 꿈에 관해 생각했고 화학과 생명과학에 흥미를 느껴 관련 과목을 공부해 보며 진로를 굳혔습니다. 이를 통해 자신감을 얻었고 선행 학습 없이 높은 수준에 이를 수 있다는 것을 증명해 보고자 정말 열심히 공부했습니다. 새롭게 얻은 공식은 증명을 통해 학습하고 많은 문제에 적용해 완벽히 익혔습니다. 특히 부등식 분야에서 절대부등식과 그것의 증명 과정이 다른 증명과 문제 풀이에 유용하게 쓰였기 때문에 관련 문제를 풀어 보며 변형된 상황에서 이를 적절하게 응용하는 법을 익혔습니다.

과학은 개념을 다지는 데 집중했습니다. 여러 책을 통해 다양한 문제를 비교 및 풀이하는 경험이 큰 도움이 되었습니다. 하지만 주말 시간 활용의 중요성을 잘 몰랐기에 1학년 2학기 성적이 떨어졌습니다. 원인 분석을 통해 시간 활용 문제라는 것을 깨닫고 학습 계획서를 쓰기 시작했습니다. 금요일에는 그동안의 학습 내용을 보며 주말 계획을 세웁니다. 주말이 끝나면 시간을 알차게 보냈다는 만족감이 들고 이를 통해 제 실력이 더욱 향상될 것이라 굳게 믿습니다.

또한, 수학은 예습으로 청강의 효율을 높이고 친구들과 책을 정하여 저희만의 답지를 만드는 등 스터디 활동을 통해 노력한 결과 2학년 1학기 성적이 향상되었으며, 백엽장학금을 수여받았습니다. 다음으로 효율적인 학습을 위한 계획을 세우는 데 집중했습니다. 특히 내신과 전공 과목 학습의 시간 배분에 중점을 두었습니다. 자율학습 시간에는 수·과학을, 집중력이 떨어지는 자습 시간이나 자투리 시간에는 인문 과목을 공부했고 시험 기간에 다시 복습함으로써 내신 관리를 철저히 했습니다. 그동안의 경험을 통해 자기 주도적으로 학습하여 만족스런 결과를 얻을 수 있다고 확신하였으며 앞으로도 자기 개발을 계속할 것입니다.

첫 번째는 R&E 활동입니다. 처음으로 직접 주제를 정하고 진행한 연구였기에 학교의 화학 실험 기기로부터 주제를 찾아보았습니다. 그중 수소화 반응 장치를 선택하였고 여러 유기 물질을 환원시켜 그 특성의 변화를 관찰하는 것을 주제로 하였습니다. 하지만 기기를 다룰 줄 아는 한국인이 없어 관련 연구로 학위를 받은 외국인과 함께 연구를 진행했습니다. 조원들 모두 영어로 대화하여 그에게 많은 도움을 받았습니다. 그렇게 1년의 노력 끝에 국제 학술지에 연구 내용을 영문으로 싣고 연구를 마쳤습니다. 주제를 정할 땐 화학적인 내용을 접할 수 있었고, 교과서에서 보기 드문 화학 실험 기기들에 대해 알아보았습니다. 또한, 일부 물질에 대해서는 반응 조건이 매우 위험하였는데 기존의 장비보다 높은 안정성을 보장하는 기기를 사용하였습니다. 교과 과정에서는 이러한 조건들을 접할 수 없어 관심을 가지지 않았는데, 특정 실험을 더욱 쉽고 안전하게 할 수 있는 기기나 방법의 개발도 좋은 연구 주제가 될 수 있다는 깨달음을 가질 수 있었습니다.

두 번째는 탐구토론대회에 참가한 것입니다. 2명의 친구와 탐구를 진행하였는데 주제를 정하는 것이 매우 어려웠습니다. 빅데이터의 활용 방안에 대해 탐구하는 것이 목적이었습니다. 그리고 많은 고민과 토의 끝에, 새로운 걸 활용하는 좋은 방안은 기존의 불편함을 해소하는 것이라 결론지었고 일반고등학교 이과생을 위한 홈페이지를 고안했습니다. 많은 사람의 의견을 수렴하여 홈페이지를 수정하였고 여러 프로그램을 활용하여 홈페이지를 시각화하여 학교 대표로 대회에 참가했습니다. 여기에는 깊은 고민이 큰 도움을 주었습니다. 처음에 많은 고민 없이 정한 주제로는 생각을 전개함에 따라 여러 문제가 있음을 느꼈지만, 모두가 고민하고 소통하여 생각을 말하고 피드백을 제공함에 따라 더욱 질 높은 아이디어가 나오기 시작했습니다. 팀워크와 적극적인 참여는 아이디어를 완성도 높은 작품으로 만드는 데 크게 이바지하였습니다. 또한, 15분의 긴 발표와 반론, 평론을 반복함으로써, 사람들에게 자기 생각을 전달하고 타인의 말을 경청하는 능력을 기를 수 있는 좋은 경험이었습니다.

세 번째는 화학스터디 활동입니다. '옥스토비의 일반화학'이라는 교재로 심화 과정과 새로운 내용을 접하였습니다. 각자 맡은 단원을 친구들에게 설명하는 방식으로 진행하였고 이를 위해선 내용에 관한 깊은 이해가 필요하였습니다. 양자화학과 같이 어려운 단원도 전공 도서를 참고한 수업으로 심도 있게 배웠고, 배운 단원의 예제를 풀어 보며 복습하였습니다. 특히 분자오비탈 부분을 재미있게 공부했는데 교육 과정에서 다시 접할 수 있어 쉽게 이해하였습니다. 스터디는 친구들과 공부하고 학교 선생님께 도움을 받았기 때문에 주어진 환경을 잘 활용할 수 있는 활동이었으며 학습 효율도 높았습니다. 특히 모두의 역할이 매우 중요했기 때문에 책임감을 가지고 활동에 임할 수 있고 서로에 대한 신뢰도 깊어졌습니다. 앞으로도 공부한 내용을 공유하고 여러 의문점에 대해 함께 생각해 보며 효과적인 학습 방법을 찾아 실행할 것입니다.

3. 학교생활 중 배려, 나눔, 협력, 갈등 관리 등을 실천한 사례를 들고 그 과정을 통해 배우고 느낀 점을 구체적으로 기술해 주시기 바랍니다. (1000자 이내)

난타 동아리의 회장이라는 경험을 통해 느낀 것은 조화를 통한 공감과 배려입니다. 신생 동아리였기 때문에 리더로서 많은 것을 혼자 해야 했습니다. 매번 부원들에게 연습이 있다는 사실을 알리기 위해 뛰어다녔고, 미리 연습을 준비해 두지 않으면 시간이 부족했습니다. 이는 많은 시간과 에너지를 소비하는 일이었습니다. 외부 강사님께 배운 동작을 가르쳐 주는 것도 제 담당이었습니다. 전체 뼈대를 구성하고 부원들과 함께 살을 붙여 무대를 완성하고 공연하였습니다. 그렇게 준비한 첫 무대는 만족스럽지 않았습니다. 저는 속도를 조절하고 균형을 맞추는 역할을 맡았는데, 이를 잘 이해하고도 제대로 수행하지는 못했습니다. 각자의 기량은 뛰어났지만 통일감이 떨어졌습니다.

또한 무대를 구성할 때 부원들의 역할 분담이 제대로 되질 않아 무대의 완성도도 낮았습니다. 이를 보충하기 위해 회의를 하였고, 각자의 장점을 살려 무대 구성에서 수행할 역할을 정했습니다. 그 과정에서 어려운 점이 생기면 정리해 두었다가 모두 모인 자리에서 소통하였고 그것을 해결하기 위해 다 같이 고민하며 역할을 바꾸기도 했습니다. 이들이 모여 의견을 나누는 자리에서는 토의가 원활하게 이루어질 수 있도록 이끌고 중재하였으며, 언제나 그들의 말을 귀담아 들었습니다. 이를 통해 서로에 대한 신뢰가 높아져 동아리 활동도 원활해졌습니다. 덕분에 기존 무대에 있었던 문제점들을 해결하고 훨씬 풍성한 공연물을 만들 수 있었습니다.

재능 나눔 활동에서 학생들 앞에서 공연하고 즐겁게 봐주는 그들의 모습을 보면서, 노력의 결과를 나눔으로써 느낄 수 있는 희열감을 경험하기도 하였습니다. 그렇게 동아리 생활을 통해 얻은 것은 진실성 있는 태도와 협력의 중요성, 리더로서 해야 할 역할입니다. 부원들을 배려하는 태도로 최선을 다했더니 표현하지 않아도 주변에서 알아보고 언제부턴가 모두가 협력하여 일을 해결하기 시작했습니다. 그 과정에서 부원들 간의 갈등이 생기지 않도록 그들을 잘 이끌었고, 그 결과 훨씬 완성도 높은 공연을 할 수 있었습니다.

고등학교 재학기간 (또는 최근 3년간) 읽었던 책 중 자신에게 가장 큰 영향을 준 책을 3권 이내로 선정하고 그 이유를 기술하여 주십시오.
- ▶ '선정 이유'는 각 도서별로 띄어쓰기를 포함하여 500자 이내로 작성
- ▶ '선정 이유'는 단순한 내용 요약이나 감상이 아니라, 읽게 된 계기, 책에 대한 평가, 자신에게 준 영향을 중심으로 기술

〈습관의 힘〉

저희 어머니께서는 습관이 인생에서 가장 중요함을 강조하시며 제게 추천해 주셨습니다. 습관의 힘은 경험에서 많이 느껴왔지만, 책은 다양한 예시를 들어 삶이 습관에 의해 얼마나 크게 지배받고 있는지 알려 줍니다. 이처럼 중요한 습관을 좋은 방향으로 고치는 방법도 배웠습니다. 계획을 잘 끝마친 후에는 적절한 보상을 하는 것입니다. 저는 어릴 때부터 어머님의 교육으로 좋은 습관만 가지려 애썼지만 고쳐야 할 습관이 많습니다. 먼저 계획을 세우는 습관을 지니려 노력했습니다. 처음엔 귀찮고 막막했지만, 며칠 꾹 참고 하니 어느새 무의식 속에 매일 아침 계획을 세워야 한다는 관념이 생겼고, 계획을 세우는 일은 제 삶의 일부가 되었습니다. 이제는 나쁜 습관을 좋은 습관으로 바꾸는 데 계획을 활용합니다. 매일 아침 공책에 다짐들을 적어 두고 매일 반복해서 읽다 보면 계속 각성이 되고 어느새 습관이 되어 있습니다. 이 책을 읽음으로써 제 삶을 더 계획적이고 좋은 습관으로 채울 수 있게 되었습니다.

〈생명의 미학〉

생화학 관련 책을 찾다 우연히 발견하여 읽어 본 책입니다. 생화학을 연구하시는 분께서 생명과학을 연구하시며 발견한 아름다움과 정교함에 관해 고찰하고 이를 인간의 삶에 투영한 작품입니다. 철학적이면서도 생명과학에 대한 지식을 알 수 있었고 그곳에서 발견한 논리를 인생에 적용함으로써 어떤 사건에서 교훈을 도출해 내는 융합적 사고를 엿볼 수 있었습니다. 생명체는 자신이 처한 환경에 효율적으로 적응할 수 있도록 오랜 기간 진화해 왔으며, 신체를 구성하는 모든 세포가 개체의 생존에만 집중하고 그에 특화되어 있습니다. 이들이 하는 역할들은 하나의 목적에만 충실하게 기능하기 때문에, 그 작용을 이해하고 인생을 살아가는 데 적용한다면 꿈을 이루기 위해 효율적으로 삶을 살아갈 수 있을 것입니다. 생명에서 볼 수 있는 완벽성과 무오류성의 본질에 대해 배웠고 앞으로의 삶에서 이를 적용해 보고자 합니다. 생명과학은 단순한 학문이 아니라 인생의 법칙을 따르는 하나의 지침서이며 앞으로 열심히 연구해 보고 싶습니다.

〈공부하는 힘〉

고등학교 입학 후 교감 선생님께서 추천하신 책입니다. 어릴 때부터 공부를 해 왔지만, 그 방법론에 대해서는 자세히 생각해 본 적이 없습니다. 이 책은 '몰입'을 통해 개인의 최대 기량을 끌어내어 학습 효율을 높이는 방법을 설명하고 있습니다. 몰입을 위해서는 하나의 대상을 정하고 언제나 그것만 생각해야 합니

다. 공부할 때, 볼일 볼 때, 식사할 때 언제나 그 생각만 하면 뇌의 관련 부위가 활성화되어 학습을 더욱 효율적으로 할 수 있습니다. 하지만 학교생활에서 하나에 관해서만 생각하는 것은 무리가 있어 공부 자체에 대한 생각을 계속했습니다. 이를 통해 과거를 반성해 보았고 허투루 보내는 시간이 많음을 느꼈습니다. 그러다 보니 자율학습 시간이 와도 완전히 집중하기까지 약간의 시간이 걸렸습니다. 이렇게 아깝게 버려지는 시간을 줄이기로 했습니다. 자투리 시간엔 공부 효율에 대한 부담 없이 공부에 대해 생각을 할 수 있었고, 다시 학습할 시간이 되었을 때 이전보다 쉽게 집중할 수 있었습니다.

카이스트

1학년 때는 언제나 왜? 라는 질문으로 시간을 보냈습니다. 공부하면서 지식을 쌓고, 이를 바탕으로 머릿속에 떠오르는 여러 문제들을 해결하는 과정이 재미있고 제게는 가장 의미 있는 일입니다. 여러 학문들 중에서도 특히 화학은 눈에 보이지도 않는 세계를 상상하여 거시 세계에 영향을 미칠 수 있다는 점이 매력적이었습니다. MO와 HO의 차이점은 무엇일까? 왜 원자핵과 전자는 충돌하지 않을까?

이런 문제들을 해결하기 위해 다양한 가능성을 생각하고 스스로 가정들을 만들면서 이론을 만들어 보기도 하고, 도서관에서 전공 책들을 빌려 답을 찾아보려고 노력했습니다. 의문이 생기면 친구들과 함께 해결하기 위해 토론을 하는 형식으로 스터디를 했고, 교수님들께 의견을 보내 확인하기도 하였습니다. 공부하면서 화학만 잘해서는 뛰어난 화학자가 될 수 없다는 것을 알게 되었고 여러 학문들을 연계하여 융합적으로 공부하였습니다. 화학을 예로 들면 반응 속도론을 공부할 때 처음에는 적분 속도식이 잘 이해되지 않았지만 미적분을 공부하고 나니 완벽히 이해할 수 있었습니다. 물리학 중 열역학과 전자기학은 각각 열화학과 쌍극자모멘트를 이해하는 데 많은 도움이 되었고, 생명과학 중 효소나 뉴런을 이해하는 데도 화학이 많은 도움이 되었습니다. 이런 식으로 폭넓게 공부하면서 각각의 학문이 매우 유기적으로 연결되어 있다는 것을 알 수 있었고, 여러 과목을 같이 공부할 때 비로소 시너지 효과를 낸다는 것을 느꼈습니다.

또 기본 소양을 갖추기 위해 수학과 과학 이외의 과목들도 주도적으로 공부하기 시작했는데, 인문과 사회과학 분야는 도서관에서 책을 빌려 읽으면서 조금씩 공부하였고, 점차 쓰게 될 영어도 꾸준히 공부했습니다. 영문 독해 능력을 기르기 위해 원서를 읽었고, 회화 능력을 기르기 위해 외국인 선생님과 자주 대화를 했습니다.

제가 했던 교내 활동 중 가장 큰 영향을 미친 것은 R&E입니다. R&E를 하면서 어떤 주제가 연구하기 적합한지 알기 위해 자료를 검색하고 떠올린 주제를 교수님들께 검토받는 일을 수십 번 반복하였습니다. HMF에 대해 찾아볼 때는 많은 교수님들께 메일로 조언을 구하고, 지도를 받기 위해 경상대 생화학과에 직접 찾아가기도 하였습니다. 결국 고구마 전분 접착제에 대한 연구를 시작했는데, 접착력 확인을 위한 변인 통제가 어렵고, 계절에 따라 고구마 생장 특성이 달라 많은 어려움을 겪었습니다. 결국 계절이 바뀌어 연구를 그만두게 되었고, 전람회 출전을 위해 다시 주제를 바꿨습니다. 이렇게 잡은 주제가 활성알루미나를 이용한 인 처리 연구였습니다. 그 전의 많은 실패들 덕분에 연구의 전체적인 흐름과 실험 방법, 결과 처리에 대해 보다 쉽게 할 수 있었습니다. 그리고 전보다 연구가 훨씬 즐거웠습니다. 이 경험을 통해 곧게 나 있는 길로 직진하는 것보다는 조금 돌아가면서 새로운 길도 만들면서 많은 경험을 하는 것이 제가 성장하는 데 더욱 도움이 된다는 것을 깨달을 수 있었습니다.

발명도 제가 정말 열심히 노력한 교내 활동 중 하나인데, 계획부터 제작까지 모든 과정을 혼자 해야 했기 때문에 팀원들과 같이 하는 R&E보다 더 힘들고 막막했습니다. 작품명은 냉/난방기 대류 유도 벨로스로, 평소에 불편했던 냉난방기의 공기 순환을 개선시키는 발명품을 고안했는데, 머릿속에만 있던 아이디어를 실제로 구현해 내기까지 생각보다 많은 노력이 든다는 것을 알게 되었습니다. 머릿속으로 구상을 할 때는 계속 잘못된 점을 고쳐 나가면서 5번 정도 바꾸었고, 계획서가 통과되고 난 후 작품을 제작할 때에도 몇 번의 시행착오를 거쳐 최종 작품을 제작하였습니다. 2학년 때는 바빠서 따로 할 시간을 내지는 못했지만 중간에 포기할 수는 없었기에 쉬는 시간과 점심, 저녁 시간을 활용하여 실험도 하고 선생님과 논의하며 고민한 끝에 완성품을 만들어 냈습니다. 어렵게만 생각되었던 발명을 나도 할 수 있다는 생각에 앞으로 어떤 힘든 일이라도 다 이겨낼 수 있다는 자신감이 생겼습니다.

저는 화학 관련 대회는 대부분 참가하였는데, 그중에서도 가장 준비를 많이 한 것은 화학올림피아드입니다. 전 범위에 어려운 문제들이 많아 한 문제를 해결하는 데 오래 걸렸지만, 문제 하나하나가 화학적으로 의미 있고 풀어나가는 재미가 있었습니다. 처음 친 시험에서는 떨어졌지만 한 번 치고 나니 어떤 식으로 공부해야 될지 감이 잡혔습니다. 학교에서 배우는 것만으로는 부족해서 심화 교재를 공부했는데, 이해가 안 되는 부분도 많이 있었지만 그렇게 공부하는 것 자체가 재밌었습니다. 고2부에는 유기화학이 포함되어 있었는데, 학교에서 배운 수준으로 이해할 수 없어서 전공 유기화학책을 보며, 반응 메커니즘들을 수십 번씩 종이에 쓰고 이해하며 공부하였습니다. 3번의 시험을 준비하는 동안 학교에서 다루지 않는 부분들을 깊이 고민했고, 화학에 대해 넓게 배울 수 있었습니다.

3. 학교생활 중 배려, 나눔, 협력, 갈등 관리 등을 실천한 사례를 들고 그 과정을 통해 배우고 느낀 점을 구체적으로 기술해 주시기 바랍니다. (1000자 이내)

저는 고등학교에 입학하기 전까지 배려심이 부족한 아이였습니다. 작년에 창의력 페스티벌 대회에 4명이 팀을 이뤄 도전한 적이 있습니다. 일상생활의 문제점을 해결하는 탐구를 계획하고 실행하는 대회였는데, 시작할 때는 문제가 없었으나 탐구 결과를 해석할 때 저는 저만의 해석을 고집했고 팀원들은 그것을 반대했습니다. 그 대회에 나갈 당시 아직 팀 활동을 많이 해 보지 못해서 팀워크를 어떻게 맞춰야 하는지, 팀 내에서 의사 결정은 어떻게 이루어지는지 등에 대해 몰랐고, 그냥 다들 왜 그러는지 이해가 안 될 뿐이었습니다. 하지만 팀에서 점점 고립되자 저는 제 문제를 인식하기 시작했고, 문제를 해결하기 위해 팀원들에게 미안하다고 사과를 하자 차갑게만 대했던 친구들도 놀라며 제 사과를 받아 주었습니다. 그때부터 조금씩 배려에 대해 배우기 시작했고, 결국 팀의 한 일원으로서 본선에 진출하여 입상하였습니다. 이 대회를 통해 저는 상보다 훨씬 값진 것을 얻었습니다.

지금은 재능 기부 봉사활동에 참여하고, 영재교육원 멘토링 동아리에 가입하여 중학생들에게 멘토 역할을 해 주고 있습니다. 아이들의 수준에서 설명하고 참여를 유도하는 것과 아직 불완전한 제가 학생들에게 멘토 역할을 하는 것이 꽤 어렵지만 다른 봉사활동과는 비교할 수 없을 만큼 보람이 있고 재밌습니다. 재능 기부 활동은 주로 저소득층 아이들을 대상으로 실시하는데, 어떤 날은 앞을 거의 볼 수 없는 아이를 맡게 되어 듣는 것만으로 어떻게 이 실험을 이해시킬지 몰라 많이 당황했습니다. 그러나 제 생각과는 달리 그 아이는 이미 빛이 없어도 세상을 인지하는 데 적응이 되어 있었고, 차근차근 설명하고 손과 귀로 느낄 수 있게 도와주자 곧바로 이해했습니다. 장애인에게 연민이 아닌 존중을 해야 한다는 사실을 머릿속으로는 알고 있었지만, 저도 모르게 그 아이의 능력을 과소평가한 것입니다. 저는 그날 이후로 장애인에 대한 시각을 바로잡을 수 있었습니다.

고려대 간호학과

1. 고등학교 재학기간 중 학업에 기울인 노력과 학습 경험에 대해, 배우고 느낀 점을 중심으로 기술해 주시기 바랍니다.(1000자 이내)

간호사를 꿈꾸며 간호사로서 진정 환자들에게 도움이 되기 위해서는 단순히 배우는 것을 넘어 배운 지식을 활용할 수 있어야 한다고 생각했습니다. 따라서 학교에서 배운 지식을 완전히 이해했다고 생각할 때까지 선생님께 질문하거나, 책과 인터넷 등을 통해 공부했습니다. 또한 간호사로서 배운 것에 안주한다면 의료인으로서 다양한 상황에 대처할 수 없다고 생각했습니다. 그래서 궁금한 점이 생기면 망설이지 않고 궁금증을 해결하려 노력했습니다. 예를 들어, 세포 호흡에서 산화적 인산화가 일어날 때, 수소 이온의 이동으로 ATP가 합성되는 이유를 알아보기 위해 책과 교과서 등의 많은 자료를 찾아보았습니다. 그 결과 수소 이온이 ATP 합성 효소를 통과할 때 ATP 합성 효소의 구조가 변형되어 ADP와 인산의 결합을 촉진시킨다는 메커니즘을 알 수 있었습니다. 이처럼 궁금증을 해소함으로써 더 깊이 있는 학습을 할 수 있었습니다.

더불어 지식이 구조화되어 있지 않다면 가진 지식을 적재적소에 이용할 수 없고, 그것은 간호사로서 위급한 상황에서 제 역할을 하지 못한다고 생각했습니다. 그래서 친구들에게 설명하는 방식으로 지식을 체계적으로 구조화시키기 위해 노력하였습니다. 제 친구들 중 일부는 단순 암기의 방식으로 공부를 했기 때문에 원리를 이해하지 못해 어려워하는 경우가 많았습니다. 그래서 저는 생명의 궁극적인 목표인 생존이라는 큰 원리에서 접근하여 세부적인 내용인 인체의 기관, 항상성 유지에 대해 설명하니 친구들이 쉽게 이해할 수 있었습니다. 이러한 과정 속에서 저는 학교에서 배운 지식이 동떨어진 것이 아니라 마치 마인드맵처럼 서로 연관되는 것을 느꼈습니다.

이러한 학습 방법은 제가 앞으로도 이어 나갈 학습 방법이 될 것입니다. 간호사는 생명을 다루는 직업이기 때문에 지식의 활용이 뛰어나고, 자신의 분야에 대해 끊임없이 공부해 나가야 합니다. 저는 그것을 항상 마음에 두면서 환자를 위하고 환자에게 필요한 조치를 취할 수 있는 간호사가 되기 위해 노력해 왔습니다.

2. 고등학교 재학기간 중 본인이 의미를 두고 노력했던 교내 활동을 배우고 느낀 점을 중심으로 3개 이내로 기술해 주시기 바랍니다. 단, 교외 활동 중 학교장의 허락을 받고 참여한 활동은 포함됩니다.(1500자 이내)

사람을 대하고, 다양한 사람을 만날 수 있는 활동을 하고 싶어 자리를 알아본 결과 친구들과 함께 지역 중학교에서 멘토링 봉사활동을 시작하게 되었습니다. 그렇게 만난 멘티는 내성적이었지만 누구보다 성실했습니다. 매번 멘토링 활동을 할 때마다 정해진 시간이 끝날 때까지 쉼 없이 질문을 하는 멘티의 모습은 제가 활동에 더 큰 애착을 갖도록 했습니다. 원래는 매주 금요일마다 2시간씩 진행되는 활동이었지만, 멘티에게 도움이 되고 싶어 원래의 일정이 아닐 때에도 혼자서 활동을 하기 시작했습니다. 그것은 시험 기간에도 계속되었습니다. 주변 사람들은 미련하다며 저를 말렸지만, 저는 차마 그것을 그만둘 수 없었습니다. 저는 멘토링을 하며 시험 성적을 유지하기 위해 수면 시간을 줄여 공부했고, 공부를 할 때에는 휴대폰과 같이 방해가 되는 요소를 없애 최대한 집중을 할 수 있도록 노력했습니다. 처음에는 걱정이 됐지만, 멘티와 제가 기울인 노력은 저와 멘티의 성적 향상이라는 결실을 맺었습니다. 언젠가 가르치면서 배운다는 말을 들은 적이 있습니다. 저는 멘토링 활동을 하며 그 말을 이해할 수 있었습니다. 그것은 지식으로써 배운다는 것이 아니라, 사람에게 영향을 받아 더 나은 방향으로 바뀌어 간다는 것이었습니다. 이를 통해 남을 돕는 것은 희생적인 일이 아니라, 내가 발전할 수 있는 길임을 깨달았고, 그 깨달음을 통해 제가 앞으로 간호사가 되어 다른 사람을 위해 노력하는 것을 망설이지 않을 것입니다.

과학에 흥미가 많아 과학 실험 동아리에 가입하고 활동하면서 조별 실험을 진행하게 되었습니다. 실험에 앞서 회의를 한 결과 일부 식물에 사람의 ABO식 혈액형의 응집원이 있다는 것에서 착안하여 식물의 즙을 얻어 혈청 반응을 일으키는 실험을 하게 되었습니다. 식물의 즙에 혈청 반응을 알아보는 단순한 실험이었지만 열악한 실험 여건으로 인해 식물의 즙을 얻기도 힘들었고, 힘들게 얻은 식물의 즙에는 잎 조각과 같은 부유물이 떠다녀 정확한 실험 결과를 얻기 힘들었습니다. 하지만 그것에 좌절하지 않고 어떻게 하면 실험을 보다 정확히 수행할 수 있을 것인지에 대해 고민해 보았습니다. 실험 중의 어려운 점을 위주로 생각하니, 물을 첨가하면 원활한 실험 진행이 가능할 것이란 생각이 들었습니다. 그리고 조원들도 저의 생각에 동의하여 실험을 수정해 다시 수행한 결과는 이전과는 달리 확실한 응집 반응이 있었습니다. 비록 처음의 기대치에 미치지 못했지만 어려웠던 것에 좌절하지 않고 다시 도전한 결과였기에 매우 만족스러웠습니다. 이를 통해 어떤 일을 할 때 역경이 있더라도 그 원인을 파악하고 다시 도전한다면 좋은 결과를 얻을 수 있음을 깨달았습니다. 또한 실패할까봐 망설이는 것보다는 과감히 도전하고, 목표를 달성하기 위해 해결해야 할 것에 집중한다면 어려운 일이라도 성공할 수 있다는 것을 알게 되었습니다. 이 깨달음은 제게 어려운 일에도 도전할 수 있는 용기와 고난이 있더라도 포기하지 않을 수 있는 끈기를 주었습니다. 저는 앞으로 간호학을 배워 가면서도 용기와 끈기를 갖고 도전해 나갈 것입니다.

학생 자치법정의 구성원을 모집한다는 홍보물을 보고 변호인으로 지원을 하였습니다. 변호인으로 선발된 후 알게 된 자치법정의 활동은 교내 과벌점자에게 선도 처분 대신 긍정적으로 바뀌도록 유도하는 처분을 내리는 것이었습니다. 처음에 저는 과벌점자는 불량한 학생이라 생각했기에 과벌점 학생을 대상으로 하는 활동이라는 말에 거부감이 들었습니다. 하지만 그 학생들은 집이 너무 멀어 집에서 일찍 나오지만 지각을 자주 했거나 흡연을 한 것을 반성하고 흡연을 하지 않기 위해 여러 가지 노력을 기울인 학생들이었습니다. 그러한 사실을 안 후, 저는 제가 과벌점 학생들에 대해 근거 없는 선입견을 갖고 있다는 것을 알게 되었습니다. 그래서 처음 학생 자치법정을 준비할 때 과벌점 학생들과 섞이려 하지 않고, 활동에서 변호인으로서의 역할만을 형식적으로 한 것에 대해 반성했습니다. 그 이후, 저의 태도는 달라졌습니다. 사전 질문을 하기 위해 과벌점 학생들에게 먼저 다가갔습니다. 그리고 각자 벌점을 받게 된 사정을 묻고, 그것을 이해하여 벌점 항목에 대한 변론을 잘하기 위해 노력했습니다. 저의 이러한 태도에 과벌점 학생들은 좋은 결과가 나왔다며 제게 고마워하였고, 저 또한 긍정적으로 변하는 학생들의 모습에 매우 뿌듯했습니다.

이러한 경험을 통해 저는 사람을 선입견 없이 대하는 것의 중요성을 깨달았습니다. 사람을 편견 없이 대하는 것은 모든 사람에게 각자의 사정이 있음을 이해하고, 그 사람의 진면목을 알아보는 데 기초가 된다는 것을 알게 되었습니다. 그리고 편견을 갖지 않는 것이 사람을 객관적으로 파악하게 할 수 있고, 사람을 평등하게 대할 수 있게 만들 수 있다는 것을 알게 되었습니다. 저는 그 깨달음을 실천하여 사람들을 대할 때 내가 본 그 사람의 모습을 바탕으로 사람을 판단하게 되었습니다. 이것은 제가 앞으로 사람들을 편견 없이 평등하게 대하고, 겉모습으로 사람을 판단하지 않게 만들어 줄 것입니다.

서강대 화학 전공

1. 고등학교 재학기간 중 학업에 기울인 노력과 학습 경험에 대해서 자유롭게 기술하시오. (1000자 이내)

협력 학습에서 학문 탐구의 즐거움을 찾다

2학년 때 이과로 진학한 뒤 수학 공부에 많은 시간을 쏟았습니다. 개념을 배우고, 문제를 풀고, 답안지와 제 풀이를 비교하는 과정을 반복했습니다. 하지만 기계적인 방식이 계속되니 의욕을 잃기 쉬웠고, 점점 소홀해졌습니다. 저는 수학 과목을 기초 학문의 취지에 맞게 다양한 관점에서 접근할 수 있다면, 끈기 있게 공부할 수 있을 것이라고 생각했습니다.

그래서 저는 '협력학습을 통한 수학 심화수업'에 참여해 같은 생각을 가진 친구들 4명과 함께 토의식 수업을 했습니다. 선생님께서 심화 과제를 나눠 주시면, 수업 전까지 스스로 해결해 보았습니다. 수업 시간에 제 풀이를 설명하기 위해 복잡한 내용에서 핵심만을 정리하려 노력했습니다. 그리고 발표를 하면서 제가 이해한 내용을 다시 한 번 점검했습니다. 이렇게 발표를 준비하며 스스로 풀이에 쓰인 개념을 확인하고 사고 과정을 정제하면서 논리력을 향상시킬 수 있었습니다.

한 번은 삼차함수의 극대, 극소, 변곡점과 관련된 문제를 풀 때였습니다. 저는 발표 후, 구한 답이 극소점에서 그은 접선과 삼차함수의 교점, 극대점, 변곡점의 x좌표의 비율이 모두 1:1:1인 것을 발견했습니다. 다른 발표가 모두 끝나고, 친구들과 저는 각 풀이의 장단점을 비교해 최상의 풀이를 찾기 위해 토의했습니다. 저는 혹시 임의의 삼차함수에 이 비율이 적용되는지 의문을 제기했습니다. 증명 방법에 대한 토의 끝에 극소점이 x축에 접해 있는 삼차함수식을 통해 이를 증명했습니다. 다시 이 비율을 이용해 문제를 풀어보니, 다른 풀이들보다 더 쉽고 빠르게 풀 수 있었습니다.

이처럼 생각을 나누며 새로운 풀이를 발견할 때마다 뿌듯함을 느꼈고, 수학에 대한 자신감이 생겼습니다. 또한 답지가 아닌 친구들로부터 제 풀이에 대한 피드백을 받으면서 비판적 사고와 함께 다양한 관점에서 문제를 접근하는 능력을 키웠습니다. 무엇보다 친구들과 함께 풀이를 탐구하며 혼자 기계적으로 공부할 땐 잘 느낄 수 없었던 학문 탐구의 즐거움을 느꼈습니다.

실제로 해 봐야 알 수 있다

지구과학1 조별 과제인 '일기 예보'를 통해 이론을 실제로 적용해 보는 것이 학문에 대한 흥미를 일으키고, 보다 심화된 탐구로 이끈다는 것을 배웠습니다. 저는 이 과제를 통해 '유체지구의 변화' 부분에서 배운 다양한 기상 현상들과 그 원인, 일기도 분석 방법을 실제 자료에 적용해 정리해 보고 싶었습니다. 그래서 자료 조사와 보고서를 작성하는 역할을 맡아 약 한 달간 꾸준히 일기도를 분석하였습니다.

우리나라 중심에 걸쳐진 온대저기압을 분석하면서, 교과서에서 보던 이상적인 자료들과 달리 변수가 너무 많아 정확한 예측이 힘들었습니다. 이론과 실제의 차이를 실감한 뒤, 제트기류와 같은 다른 요인들과의 관계를 조사해 정확성을 높여 갔습니다. 또한 위성 영상과 레이더 영상으로 분석 내용을 보완하면서 자료를 종합적으로 판단하는 능력을 길렀습니다. 최종적으로 실제 날씨를 맞추었을 때 성취감을 느꼈고, 문제를 해결하면서 마주치는 어려움에 대처할 수 있다는 자신감이 생겼습니다.

영재 학급에서 탐구의 첫걸음을 떼다

다양한 탐구와 실험을 통해 과학에 대해 알아 가고자 수학과학영재학급에 참여했고 '올레산 분자의 크기 구하기' 실험을 통해 창의적인 문제 해결 능력을 길렀습니다. 처음으로 직접 실험을 설계하는 조원들과 저에게 선생님께서는 올레산 분자와 비슷한 물체를 정하여 비유적 실험을 먼저 생각해 보라고 하셨습니다. 저는 올레산 분자가 한 층으로 퍼지면 얇은 원기둥처럼 되는 것에서 작은 동전 여러 개가 펼쳐진 모습을 떠올렸습니다. 그래서 동전과 올레산 분자의 공통점과 차이점에 주목하여 필요한 공식과 가정을 생각했고, 반복 실험을 통해 분자의 두께를 성공적으로 구할 수 있었습니다.

이 활동을 통해 실험을 설계하는 데 필요한 창의력과 응용력을 기를 수 있었습니다. 또한 분자의 두께를 구함으로써 눈에 보이지 않아 가끔 막연했던 화학이 가깝게 느껴졌습니다. 후에 창의력산출물대회에서 실험을 설계할 때에도 큰 도움이 되었습니다.

'눈높이 리더십을 배우다'

1학년 때 합창 대회를 통해 리더가 갖춰야 할 자질에 대해 배웠습니다. 파트별 연습을 시작하고 나서, 소프라노와 알토 사이의 중간 음인 메조는 다른 파트보다 어려웠기 때문에 뒤처지기 시작했습니다. 말로써 격려해 보아도 메조 팀은 자신감이 없어진 탓에 의욕을 잃어 갔고 연습에 소홀했습니다. 저는 반주자로서 할 수 있는 일에 대해 생각했습니다. 연습 시간에는 메조 팀에서 피아노로 음을 하나씩 연주하며 부족한 노래 실력이지만 함께 연습했습니다. 또한 집에서는 메조 파트의 음을 따로 녹음하여 연습용 파일을 만들어 나눠 주었습니다. 제가 앞서서 노력하는 모습에 메조 팀도 열심히 따라와 주었고, 저희 반은 대회 날 무사히 무대를 마쳐 3등이라는 놀라운 성과를 냈습니다.

저는 이 과정에서 리더로서 가장 중요한 것은 구성원들과 같은 상황에서 그들을 이해하고 목표를 이루기 위해 적극적으로 방안을 탐색하는 것임을 깨달았습니다. 또한 말뿐이 아닌 솔선수범하는 모습을 보여 구성원들에게 자발적인 동기를 부여해야 한다는 것을 느꼈습니다.

3. 학교생활 중 배려, 나눔, 협력, 갈등 관리 등을 실천한 사례를 들고 그 과정을 통해 배우고 느낀 점을 구체적으로 기술해 주시기 바랍니다. (1000자 이내)

꼼꼼한 준비를 바탕으로 한 든든한 조력자

1학년 여름 방학, 과학탐구심화반에서 과학창의축전에 참가하기로 한 후, 축전 준비에 모든 노력을 쏟았습니다. 저희 조는 행사라는 상황적 특성을 고려해, 수많은 가족 단위 방문객을 위한 간단하고 실용적이며 준비 비용이 적은 '커피 찌꺼기로 만든 제습, 탈취제'에 대한 기획안을 제출해 최종 주제로 선정되었습니다.

축전 준비는 재료 팀과 실험 팀으로 나눴는데 저는 숫기가 없어 재료 팀에 지원했습니다. 친구들을 모아 수업시간 외에 틈만 나면 학교 근처 카페에서 커피 찌꺼기를 모았습니다. 그리고 충분히 건조하는 것이 중요했기 때문에 볕이 잘 들고 인적이 드문 곳을 찾아 학교 구석구석을 돌아다녔습니다. 그리고 실험을 선보일 때를 대비해 대본을 써서 연습했습니다. 어떻게 하면 알아듣기 쉽게 설명해 줄 수 있을지, 사람들이 궁금해 할 내용은 무엇일지 생각하며 부족한 발표력을 보충했습니다.

축전 당일, 좁은 공간에서의 반복 작업은 불편했지만 제가 준비한 재료들로 원활한 실험을 할 수 있다고 생각하니 힘이 났습니다. 신이 난 표정으로 제습제를 들고 가는 사람들의 모습을 보니 뿌듯했습니다. 오후가 되면서 실험 팀이 점점 많아지는 인원을 감당하기 어려워해서, 저는 두렵기도 했지만 제가 준비해 온 것들을 믿고 실험 팀에 자원했습니다. 차분히 연습한 대로 설명과 실험을 진행했고, 철저한 준비 덕분에 실수 없이 해낼 수 있었습니다.

저희 부스는 3일치 재료를 하루 만에 다 쓸 만큼 성황리에 운영을 마쳤습니다. 저는 행사 기간 동안 학교라는 익숙한 공간에서 보는 사람들을 떠나 새로운 사람들을 대하는 법을 배웠습니다. 준비된 자만이 단점을 극복할 수 있다는 것을 느꼈고, 후에 또 여러 사람들을 만나는 일이 생겨도 주저하지 않을 자신감이 생겼습니다. 또한 동아리원들과 한 목표를 향해 함께 활동하면서 유대감을 느꼈습니다. 곳곳에서 동아리를 뒷받침하면서, 팀워크를 이루기 위해선 리더의 역할도 중요하지만 조력자의 역할이 매우 크다는 것을 알게 되었습니다.

특별
부록

대학입시 면접 Q&A
나만의 모의 면접 교실

대입 면접 Q&A

Q1.
대입 면접의 방식이 궁금해요.

대입에서 면접은 내신이나 수능으로 측정할 수 없는 학생들의 여러 행동 특성과 지력, 지각, 개별 잠재성을 측정하고 대학교의 수학 능력을 최종 확인하는 데 가장 큰 목적을 두고 있어요.

대입 면접은 수시 정시 가릴 것 없이 모든 전형에서 거의 다 사용되고 있습니다. 주로 시험으로 분별되지 않는 요소들, 특히 평소 사고방식과 태도, 무의식적인 행동들까지도 자세히 분석할 수 있어서 대입에서 면접 비중은 수시가 점점 더 늘어나고 있는 요즘 더 중요해지는 추세랍니다.

대학입시의 면접은 주로 경험행동면접(Behavior Event Inter-view), 상황면접(Situational Interview), 집단토론면접, 집단토의면접, 발표면접, 심층면접, 인성면접, 적성면접 등 다양한 방식들입니다.

각 대학들이 심층면접을 주로 하고 있고, 실제로 면접이 당락 여부에 관건이 되고 있기도 합니다. 정시의 경우에 사범계열은 특히 면접 변별력이 커서 중요합니다. 면접의 형식은 단독면접, 토론면접이 두루 사용되고 있지만, 아직도 개별면접이 우세한 것 같고, 최근에는 토론면접 등 다양한 방법의 면접이 늘어나고 있습니다.

Q2.

대입에 주로 사용하는 면접 방식에는 어떤 것이 있나요?

• 경험행동면접(Behavior Event Interview)

지원자가 직접 경험했던 행동에 대해 질문을 하는 면접 방식으로 다양한 인성적 요소들을 평가하는 데 적합합니다. 예를 들어, 대학에서 원하는 인재상 중 봉사정신을 평가한다면, "자신이 참여했던 봉사활동을 말씀해 주십시오.", "그 봉사활동에서 본인의 역할은 무엇이었습니까?", "그 봉사활동을 하게 된 동기는 무엇이었습니까?" 등의 질문을 통하여 자발적 참여인지, 타의에 의한 참여인지, 단순히 봉사 시간을 위해 참여한 것인지 알 수 있는 방법입니다.

• 상황면접(Situational Interview)

주어진 상황에서 지원자가 어떻게 행동할 것인가를 질문하는 것으로 개인의 가치, 태도, 동기 등을 평가하는 데 적합한 방법입니다. 예를 들어, "~ 상황에서 본인이라면 어떻게 행동하시겠습니까?" 라고 질문을 하게 됩니다. 만일 대학에서 원하는 인재상 중 개방성을 평가하기 위해서 "친구와 함께 해외여행을 가기 위해 계획을 논의하던 중 장소에서부터 일정, 준비 사항 등에 대한 의견이 다르다면, 그 친구에게 자신의 의견을 어떻게 하시겠습니까?"의 질문을 할 수가 있을 것입니다. 하지만 이러한 상황면접은 실제로 일어나지 않은 상황에 대한 질문을 하게 되기 때문에 지원자들의 거짓 반응이 가능할 수 있다는 문제점이 있습니다.

• 집단토론면접

지원자들에게 일정한 주제를 제시한 뒤, 그에 대한 찬반토론 혹은 자신의 아이디어를 여러 명의 지원자들과 함께 팀을 이루어 토론하게 하는 방식입니다. 토론을 하는 동안 면접관들은 지원자들의 행동을 관찰하여 비판 능력, 판단 능력, 논리력 등을 평가하는 방법입니다. 예를 들어, '사이버 마약 확산 방지 방안', '학교폭력의 대비 방안'등의 주제와 현상에 대한 간략한 상황을 제시한 후, 이에 대한 토론을 하게 하는 방식입니다.

• 집단토의면접

4~5명이 그룹을 지어 인문·사회·과학·철학 등 다양한 주제에 대해 토의를 하게 하는 방식입니다. 의견을 어떻게 나누며 합리적으로 수용하는지에 대한 관찰과 의사소통 능력 및 리더십을 주로 평가하게 됩니다. 집단토의는 상대방을 이기려들지 말고 내 의견을 조리 있게 말하면서 상대방의 의견 중 합리적인 내용은 수용하는 자세를 보여 주는 게 이 면접의 핵심입니다. 그러기 위해선 평소 폭넓은 분야에 걸쳐 독서를 하고, 다양한 사회이슈와 현상에 대해 찬반 입장을 번갈아 생각해 보면서 생각의 폭을 넓혀야 합니다.

• 발표면접

어떤 주제를 제시한 뒤, 주제에 대하여 일정 시간을 주고, 자신의 아이디어를 세운 뒤, 이를 정해진 시간 동안 발표하게 하는 방식입니다. 즉, 면접 전 20~30분 동안 지원학과와 연관된 문제를 풀고 면접관 앞에서 5~10분에 걸쳐 해석과 풀이를 발표하는 겁니다. 만일 발표 시간 동안 면접관들이 충분히 관찰을 하지 못했을 경우, 경우에 따라 질의응답 시간을 통하여 지원자를 좀 더 관찰하기도 합니다. 인문계열은 제시문을 근거로 주어진 주제의 배경과 이유를 찾아 인과 관계와 자기 의견을 발표하는 문제가 많습니다. 예를 들면, '고교등급제에 대한 의견', '사형제도 폐지 찬성/반대' 등의 주제와 현상에 대한 간략한 상황을 제공한 후, 이에 대해 지원자의 생각을 발표하게 하는 것입니다. 또 자연계열은 수학·과학 구술

면접과 같이 문제를 풀고 풀이를 정확하게 설명하는 형식이 대부분인데, 이때 어설픈 지식으로 승부하려 했다간 면접관의 추가 질문에 제대로 답하지 못해 오히려 면접을 망칠 수가 있습니다.

• 심층면접

평가자와 지원자가 서로 얼굴을 맞대고, 질의응답하는 과정에서 주어진 질문에 대한 언어적 응답을 통해 수험생의 지적인 수준과 학습 능력, 인성 및 태도 등을 종합적으로 평가해 대학에서 학습을 할 수 있는 정도를 파악합니다. 예를 들면, 학교 및 학과의 지원 동기, 장래 희망, 진학 후 수업 계획, 졸업 후 진로, 주변 사람들과의 인간관계, 취미와 특기, 자신의 장단점, 사회봉사활동 경험 등 기본적인 학과 적성, 개인 성향에 관한 질문들이나, 전공 적성과 관련된 문제를 주고 그것을 풀어서 평가자들 앞에서 설명하거나 질문에 응답하는 형태로 진행됩니다.

인문계의 경우 사회 과학의 전반적인 문제와 역사, 철학, 어문 분야의 문제들이 주로 나오고, 자연계의 경우 수학이나 자연 과학의 기본적인 법칙과 나온 실험의 목적과 과정, 결과, 변수 등을 포괄적으로 이해해야 설명할 수 있는 교과 지식과 연결해 평가하는 문제들이 주로 나오는 편입니다.

Q3.
심층면접이 두려워요. 구체적으로 알고 싶어요.

심층면접은 대부분의 대학에서 많이 사용하는 방법으로 보통의 수험생 1명에게 최소한 20분에서 30분 정도의 면접 시간이 배당되며, 수험생의 답변에 면접관이 계속 추가 질문을 하여 수험생의 인성과 전공 적성 등을 심층적으로 파악하는 면접 형태입니다. '심층'이라는 단어 때문에 벌써 긴장하시는 분들 계신데, 절대 쫄지 맙시다!

심층면접은 제시문을 읽고 질문에 답하는 형식이 많기 때문에 이러한 예상 문제나 기출문제로 면접 준비하기가 사실 쉽지는 않습니다. 그러나 어차피 심층면접도 문제의 난이도나 적절성, 그리고 학과 연관성 등은 결국 한 울타리 안에서 주제만 다른 정도의 모양새를 띄고 있습니다. 기출문제를 통해 사전 연습을 하면서 선생님이나 선배 혹은 멘토들을 찾아 다양한 관점에서 접근 방법을 미리 익히고, 노트로 정리하면서, 스스로 생각하는 힘을 길러야 좋을 것 같아요. 많은 대학에서 미리 문제를 출제하고 그 문제들 중에서 하나를 수험생이 뽑아 답변을 하기 때문에 처음 문제는 생각할 시간을 주기도 하지만 나중의 심층면접에서는 예상치도 못한 질문 공세가 이어져 많은 수험생들이 당황하기도 합니다. 이렇듯 심층면접은 과제 해결 능력이 얼마나 탁월한가를 보는 것입니다.

• 심층면접 예시

서울대 사회과학계열

· 복지 예산 증가와 경제 성장의 관계에 대해서 말하세요.
· 지금 전세금이 계속 폭등하고 있는데 그 원인이 무엇이라고 생각하나요?

서울대 자연과학계열

· 다음 물음에 답하시오.

(1) n, k는 자연수, $n \geq k$일 때, $(1 + \frac{x}{n})^n$에서 x^k의 계수는?

(2) a_n이 다음과 같을 때, $\lim\limits_{n \to \infty} a_n$을 구하시오.

$$a_n = \begin{cases} 0 & (n < k) \\ (1 + \frac{x}{n})\text{에서 } x^k\text{의 계수} & (n \geq k) \end{cases}$$

서강대 자연과학계열

· $x_k = \dfrac{k}{n} (k = 0, 1, 2, \cdots, n)$은 [0,1]을 n등분한 것이고

$L_n = \sum\limits_{k=1}^{n} |f(x_k) - f(x_{k-1})|$은 $\lim\limits_{n \to \infty} L_n = L$로 수렴한다.

(1) 함수 f가 닫힌구간 [0,1]에서 연속이고 열린구간 (0, 1)에서 미분가능할 때, f'을 이용하여 L을 나타내시오.
(2) 열린구간 (0, 1)에서 미분가능하고 $x = 0$과 $x = 1$에서 각각 우극한과 좌극한이 존재할 때 (1)의 결과와 어떻게 다른지 설명하시오.

한국외대 경제학부

· 기업이 우리나라 경제에 미친 긍정적인 영향과 부정적인 영향에 대해 말해 보시오.

POSTECH 수학

· 철수는 금화 2개, 영희는 금화 1개를 가지고 있다. 철수가 가위, 바위, 보를 이기면 영희가 철수에게 금화를 주고 영희가 이기거나 비기면 철수가 영희에게 금화를 준다. 어느 한쪽이 금화를 3개 가지면 게임이 끝난다. 영희가 금화를 3개 가질 확률을 구하시오.

Q4.

대입 면접 준비에 필요한 것은 어떤 게 있나요?

1. 지원 대학의 면접 방식 확인하기

2. 대학별 공통 질문에 대한 예상 리스트 작성하기

3. 자기소개서와 학교생활기록부의 내용 점검하기

- 자신만의 특기, 적성, 장점과 단점, 생활신조 정리
- 봉사활동, 동아리활동, 존경하는 선생님, 각종 수상실적, 교우관계, 자신의 인생에 영향을 준 일들 체계적으로 정리 (일관성, 지속성, 진정성 고려)
- 동아리활동에서 자신이 주도적으로 한 역할, 의미 등 기록 (배려와 갈등 관리, 전공 적합성, 관심 및 열정, 창의성, 리더십 고려)
- 진로 변경 시, 변경된 사유와 이 진로를 선택한 이유 기록
- 봉사활동 중에서 가장 의미를 둔 활동이 무엇인지 기록
- 창의적 체험활동 중에서 가장 의미가 있었던 활동을 정리하되, 느낀 점이 많은 활동 위주로 기록
- 수상경력 중에서 '나'의 우수성을 증명할 수 있는 내용 확인, 전공과 관련된 수상은 대회에 참여하게 된 동기, 과정도 정리
- 각 교과목 선생님의 평가 부분에 대해 면접관에게 설명할 수 있도록 준비. 교과 성적이 우수한 과목은 선생님께서 어떻게 평가를 하였는지, 그 성적을 받기 위해 어떻게 노력하였는지 정리. 혹, 지원학과와 관련된 과목이 성적이 좋지 않다면 앞으로 할 노력도 포함

4. 사설 입시 정보 사이트 잘 활용하되 유용성은 가려서 판단할 것

5. 면접 전에 학생부와 자소서 내용을 꼭 기억할 것

Q5.
면접에서 자소서나 학생부 내용만 질문 하나요?

너무나 기본적인 질문이라고 다들 생각하지만 결론은 절반 이상은 연동되고 절반 미만은 비연동입니다. 절반 이상이 연동된다는 말은 그만큼 학생부, 자소서 같은 기본적인 서류에 근거를 두고 질문이 이어진다는 것인데, 어떤 학생은 자기가 준비한 서류의 기본 정보조차 서로 맞지 않을 뿐더러 의사 전달도 일관성이 없어 종종 면접을 망치기도 합니다.

또 어떤 학생의 경우, 자기소개서에 해외 연수나 자원봉사, 기타 학생회 같은 교과 외적인 일에 대해서만 쓰려고 합니다. 정작 교과를 포함한 자신이 선택한 학과에 대한 고민 없이, 면접을 보러와 면접관에게 무안을 당하는 일도 있고, 또 자기소개서에 문장만 장황하게 꾸미고, 실제 내용은 별 볼일 없이 글자수만 가득 채워 면접을 보는 경우도 많습니다.

항상 자기소개서에 포토폴리오를 꾸밀 때는 자신의 정체성을 담을 중요한 키워드를 두세 가지 정도 나눠서 전개하는 것이 좋습니다. 구조적으로 면접관의 관심을 끌 만한 콘텐츠가 있어야 미끼마냥 질문을 덥석덥석 받게 되어, 자신이 유도한 대로 자신 있고 성공적인 면접을 마칠 수 있습니다.

두 번째, 질문의 절반 미만이 자소서 비연동이란 점은 요즘 추세의 한 부분이기도 합니다. 특히 상위권 대학으로 갈수록 점점 길어지는 학생부와 천편일률적인 문구 작성, 다양하지 못한 학생 활동 등에 대하여 면접관들이 의구심을 느껴, 미리 정한 공통 양식의 질문을 준비해 묻기도 합니다.

단, 여기에는 학과 관련 질문과 별도로, 다양한 시사 상식과 인문 자연적인 지식을 묻고 있는 경우가 흔하므로 평소 학생부나 자기소개서에 담긴 한정된 독서활동에만 그치지 말고 그와 연관된 더 넓고 깊은 진로 관련 독서 및 간단 독후 활동, 매일 신문 칼럼 읽기 등으로 지식 쌓기를 지속하면 더욱 좋습니다. 이런 성실한 학생이라면 면접을 걱정할 이유는 전혀 없으며, 독서 후 정기적으로 자신의 생각을 간단히 정리해 보는 습관을 지니면 매우 좋습니다.

실제 작년 고대 융합인재 생명과학부에 합격한 학생의 경험을 빌려보면, 긴 시가 지문에 나왔고, 그 시에 대해 묻는 질문은 시를 제일 잘 설명하고 있는 키워드 하나를 고르라는 문제였고 그 키워드를 중심 삼아 삶의 의미를 논하라고 했습니다.

이어 과학 지문에서 대류와 유전, 시, 항등원에 대한 제시문이 출제되었는데 정작 수험생들은 크게 어려워하진 않았습니다. 대신 같은 말이라도 어떻게 풀어내고 어떤 사고로 접근하며 그에 대한 해석과 분석이 얼마나 논리적인가를 해당 면접관들이 알고 싶었던 부분이겠지요. 이것이 곧 문제 해결 능력입니다.

한 가지 중요한 점은 보통 이러한 아카데믹한 면접을 할 때는 논리의 전개 중에 좀 막힐 때가 있습니다. 이때 일부 면접관이 한마디 거들며 "… 이렇게 생각하는 건가요?"라고 정리를 살짝 해 주는 척하면서 유도를 하는 경우가 있는데, 한 번쯤은 의심을 하고 그 지적에 반응해야 합니다.

보통 저지를 수 있는 일반화의 오류를 유도해 논리 검증을 해 보는 면접관도 있다고 하니 더욱 유의해야 합니다.

Q6.
면접에 알맞은 복장과 기본 자세는요?

복장은 나를 담는 그릇입니다. 구구절절 이유를 설명하지 않아도 교복이나 단정한 평상복을 입는 것이 가장 학생다운 모습으로 면접관에게 어필할 수 있다는 걸 아실 겁니다.

면접의 기본 자세는 자신감과 당당함, 여유입니다. 집단면접인 경우에는 여유를 갖고 있는 정도만 보아도 당락이 예상될 정도입니다. 면접 질문에 답할 때는 질문의 핵심 파악을 재빨리 정확하게 찾고, 답의 핵심을 먼저 이야기한 후에 이유나 구체적 실례로 설명을 더하는 것이 좋습니다. 면접 고사장에 들어가면서부터 면접은 시작되며, 문을 닫고 나오는 순간까지 겸손함과 예의를 잃지 않는 것이 중요합니다.

- 앞으로 손을 모으고 2~3초 고개를 숙인 다음 상체를 펴고 허리를 굽혀 인사를 한다.
- 예상치 않은 질문을 받더라도 당황하지 않는다.
- '습니다', '입니다'의 말투를 유지한다.
- 자신의 생각을 얼마만큼 논리적으로 표현하는지가 핵심이다.
- 대답은 간단명료한 것이 최선이다.
- 질문의 내용을 제대로 파악하지 못했거나 잘못 들었을 때는 "죄송합니다." 하고 다시 질문한다.
- 모르는 질문은 솔직하게 모른다고 대답한다.
- 추가 질의를 받았을 때는 면접관의 의도를 다시 파악하고, 내용의 일관성을 유지하라.
- 긴장해서 아무것도 생각나지 않을 때는 "죄송합니다. 잠시 생각할 시간을 주십시오."라고 하고 생각하도록 한다.

Q7.
면접 연습은 어떻게 하나요?

사전에 모의 면접을 이용하면 효과적입니다.

모의 면접의 가장 흔한 방법은 주변의 선생님이나 부모님, 친구, 지인 등 쉽게 관계 형성이 쉬운 이들을 대상으로 학생부와 자소서에 근거하여, 모의면접을 직접 해 보는 겁니다.

두 번째 방법은 혼자서 면접을 연습하는 방법인데요, 면접 질문을 만들되, 부족한 부분은 메모를 하여 반복해서 연습을 해 보는 것입니다. 면접 연습 시간은 대략 20분 정도로, 실전처럼 의식하며 대답해 보는 것이죠. 휴대폰이나 카메라로 예상 질문에 답하는 상황을 녹화해서 표정 관리나 몸동작, 세부적인 말버릇 등을 직접 확인하는 것도 좋습니다.

한 가지 유의해야 할 점은 면접 준비와 연습을 할 땐 지원하는 학교의 면접 방법과 형식에 맞춰 진행해야 나중에 당황스런 일이 발생하지 않습니다.

예를 들어 같은 서울대의 기회균형전형은 제출 서류 중심 면접으로 본인의 학생부와 자소서를 두고 1:1로 면접하는 반면, 서울대 의예, 치의학, 수의예 등은 MMI(다중미니면접)로 좀 더 객관적이고 구조화된 방법으로 의사소통 능력, 정직성, 높은 윤리 의식, 리더십, 논리 추론 등을 평가하는 방법을 실시합니다.

대학 입시에서 면접은 수험생들의 서류를 기반으로 대학이 원하는 인재상을 뽑기 위한 것입니다. 면접을 통해 자기 주도적으로 문제 해결할 수 있는 위기관리 능력과 대학수학능력, 이 둘을 동시에 보는 것입니다.

Q8.
면접에서 말발이 중요한가요?

무엇을 얼마나 잘 전달할까보다 어떻게 잘 전달할 것인가에 초점을 맞추세요. 미사여구를 동원해 말을 매끄럽게 잘 이어 나가는 것보다는 말을 효율적으로 잘 전달하는 것이 매우 중요합니다. 즉, 어투 전달 시 애매하거나 추상적인 표현으로 자신을 애써 표현하려 하지 마세요.

구체적이고 분명한 말투로 '나'를 전달하세요. '~일 것 같아요' 대신 '~라 생각합니다'로 분명하게 대답합니다. 또 '~한다면 좋겠어요'라는 말투보다는 '~를 꼭 하고 싶습니다', 또는 '해 보고 싶습니다'로 또렷하고 구체적인 경험 위주의 짧은 단문으로 답합니다. 그런 대답은 면접관들에게, 사투리나 말주변과는 상관없이 자신의 생각을 명확하게 전달할 수 있기 때문입니다.

Q9.
지원 대학에 관한 기본적인 정보를 알 필요가 있나요?

지원하는 대학에 대한 정보는 기본적으로 알아야 합니다. 내가 노크하고자 하는 대학의 교명과 상징물을 알고 해당학과의 진로와 전문성 위에다 자신의 구체적 목표, 대학의 인재상까지 제시하면서 그 가치를 호소할 수 있는 학생이라면 면접관이 어떻게 받아들일까요?

지원 학과와 관련되는 지원 동기 및 기초 지식, 학업 계획 등 학과에 대한 정보, 연구하는 분야, 대표적 학자 등을 함께 정리해 두어야 합니다. 예를 들면 외국어 학습 계획, 동아리활동 계획, 교환 학생 참가 계획 등 대학 생활의 계획과 목표, 자신의 장래 희망에 비추어 대학 재학 기간 중에 꼭 하고 싶은 것들을 설명할 수 있어야 하는데, 이때 자신이 선택한 학부나 학과에 관련된 활동일수록 좋습니다.

실제 몇 년 전 서울대 면접에서 첫 질문이 '학교 들어올 때 제일 인상적인 모습이 무엇인가?'였고 이에 '서울대 정문'이라고 답하자 그럼 '서울대 정문 모양이 무슨 뜻'인지를 물었습니다.

수시와 같이 학생 선발권이 직접적으로 있는 대학들은 이왕이면 다홍치마, 같은 값이면 더 좋은 인상을 받고 그 대학에 맞는 인재상이라 생각하는 지원자를 선택할 가능성이 높습니다.

지원 대학에 관한 면접 문제 예시

- 왜 ○○대학교에 진학하려고 하는가?
- ○○ 대학교 및 ○○학과에 지원하게 된 동기는 무엇인가?
- 대학 진학 후의 학업 계획을 말해 보라.
- 우리 대학의 인재상과 본인이 부합하다고 생각하는가?

Q10.
사범대 vs. 교대 면접

둘은 비슷한 점이 많습니다. 면접관 질문 위주의 면접 방식으로 기본적인 교직관과 사도관 등을 질문합니다.

조금 특이한 점은 일부 교대에서 집단토론식면접 또는 집단토의식 면접을 다루고 있는데요, 예로 경인교대나 부산교대는 집단토론식 면접을 하고 있습니다. 면접관들은 집단토론을 지켜보며 자신의 논지나 논거를 이어 나가는 방법, 상대방의 말을 얼마나 잘 이해하고 분석하는지, 상대를 얼마나 논리적으로 설득할 수 있는지를 체크해 가며 점수를 매기고 있습니다.

이때 상대방에게 자신의 입장을 강요한다든가, 자신이 전달할 입장만 생각하고 얘기하다가 상대의 얘기를 경청하지 않아 면접관들의 눈 밖에 나는 경우가 많습니다. 집단토론식면접을 준비해야 하는 수험생은 꼭 유의해야 하는 부분이죠.

또한 각 교대를 포함해 사범대 특히 교원대 수시면접은 합격 당락을 결정하는 역할도 하므로 준비를 철저히 하고 자신의 교직관 등을 잘 점검한 뒤 입실해야 합니다.

예를 들어 2016학년도 서울교대 정시전형만 하더라도 비교내신 우위에 있는 학생이 일단 점수 차를 벌인 탓도 있지만, 면접만으로 최초 합격권이 강제 이탈되는 경우도 있었습니다.

- ○○대학교 화학교육

  빈 깡통의 부피(주어진 깡통)를 말하고 여기에 물을 가득 담았을 경우 속에 들어 있는 물분자 개수를 구하는 방법을 설명하시오.

- ○○대학교 지리교육

  선생님께서 들려 주신 가장 감동적인 이야기는?

- ○○대 영어교육

  영어 속담 중 아는 것이 있으면 말해 보시오.

  지금 현재 우리나라 교육 제도의 문제점과 개선 방안에 대해 말하시오.

- ○○여대 수학교육

  교육의 세계화는 어떤 것이며 어떻게 이루어져야 한다고 생각합니까?

  피타고라스 정리가 실생활에서 쓰이는 예를 들어 주십시오.

- ○○대 지리교육

  나중에 교사가 된다면 어떻게 지리를 쉽게 가르치겠습니까?

- ○○대 역사교육

  역사가 발전한다고 생각하는가, 후퇴한다고 생각하는가 말해 보시오.

- ○○대 국어교육

  감명 깊게 읽은 고전 작품이나 현대 소설이 있으면 말하시오.

  문학의 효용성을 말하시오.

- ○○대 국어교육

  이광수의 '무정'이 우리 소설에 미친 영향은 무엇일까요?

- ○○교대

  여자가 선생님이 되는 경우가 많아 아이들이 여성화될 우려가 많다고 한다.

  그에 관한 찬반 의견과 이유는?

- ○○교대

  학부모의 학교 운영 참여에 대해 어떻게 생각하십니까?

  교직의 여초 현상에 대해 어떻게 생각하십니까?

Q11.
의과대학마다 면접 유형이 많이 다른가요?

수시 의대 구술면접 유형에는 크게 다면인적성면접 혹은 다중미니면접(MMI)과 일반적 인성면접으로 나뉩니다.

다중미니면접(Multi-Mini Interview) 유형은 서울대 의대·치의학 일반전형, 인제대 인문계고교전형, 한림대 지역인재전형 및 전공역량우수전형, 부산대 지역인재전형 등으로 나뉩니다. 일반적 인성 면접은 서울대 기회균형, 연세대 원주캠퍼스, 경북대, 가톨릭대, 관동대, 충북대, 전남대, 경상대 등의 지역 거점대학교나 사립학교 중심으로 주로 진행됩니다.

일반적 인성면접은 주로 학생부와 자소서 중심으로 진행이 되며 다면인적성면접(MMI)은 학생들에겐 매우 생소한 형태로, 면접자의 질문 의도와 생각의 접근에 따라 개별 면접자의 획득 점수가 차별화되기 때문에 심화 구조화된 기출문제를 바탕으로 사전에 평가항목에 따른 의사소통 능력과 직업 윤리, 리더십, 논리력 등의 능력을 갖출 수 있도록 준비하는 것이 도움이 됩니다.

○ ○ 대학교 의과대학 면접 후기 예시

[제시문]
당신은 대학병원의 수술 보조를 하고 있는 ○○과 전공의(레지던트) 1년차이다. 환자 바로 옆에 간호사와 집도의(과장)가 함께 있는 현장에서, 과장이 수술 과정에 명확한 실수를 하고 있는 것을 지금 보았다. 당신이 보기에, 이 실수를 고치지 않으면 나중에 부작용이 있을 것 같았다. 과장은 매우 권위적인 성격이면서 자신의 실력에 자부심이 무척 큰 것으로 알려져 있다.

• 당신은 이 상황에서 구체적으로 어떻게 대처할 것인가?

[제시문]

역사적으로 18세기 영국 산업 혁명 시기 직물 공업에 기계가 도입되면서 노동자들이 일자리를 잃었다. 최근 미국 IBM에서 개발한 슈퍼컴퓨터인 왓슨(Watson)은 TV 퀴즈 쇼에서 인간에게 승리하였다. 슈퍼컴퓨터의 의학적 활용을 위해, IBM은 뉴욕 Memorial Sloan–Kettering 암센터와 텍사스의 MD Anderson 암센터와 공동 연구를 통해 의학의 최신 지식과 기존의 환자 정보를 입력하였고, 슈퍼컴퓨터가 실제 환자의 폐암, 유방암, 백혈병 등의 진단에 실험적 성공을 거두었다. 과학 기술의 발달에 의해서 기계가 인간의 팔다리뿐만 아니라 두뇌까지 대체하여, 의료 및 의학 등의 전문 직종까지 노동 대체가 가능하다는 의견이 있다.

'미래 사회에서 의사는 지금과 어떻게 달라질까?'라는 질문에 대해 발표해 보십시오.

〈출처 : 베리타스 알파〉

Q12.
의대에서 하는 다중미니면접 (Multi Mini Interview) 은 무엇인가요?

서울대 의예과(의대)를 비롯해 치의학과 학/석사통합과정(치대), 수의예과(수의대), 일부 의대에 진학하고자 하는 수험생들은 다중미니면접을 준비해야 되는데요, 서울대는 2013학년 의예과에 처음 도입한 이래로 치의학과 학/석사통합과정, 수의예과에도 다중미니면접을 도입해 오고 있습니다. 의대는 수시/정시 모두 다중미니면접을 실시하고, 치대와 수의대는 수시에서만 다중미니면접을 실시합니다.

최초 다중미니면접은 학생들의 인성 검증을 강화하기 위한 취지에서 도입됐지만, 서울대 의학계열의 다중미니면접은 인성 검증을 위한 상황면접 외에 빅데이터 분석, 제시문 분석 후 발표, 면접관과의 토론 등의 형태로 진화하며 학생의 사고력, 순발력 등 의사가 갖춰야 할 여러 덕목과 의학을 전공하는 데 필요한 자질과 적성을 검증하는 방향으로 발전해 왔습니다.

자기소개방은 자소서 기반 질문으로 개별 수험생마다 질문이 다른 방이고, 이 자기소개서방을 제외한 전체 방은 제시문 분석방으로 2분간 제시문을 보고 준비한 후 8분간 면접이 진행되는 방식입니다.

· 제시문 분석방의 예시

제시문 분석방 (기술의 편리함과 인간 소외)
[제시문] 기계와 소셜네트워크서비스 등 현대 기술의 발달로 편리함은 증가하고 있으나, 기술 사각지대에 놓인 사람들이 도외시되는 인간 소외 문제가 발생해 사회 문제로 비화되고 있다. 질문) 기술이 제공하는 편리함으로 인해 유용하다는 의견과 인간 소외의 문제가 심각하다는 의견 중 어느 쪽 의견에 더 동의하는가?

질문) 인간 소외에 대한 우려는 너무 과장된 우려라고 생각하지 않는가?

질문) 인간 소외의 해결 방안은 무엇인가?

질문) 의료 기술의 발달로 기계에게 의사가 밀려나는 일이 발생할 수 있는가?

질문) 기계에게 밀려나는 일이 발생한다면 의사로서 어떤 느낌이 들 것이라 생각하는가?

제시문 분석방 (지각방)

[제시문]

철수와 영희가 있다. 두 친구는 20번의 스터디 모임에 각각 5번 지각했다. 스터디 모임에서 두 친구는 5번씩 발표하기로 돼 있었으나, 철수는 발표일 중 4번, 영희는 발표일 중 1번 지각했다.

질문) 철수와 영희가 지각한 이유는 무엇인가?

질문) 다음 발표일에 철수가 지각할 확률은 얼마인가?

질문) 다음 발표일에 영희가 지각할 확률은 얼마인가?

질문) 철수와 영희가 지각할 확률을 구하기 위해 추가로 필요한 자료는 무엇인가?

제시문 분석방 (매미 소리방)

[제시문]

(가설) 매미 소리가 매년 커지는 이유는 생활 소음이 커지자 짝짓기를 위해 매미들이 더욱 소리를 크게 내고 있기 때문이다.

질문) 가설이 타당하지 않다면 매미 소리가 커진 이유는 무엇인가?

질문) 가설을 검증할 수 있는 실험 설계 방법을 제시해 보시오.

질문) 가설이 틀리다고 주장하려면 실험 설계 방법은 어떻게 구성해야 하는가?

질문) (새로운 가설 제시하면서)새로운 가설은 타당하다고 생각하는가?

질문) 다른 가설을 제시해 보시오.

제시문 분석방 (고정 관념방)

[제시문]

일본에서는 여자가 차를 준비하므로 남녀 차별이 심각하다. 동양인은 수학을 잘하는데 (같은 동양인인) 쟤는 왜 수학을 못할까? 미국은 대부분 총을 소유하는 나라이므로 폭력적인 나라. 프랑스는 환경 미화를 열심히 하는 것을 보니 환경주의자가 많은 나라다 등 6개가량의 예시가 주어진다.

질문) 고정 관념으로 고른 예시를 말하고 고정 관념으로 고른 이유를 설명하라.

질문) 고정 관념의 발생 원인은 무엇인가?

질문) 예시와 비슷한 고정 관념을 겪어본 적이 있는가? 겪어본 적이 있다면 어떻게 극복했는가?

질문) 고정 관념인 예시를 고정 관념이 아닌 문장으로 고쳐 보시오.

제시문 분석방 (지각 벌금–베이비 박스방 / 2개방 연결)

[제시문 1]

지각에 대한 벌금제가 도입됐으나 학생들의 지각은 더욱 늘어났다. 지각에 대한 벌금제가 효용을 발휘하지 못하고 있다.

[제시문 2]

베이비 박스가 도입된 이래로 장점이 많다고 평가됐으나, 유기 조장 문제, 보호 시설의 환경 문제 등 단점도 부각됐다.

질문) 각 제시문의 주제는 무엇인가?

질문) 각 제시문에 제목을 붙여 보시오.

질문) 각 제시문에 공통으로 들어갈 수 있는 제목을 붙여 보시오.

질문) 양 제시문이 제시하는 사례에서 공통점/차이점은 무엇인지 말하시오.

질문) 제시문에서 나온 사례들의 발생 원인은 무엇인가?

질문) 제시문에 대한 본인의 의견을 말하시오.

〈출처 : 베리타스 알파〉

Q13.
영어로만
진행되기도 하나요?

대부분 한국어로 진행되며 현 교육부와 교육과정평가원의 가이드라인에서 3불 정책에 해당되므로 절대 영어로만 진행될 수가 없습니다. 하지만 우리말 면접 중에 등장할 수 있는 학생부 내 영어소재 (RNE, 영어 독서활동)에 관한 질의 답변이나 그에 대한 학생 자의적인 영어 답변 등이 간혹 등장할 수 있으나 이러한 특수 상황을 제외하면 면접관들은 우리말로 묻고, 수험생들은 우리말로 답변하는 것이 의무적입니다.

특히, 고려대 특별전형인 국제인재전형조차도 보통 2인 이상의 면접위원이 글로벌 리더로서의 소양과 인재상에 부합되는지에 대해 우리말로 심층면접하고, 국제학부의 경우에만 영어 에세이를 포함한 영어 심층면접을 실시하기 때문에, 어느 대학을 막론하고 이런 특수한 과의 예가 아니라면 영어 면접에 대한 걱정은 과감히 떨쳐버려도 좋습니다.

면접 후기 사례

○○대학교 국제학부 면접 후기 사례

[제시문내용]은 민주화에 관한 내용이었습니다. 현재 우리 사회에서 민주주의 국가가 비민주주의 국가보다 많다는 등 민주화의 이유와 과정을 설명하고 있었습니다. (중략)

질문 1) How does economic development lead to democratization?
질문 2) In what process were Russia, Poland, and Czech democratized?
질문 3) Explain the democratization of South Korea in 1987.
질문 4) Explain the two causes of the democratization of South Korea (1987) based on the passage.

보통 3문제씩 받았습니다. 답변 시간에 따라 주어지는 질문 개수가 다른 것 같습니다. 특히 면접은 6분 동안 진행되기 때문에 시간이 많이 촉박하고 연습장으로 쓴 종이는 면접실 안에 상자에 넣고 나와야 했습니다.

Q1.

학생부·자소서 문항

1. 고등학교 생활 중 지원학과와 관련하여 재능기부 활동이나 봉사활동을 한 경험이 있다면 설명해 보세요.

2. 자신이 가지고 있는 가장 소중한 꿈은 무엇이며, 우리 대학에서 그 꿈을 실현할 수 있다고 본다면, 그 이유는 무엇인가요?

3. 가장 기억에 남는 고교 생활이 있다면 무엇이며 그 이유는 무엇인가요?

4. 리더십의 종류는 많은데 중요하다고 생각되는 리더십은 무엇이며, 자신은 어떤 리더십이 있다고 생각하는지 말해 보세요.

5. 자신의 10년 후의 미래상을 말하고, 이를 성취하기 위한 지금까지의 노력과 이것을 성취하기 위한 앞으로의 계획을 말해 보세요.

6. 자기주도학습의 정의는 무엇이라 생각하는가요?

7. 어려운 문제에 봉착했을 때, 누구와 가장 먼저 상의하겠으며 그 이유는 무엇인가요?

8. 고등학교 교육 과정 중에 가장 재미있었던 과목은 무엇이며 배우고 싶었던 과목 중에 혹시 못 배운 과목은 어떤 과목이 있나요?

9. 봉사활동 중에 가장 의미 있었던 활동을 예로 들고, 그 의미를 이야기해 보세요.

10. 학생부에 유독 ○○ 성적이 좋지 않은 특별한 이유가 있나요?

11. 자신이 학교장이라면 학생들의 창의력 신장을 위해 무엇을 하겠습니까?

12. 교육 과정에 ○○과목이 개설되어 있지 않은데 ○○ 관련 공부는 어떻게 하였나요?

13. ○○이 되고 싶다고 했는데 왜 우리 학과를 선택했나요?

14. ○○학과 졸업 후 어떤 분야로 나가고 싶나요?

15. 교육 과정에서 ○○ 과목 배운 것 중에 인상 깊었던 것을 1분 동안 설명해 보세요.

16. 대학에 입학해서 전공하고 싶은 분야는? 그 외에 다른 공부는?

17. 하고 싶은 분야는 무엇인가요?

18. 수험생이 재학 중인 학교는 과학 중점학교인데 인문학 쪽의 비교과 활동을 주로 한 이유는 무엇인가요?

19. 철학을 비롯한 인문학의 중요성이 최근에 크게 부각되고 있는데 그 이유는 무엇이라 생각하나요?

20. 반장을 하면서 힘들었던 적이 있으면 말하고 그때 어떤 역할을 했는지 말해 보세요.

21. 자율동아리활동 중에서 자신이 가장 주체적으로 한 활동에 대해서 설명해 주세요.

22. 자신이 ○○학과에 맞다고 생각하는 자질은 무엇인가요?

23. 현재 학과 지원 동기를 결부시켜 자기소개를 해 보세요.

24. 변호사가 꿈인데 경영학과에 지원한 특별한 이유가 있나요?

25. 시사에 관심이 있다고 되어 있는데 최근 ○○ 문제에서 가장 큰 갈등은 무엇이라고 생각하나요?

26. 고등학교 생활 중 본인에게 가장 의미 있는 활동을 하나만 들고, 본인의 성장에 어떤 영향을 미쳤는지 말해 보세요.

27. 자신의 단점을 고치기 위해 어떻게 노력해 왔나요?

28. 자신과 의견이 충돌할 때 상대방을 설득할 수 있는 방법을 말해 보세요.

29. 면접실 안에 여러 가지 물건 중에서 자신을 비유한다면 어떤 물건에 해당하며 그 이유가 무엇인지 말해 보세요.

30. 자소서의 내용과 학생부 일부가 다른 부분에 대하여 설명해 보세요.

31. 인생에서 가장 소중하다고 생각하는 것 두세 가지를 말해 보세요.

Q2.
인문사회계열 문항

1. 스마트폰의 등장으로 나타난 우리 사회의 변화를 문화 변동의 관점에서 말해 보세요.

2. 사회체제를 보는 거시적 관점과 미시적 관점의 차이를 말해 보세요.

3. 성역할 학습에서 차별적 사회화란 무슨 의미인지 설명해 보세요.

4. 가족이 3대째 운영하는 회사가 있는데 아버지는 위중한 병에 걸리고, 그 일을 자식이 맡아야 한다면, 그러나 그 일이 학생의 전공, 적성과 맞지 않을 경우 어떤 선택을 할 것인지 말해 주세요.

5. 외국에서 발생한 한국인 납치 피살 사건이 보여 주듯이, 국가 정책과 개인 안전이 충돌할 경우, 학생은 어느 쪽을 더 우선시해야 한다고 생각하나요?

6. '몸짱 열풍'과 '성형 신드롬' 등 외모 가꾸기 열풍이 더욱 거세어지고 있습니다. 이러한 추세를 시대의 변화에 따른 자연스런 현상으로 보는 긍정적 입장과 능력보다 외모를 강조하는 외모지상주의라고 보는 부정적 입장이 있는데, 이에 대해 학생의 의견을 말해 보세요.

7. 집단이나 계층 간의 정보 불평등을 완화하기 위해 우리 사회가 취하고 있는 정보 정책에 대해 구체적인 사례를 들어 설명해 보세요.

8. 최근 외국인 노동자의 유입이 크게 늘어나면서 많은 사회 문제들이 발생하고 있습니다. 그러한 문제의 유형 세 가지를 들고 각각의 발생 원인을 분석하고, 대책을 제시해 보세요.

9. 문화의 다양성은 무엇이며, 이 다양한 문화 요소들의 조화와 공존이 가능할 수 있는지, 또 그러기 위한 전제 조건은 무엇인지 말해 보세요.

10. 전통 시장과 대형 마트의 특징에 대해 말해 보세요.

11. 농산물 도매시장의 유통 구조 개선 방안에 대해 말해 보세요.

12. 대기업에서 최고 경영자(CEO)의 역할과 중요성에 대해 설명해 보세요.

13. 절약과 저축은 좋은 덕목이지만 경제는 소비 부족으로 인한 내수 부족으로 경기가 활성화되지 않고 있습니다. 이 문제에 대한 학생의 생각을 말해 보세요.

14. 노사문제는 경영자와 근로자의 대립과 타협으로 이해될 수 있습니다. 최근 우리나라에서는 공무원노조의 단체행동권 부여에 대한 논란이 있습니다. 근로자인 공무원의 노조활동에 대한 학생의 생각을 말해 보세요.

15. 경제 성장률은 상승하는 데 비해 실업률은 왜 계속 올라가는지 설명해 보세요.

16. 인생에 성공하기 위해서 필요한 것은 무엇이며, 또한 성공한 삶을 위해 대학 생활에서 어떤 것을 얻을 수 있다고 생각하나요?

17. 우리 문화에 깊숙이 침투해 있는 외래 문화의 사례를 들고, 그 문화가 우리의 전통적인 문화와 어떤 관계에 놓여 있는지를 설명해 보세요.

18. 현대 사회에서는 실용적 지식이 더욱 중요해지고 있습니다. 이런 상황 속에서 인문적 소양은 어떤 중요성을 가지는지 설명해 보세요.

19. '문화적 언어가 일상적 언어와 다르다'라는 말에 대해 자기 입장을 밝히고, 구체적인 작품을 들어 그 작품의 이해와 감상이 어떻게 가능한지 설명해 보세요.

20. 속담은 옛날부터 민간에 전해 오는 교훈성과 통속성을 지닌 관습적인 말입니다. 삶의 방식이 바뀜에 따라 속담의 표현 방식이 바뀐 예를 들고, 그 이유를 설명해 보세요.

21. 우리 사회에서 나눔과 기부 문화가 화두로 떠오르고 있습니다. 학생의 경우라면, '지금 현재' 무엇을 기증할 수 있는지, 그 이유를 설명해 보세요.

22. 만약 학생이 어느 잡지에서 '다시 쓰는 우리나라 역사' 코너의 원고 청탁을 받고, 우리나라의 역사를 다시 쓴다면, 어느 부분을 어떻게 바꾸고 싶은지, 그 이유를 설명해 보세요.

Q3.
이공계열 문항

1. 자신이 선택하려고 하는 분야를 전공해서 인문, 사회, 과학 분야 전공자와 공동으로 연구를 수행한다면 어떤 분야가 적합하다고 생각하나요?

2. 오존층 파괴의 원인과 대책에 대해 말해 보세요.

3. 유전자 변형 농산물의 장단점에 대해 말해 보세요.

4. 토양이 생물이라고 생각하는지 무생물이라고 생각하는지 학생의 생각을 말해 보세요.

5. 왜 손잡이는 문 끝 쪽에 위치하며 문을 열 때 손잡이는 왜 회전시켜야만 하는지 알고 있습니까?

6. 삼각함수 $\sin 2t$, $\sin 6t$의 주기를 구하시오.

7. 항원 항체 반응에 대해 말해 보세요.

8. 환경 호르몬에 대해 말하고, 환경 호르몬이 인체에 어떻게 작용하는지 말해 보세요.

9. 산화 반응을 설명하고, 산과 염기를 설명해 보세요.

10. 물체에 작용하는 모든 힘에 대하여 설명해 보세요.

11. 무거운 물체와 가벼운 물체를 동시에 떨어뜨렸을 때 어떻게 되는지 설명해 보세요.

12. 물리학이 발전하면 어떤 점이 좋을지 말해 보세요.

13. 지구에서 보는 하늘과 달에서 보는 하늘이 다른 이유를 구체적으로 말해 보세요.

14. 학교와 영화관을 건설할 때 건축가의 입장에서 어떤 점이 다르다고 생각하나요?

15. 우주 공간에 건축물을 세운다고 할 때 지구상의 건축에 비하여 어떤 점에 유의해야 하는지 설명해 보세요.

16. 프로그래밍의 절차를 말하세요.

17. 핵무기 사용에 대한 자신의 견해를 말해 보세요.

18. 구의 부피를 구분구적법으로 증명해 보세요.

19. 풍선을 뜨거운 물 위에 올려 놓으면 어떻게 변화하는지 말해 보세요.

20. 아르키메데스의 원리에 대해 말해 보세요.

21. 배가 뜨는 원리와 추진력의 원리를 비행기, 기차와 비교해서 말해 보세요.

22. 인터넷이 느려지는 이유를 말해 보세요.

23. 미분의 정의를 말해 보세요.

24. 콜라를 냉동실에 계속 넣어 두면 터지는 이유가 무엇인지 말해 보세요.

25. 인공위성이 돌 때 안쪽 궤도 중 어느 쪽이 빠르며, 그 이유는 무엇인지 말해 보세요.

26. 왜 한국인들은 기초 과학보다 응용과학에 치중하는지 자신의 생각을 말해 보세요.

27. 연속함수와 미분가능함수에 대해 설명하고, 구체적인 예를 들어 말해 보세요.

28. 엘리베이터가 아래로 내려갈 때 체중계의 눈금 변화와 그 이유를 말해 보세요.